gatification

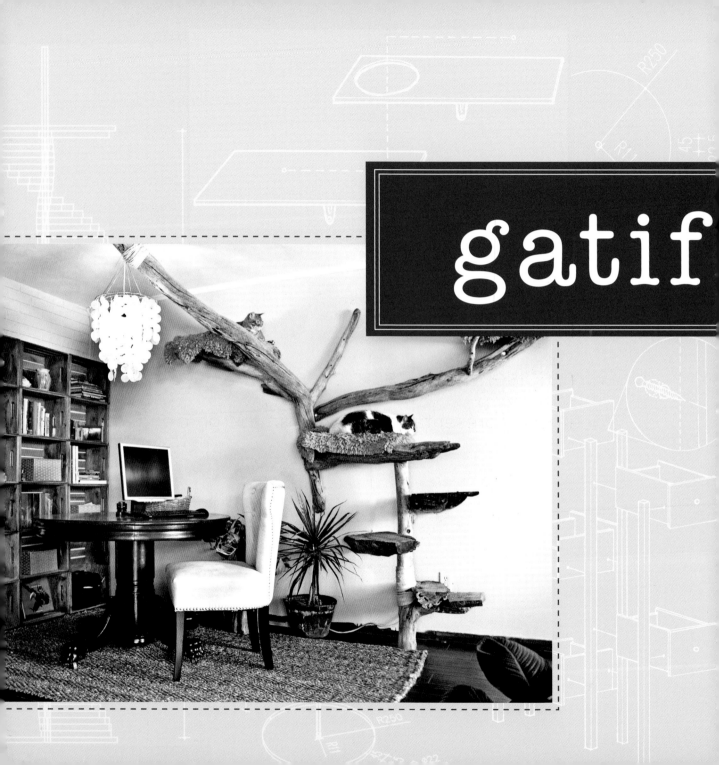

gatif

ication

Cómo diseñar la mejor casa para tu gato y para ti

Por el gurú y presentador del programa *Mi gato endemoniado*

Jackson Galaxy

Kate Benjamin

Traducción de Teresa Arijón

Grijalbo

Papel certificado por el Forest Stewardship Council®

Título original: *Catification*

Primera edición: septiembre de 2018

Printed in Spain – Impreso en España

ISBN: 978-84-17338-12-1
Depósito legal: B-10.898-2018

Diseñado por Meighan Cavanaugh

Impreso en Gómez Aparicio, S.A.
Casarrubuelos (Madrid)

DO 3 8 1 2 1

Penguin
Random House
Grupo Editorial

A todos aquellos que han llevado gatos a sus vidas.

Y a todos los gatos que han inspirado y desafiado a los humanos

a cambiar su manera de vivir.

contenidos

un mensaje de jackson

Este es un gran momento para que empieces a ser «fanático de los gatos». Comencé a trabajar con animales hacia 1993 en un refugio de Boulder, Colorado. Pocas semanas después de que yo advirtiera que los gatos querían decirme algo, los otros miembros del personal parecieron oler la presencia de un hombre-gato, me bautizaron «Gatúbelo» y me encomendaron la tarea de decodificar y transmitir todo lo que pudiera saber sobre estos felinos. Lo bueno era que yo estaba preparado para el desafío.

En aquel entonces predominaba la sensación de que los gatos eran «otros» indiscernibles, separados de los humanos. Quiero decir, si los trabajadores de los refugios se rascaban la cabeza intentando descifrar el comportamiento felino, imagina lo que pensaba el resto del mundo sobre estos animales. Recuerdo que a medida que se ampliaban mis conocimientos básicos, y yo refinaba mis técnicas, iba expandiendo mis horizontes hacia otros refugios, donde encontré una población humana semejante, desesperadamente inquisitiva, aunque sabemos que no existen personas más compasivas que quienes dedican sus vidas a cuidar animales sin hogar. Dicho esto, era claro que estábamos en apuros. Etiquetábamos como «inadoptables» a los gatos que se comportaban mal, de una manera que casi nadie podía comprender. En aquella época, «inadoptable» era sinónimo, en los hechos, de «eutanasia». Y si eso no era suficiente para poner en acción a Gatúbelo, no sé qué otra cosa lo sería.

Cuando dejé el trabajo en los refugios para dedicarme a la práctica privada, me enfrenté sistemáticamente a un enigma en apariencia irresoluble: en vez de «deshacerse del gato», sus tutores preferían contratarme para resolver cualquier entuerto, y eso era maravilloso. Por ese entonces, la idea de que los problemas de conducta podían remediarse poniendo más areneros, juguetes y árboles para gatos —sin esconder estas cosas en el sótano, por supuesto— gozaba de poca o ninguna aceptación. Todos estábamos de acuerdo en acabar con el problema, pero la solución era estéticamente chocante para la mayoría. A casi todos los tutores de felinos con quienes entré en contacto les aterrorizaba que, si hacían las cosas según yo les proponía, sus viviendas se convirtieran en la típica «casa de los fanáticos de los gatos».

Esa sensación de pánico estético de mis clientes despertaba en mí un pánico semejante. No era solo que no querían instalar un arenero en la sala de estar; era que eso simbolizaba una verdadera falta de empatía hacia los gatos. Tolerábamos sin mayores dificultades que hubiera mantas para perros, juguetes, platos de comida, cojines y cueros de oveja hediondos desparramados por toda la casa. No pretendíamos ocultar la existencia de nuestros perros, del mismo modo que no intentaríamos esconder a nuestros hijos. Sin embargo, los gatos y la más mínima evidencia de que vivían en nuestras casas eran como el polvo que se esconde bajo el tapete.

Durante los veinte años siguientes, tuve el privilegio de ser testigo del Renacimiento gatuno; los que antes eran considerados «otros» —extraños, distantes, percibidos como muebles antes que como miembros de la familia— hoy disfrutan de una popularidad que no conocieron en ninguna otra época de su historia «domesticada». Devoramos con deleite memes de gatos, miramos decenas de millones de vídeos de gatos —e incluso creamos celebridades a partir de esos vídeos— y, gracias a quienes integramos la comunidad de rescatistas, los adoptamos en cantidades récord. El felino que durante miles de años gozó de una excelente reputación como animal de trabajo —controlando los roedores en las granjas, por ejemplo— se ha convertido ahora en un compañero confiable.

La gran ventaja de que los veamos como compañeros es que, en el fondo, no solo nos preguntamos qué podemos hacer para mejorar sus vidas, sino que también reconocemos lo que ellos hacen por nosotros. Hoy por hoy, millones de personas ven a los gatos como verdaderos integrantes de la familia y dadores de amor incondicional. Ahora comprendemos que los gatos no muestran el amor y la devoción como lo hacen los perros y, por ende, invertimos tiempo en aprender un nuevo lenguaje.

Puedes pensar que *Gatification* es un manual de diseño, pero es muchísimo más que eso. Así como rechazar los areneros representaba la vergüenza que sentíamos de los gatos, lo que encontrarás aquí simboliza el amor que les profesamos. Este libro no ilustra los extremos a los que son capaces de llegar esas personas «fanáticas por los gatos», sino nuestra maduración como seres humanos. En el centro mismo de mi sistema de creencias está la certeza de que una relación significativa con el mundo animal nos completa como humanos. El concepto de «dominio» —de un orden natural de las cosas que nos induce a dominar a los gatos con puño de hierro y sin tomar en cuenta sus necesidades físicas, emocionales y espirituales— no es más que una vieja manera de entender el asunto. Suelo decir en broma que una convivencia exitosa con gatos depende de nuestra capacidad de compromiso. Aprender el lenguaje de estos felinos y modificar nuestro entorno para integrarlos es a mi entender un símbolo de evolución, ya que demuestra nuestra determinación y nuestra voluntad de comprometernos en la tarea de buscar y alcanzar la felicidad de un animal.

¿Y qué lugar ocupamos nosotros en esta ecuación?

Pues un lugar estupendo.

Espero que pienses que esto que tienes entre tus manos es mucho más que un manual de diseño. Este libro es una celebración. Una casa que muestra con orgullo que te preocupas tanto por tu comodidad como por la de tus compañeros animales puede ser hermosa para muchos, pero para los trabajadores de los refugios, los rescatistas, los cuidadores temporales y otros ángeles guardianes es un motivo para derramar lágrimas de gratitud. A lo largo de su historia, los gatos han recorrido un largo camino. Y no creas que ha sido un sendero sembrado de rosas. ¿Acaso *Gatification* nos llevará a ser como los antiguos egipcios, a endiosar y enterrar a los gatos junto a los miembros humanos de nuestra familia? Tal vez no. Sin embargo, elevar a los gatos en nuestra estima significa que nos importan no solo los humanos con quienes convivimos sino todos los habitantes de nuestra casa. El hecho de que los gatos vivan o mueran empieza a cobrar importancia para nosotros, y no como locos maniáticos sino en el sentido humano. Esto implica que muchos más gatos vivirán y que, pronto, muchos millones dejarán de morir cada año. Y esa es una de las mayores recompensas de ser un Gatúbelo.

introducción

Un recibimiento amistoso en la puerta de entrada. Una tersa, suavísima fuente de calor en una noche fría. Un camarada ronroneante acurrucado en tu regazo. Vivir con gatos nos produce un placer peculiar que ningún otro compañero animal puede brindarnos. Los gatos son unas criaturas elegantes, inteligentes y amorosas que han entrado en nuestros hogares y en nuestros corazones. A cambio de lo que estos felinos nos dan, nosotros, como tutores responsables, debemos proveerlos de las cosas que necesitan para vivir en un ambiente feliz, saludable, seguro y estimulante.

Criarlos dentro de la casa es la mejor manera de garantizar que tengan una vida larga y saludable. Sí, es cierto que los gatos tienen instintos naturales, como trepar y cazar, que solo pueden satisfacer cuando salen a la intemperie, pero los peligros superan con creces los beneficios. En las calles, los gatos se enfrentan a toda clase de amenazas, como automóviles, venenos, quedar atrapados o encerrados en lugares donde no deberían estar, peleas con otros animales sueltos y muchas otras posibilidades casi impensables. Estamos aquí para decirte que puedes —y deberías— mantener a tus amados familiares gatunos dentro del ámbito de tu hogar y que allí puedes darles todas las cosas que necesitan para prosperar. De eso trata la gatificación.

El proceso de gatificación comienza por entender cómo ve el mundo tu gato. Imagina que eres el diseñador, y el gato es tu cliente. Tienes la responsabilidad de entender las necesidades y preferencias de tu cliente. En este libro te presentaremos el concepto de «mojo gatuno» y te daremos todas las herramientas necesarias para que puedas pensar —y, lo que es más importante, sentir— como tu gato.

En la Parte 1, te enseñaremos cómo están programados los gatos para ver, percibir y evaluar su entorno. Después te ayudaremos a descubrir las preferencias específicas de tu gato. Esta novedosa información será tu fuente de inspiración para ampliar el medio ambiente de tu compañero felino, de modo que responda a sus gustos y preferencias particulares —y no a aquello que podría provocarle disgusto— y estimule las conductas positivas y desaliente las negativas.

La Parte 2 ofrece un amplio espectro de propuestas de construcción para inspirarte a crear una casa bien diseñada y amigable, que brinde a tu gato los estímulos que necesita de una manera que también te haga feliz a ti. ¡Por favor, no pienses que tendrás que tapizar toda tu casa con alfombras de color beige para gatificarla! Nada más lejos de nuestra propuesta. Puedes vivir con un gato y tener una casa de la que te sientas orgulloso. Hay gatificaciones para todos los gustos; lo único que se requiere es una buena dosis de inspiración y creatividad.

La gatificación no tiene por qué ser una empresa titánica. Es más, puede ser tan simple como reacomodar algunos muebles. Aquí te mostraremos una variedad de proyectos de construcción y remodelación, muchos de los cuales son muy fáciles de llevar a cabo, además de que no cuestan nada. Esperamos que encuentres alguno que te inspire y te agrade, independientemente de cuáles sean tus habilidades manuales o tu presupuesto.

¿Por qué gatificar?

La gatificación tiene beneficios obvios e inmediatos, tanto para ti como para tu gato. Muchos problemas de conducta de tu amigo felino pueden disminuir o incluso desaparecer si se introducen ciertas mejoras en el entorno. La gatificación es esencial, tengas un gato o tengas varios, pero en una casa multigato es crucial. La única manera de mantener la paz entre varios gatos que viven en una misma casa es gatificarla, ya que ciertas mejoras en el ambiente brindarán a todos y a cada uno el espacio indispensable para convivir en paz, aunque se trate de un lugar minúsculo. Las casas gatificadas pueden reducir los niveles de estrés de sus habitantes: humanos, felinos, caninos. Bajar el estrés puede disminuir los problemas de salud e incluso aumentar la expectativa de vida de todos.

En definitiva: si tu gato es más feliz, tú también lo serás, y el vínculo entre ambos será más intenso y profundo.

Esperamos que la información y las ideas presentadas en este libro contribuyan a que cada vez más personas estén dispuestas a abrir las puertas de sus casas y sus vidas a los gatos. En Estados Unidos nos enfrentamos a un gravísimo problema de superpoblación de mascotas, y estos felinos sufren las consecuencias más que cualquier otro animal. Creemos que la gatificación es un factor clave para modificar positivamente esta tendencia. Si los tutores y responsables logran entender cómo ven el mundo sus gatos y hacen los cambios en el entorno necesarios para satisfacer sus preferencias, muchos más gatos permanecerán en sus casas, felices para siempre, y muchos menos serán enviados a refugios o, peor aún, abandonados a la intemperie para que se las arreglen solos.

Abrir tu casa y tu corazón a un compañero gatuno (¡o dos!) es una de las cosas que más recompensas pueden aportar a tu vida.

¡Vamos a gatificar!

Jackson y Kate

entender la gatificación

el puro gato

Los gatos están programados para ver el mundo de cierta manera. Si te tomas el tiempo necesario para comprender la perspectiva de tu compañero felino, te resultará mucho más fácil gatificar tu casa. Por supuesto, cada gato es diferente, y de eso nos ocuparemos en un próximo capítulo, pero primero pongámonos nuestras gafas felinas y echemos un vistazo a cómo y por qué los gatos ven su entorno como lo ven.

¿Quién es el Puro Gato?

Si eliminamos todos los artilugios del estilo de vida gatuno moderno —cojines, juguetes, comodidades, bolsas de comida entregadas a domicilio—, lo que queda es el Puro Gato, en esencia un animal salvaje carnívoro, un tenaz y temible cazador, firmemente posicionado en el medio de la cadena alimentaria; en otras palabras, con cada uno de sus sentidos preparado para actuar como predador y como presa. El Puro Gato siempre tiene un ojo abierto, al cazar, acumular recursos, defender su territorio, dormir o hacer sus necesidades. Todo lo hace con los sentidos alertas a la posibilidad de matar o de que lo maten. Observa cómo vuelve a la vida al detectar una polilla en el techo o un pájaro tras la ventana: es el Puro Gato acechando a su presa. Observa sus ojos, orejas y músculos al ver entrar a otro gato en la habitación: es el Puro Gato planificando y ejecutando una hábil advertencia para demostrar que es su territorio. Estas conductas son la causa de la exitosa propagación de la especie durante decenas de miles de años.

Mientras sigues ampliando conocimientos acerca del Puro Gato y de cómo están programados los felinos domésticos, dedícate a observar a tu gato y hazte las siguientes preguntas:

¿Cómo entra en contacto mi gato con su Puro Gato interior?

¿Qué cosas hace mi gato para mostrar un comportamiento de Puro Gato?

¿Dónde muestra mi gato un comportamiento de Puro Gato?

La relación entre humanos y felinos

En rigor, los gatos siempre han formado parte de nuestra civilización, en especial como control de plagas y, sobre todo, puertas afuera. Comenzaron a interactuar con nuestra especie hace casi diez mil años, cuando la agricultura empezó a dar sus frutos en la región de la Medialuna Fértil en Oriente Próximo. La relación entre gatos y humanos fue mutuamente beneficiosa. Los gatos eran atraídos por roedores que se comían el grano cultivado por los humanos, y a estos les gustaba que controlaran la población de roedores.

El beneficio que los gatos prodigaban a los humanos no requería una crianza selectiva, pues simplemente respondía a su naturaleza. Otras especies animales domesticadas, como el perro, fueron modificadas por selección artificial para producir razas especializadas, por ejemplo, en pastoreo, vigilancia y caza. En este sentido, y por comparación, es justo decir que los gatos no han sido domesticados.

Los gatos vivían en la periferia de la sociedad humana, convivían con nuestra especie pero conservaban su independencia. Solo interactuaban con la gente cuando ellos querían, y así mantenían incorruptos sus rasgos de comportamiento salvaje.

Fue en la era victoriana, en el Reino Unido, cuando se abrió la posibilidad de que los gatos comenzaran a ser vistos como mascotas y no solo como control de plagas. La reina Victoria era una devota amante de los animales y una apasionada defensora de sus derechos. Tenía varios felinos pequeños, entre ellos dos gatos persas azules a los que adoraba. Su fascinación por los gatos influyó en la opinión pública, y la gente empezó a llevar compañeros felinos a su casa.

Si bien los gatos fueron recibidos puertas adentro, su relación con los humanos y sus necesidades alimentarias, físicas y emocionales siguen siendo las mismas. La trayectoria compartida no ha implicado mayores cambios en la naturaleza de estos felinos. Tal vez por esto, lo más irritante para la mayoría de los humanos es que el objetivo primordial del Puro Gato no tiene nada que ver con complacernos. ¡Ay!

Gatos bajo techo

Si bien la reina Victoria los popularizó como mascotas, los gatos caseros no iniciaron su transición de animales de exterior a animales de interior hasta tiempos recientes, de modo que podemos afirmar que el Puro Gato aún se está adaptando a su nuevo entorno. De hecho, los gatos han superado en número a los perros como mascota más común en las viviendas norteamericanas. Según datos brindados por la Humane Society of the United States, en las casas de nuestro país hay 83,3 millones de perros frente a 95,6 millones de gatos. Se cree que el aumento de la población humana urbana es una de las principales razones de este incremento en la popularidad gatuna. Los gatos están mejor preparados que los perros para vivir en espacios pequeños, funcionan independientemente —con menos ayuda de sus tutores— y conviven con los humanos en sociedad.

Los gatos caseros están bajo el cuidado de sus tutores humanos; esto quiere decir que son los tutores quienes controlan qué, cuándo y dónde comen sus gatos y también dónde utilizan el arenero. Asimismo, los tutores son responsables de las muchas o pocas oportunidades que tengan sus gatos de realizar las actividades propias de la especie, y resulta casi innecesario decir que esta parte de su transición a la vida doméstica es la píldora más amarga que ha tenido que tragarse el Puro Gato.

Los gatos son el único carnívoro genuino que los humanos han intentado domesticar, y han pasado de vivir una existencia libre y activa a una vida cautiva y sedentaria. Los gatos han cambiado el consumo frecuente de pequeñas raciones —que consistían en los animales que ellos mismos cazaban y mataban— por una dieta seleccionada y preparada por sus tutores. Lo más común es que estos alimentos les sean ofrecidos en cantidades excesivas, además de tener menos proteínas y una variedad más amplia de grasas, proteínas e hidratos de carbono que la presente en los pájaros silvestres, los insectos y los pequeños roedores. Por otra parte, pocos tutores sirven personalmente a los gatos sus raciones diarias; en general, los gatos caseros cuentan con «acceso libre» al alimento: se les permite picotear todo el día, aunque sus cuerpos están diseñados exactamente para lo contrario.

Los tutores que intentan que sus gatos se adapten a las preferencias y al estilo de vida humano, sin tomar en cuenta la verdadera naturaleza de estos animales y sus necesidades gatunas, probablemente se encontrarán con un felino desdichado que incurre en lo que los humanos consideramos indeseables problemas de conducta. Un buen tutor debe hacer el esfuerzo de comprender cómo, y hasta qué punto, la domesticación afecta el comportamiento, el bienestar y la salud de su gato. Numerosas investigaciones prueban que muchos de los problemas de salud crónicos que presentan los gatos están relacionados, de manera directa o indirecta, no solo con la alimentación sino también con los cambios en el estilo de vida que sus cuidadores les imponen.

La noticia, sin embargo, no es tan mala para los gatos. La expectativa de vida promedio ha aumentado de cuatro años y medio para los gatos callejeros a casi quince para los gatos caseros, que además de todos los otros cuidados reciben atención veterinaria preventiva. Sin embargo, creemos que, habiendo satisfecho estos cuidados primordiales, ya no necesitamos comprometernos en nada más; tenemos nuestra propia idea de cómo deben ser los gatos que viven en nuestras casas, y al mismo tiempo permitimos que el Puro Gato ejercite sus músculos físicos y mentales.

La gatificación da lugar a la naturaleza del Puro Gato y lo hace de una manera que favorece la convivencia. Si el cuidador dedica tiempo y esfuerzo a crear un entorno saludable y estimulante para sus carnívoros salvajes puestos a vivir puertas adentro, tanto el tutor como los gatos disfrutarán de una feliz vida juntos.

Los sentidos de los gatos

El gato experimenta el mundo como predador y como presa; por tanto, su conducta y su comunicación están programadas para prevenir altercados por el alimento y el territorio, así como otras escaramuzas. Es importante recordar que la percepción gatuna del mundo está basada en sus sentidos, que en su gran mayoría son mucho más agudos que los nuestros.

VISTA

El campo de visión de los gatos es de unos 200 grados, mientras que el de los humanos, de 180 grados. Por ser los gatos predadores, sus ojos se ubican y apuntan al frente, lo que permite una mayor profundidad de percepción. Así como nosotros tenemos una visión central más aguda, sus ojos están adaptados para detectar instantáneamente cualquier movimiento, incluso bajo la luz más tenue. Esta habilidad los convierte en exitosos cazadores. Es importante recordar que un movimiento rápido, en especial si es inesperado, aumentará la respuesta del gato. De hecho, un estudio reciente de los biólogos de la City University de Londres muestra que los perros y los gatos pueden ver la luz ultravioleta.

TACTO

Los gatos poseen sensores foliculares altamente sensibles, que son responsables, en algunos, de la respuesta agresiva incluso a las caricias más suaves, respuesta que también se conoce como agresión inducida por una sobreestimulación de caricias. Además cuentan con alrededor de veinticuatro bigotes móviles distribuidos en cuatro grupos en el labio superior, a ambos lados de la nariz, y algunos sueltos en las mejillas, sobre los ojos y en la barbilla, la muñeca interna de las patas delanteras y la parte posterior de las traseras. La información que estos bigotes ultrasensibles envían al cerebro les permite a los gatos crear un mapa tridimensional de su entorno sin necesidad de verlo.

OÍDO

Los gatos oyen un amplio espectro de frecuencias, ultrasonido incluido. A diferencia de nosotros, pueden oír sonidos provenientes de ambos extremos del espectro, en especial el más agudo. Sus orejas están diseñadas para encauzar el sonido hacia el canal auditivo, y su movilidad les ayuda a localizarlo. Ya que hablamos de movimiento, un dato no menor: sus orejas pueden rotar unos asombrosos 300 grados y funcionan como «ojos en la nuca» cuando deben asumir el rol de la presa en la lucha por la vida. Por el singular diseño de sus orejas, su oído es más sensible a las frecuencias sónicas más altas.

OLFATO

Los gatos tienen un excelente sentido del olfato, dado que poseen de cinco a dicz veces más epitelio olfativo que los humanos y además cuentan con el órgano vomeronasal, también conocido como órgano de Jacobson, que se localiza en el paladar detrás de los incisivos superiores. La respuesta Flehmen —que se produce cuando los gatos levantan los labios y abren la boca para oler— suele ser malinterpretada como un signo de agresión, aunque en realidad es una conducta gatuna perfectamente normal. Los gatos pueden oler las feromonas en el aire y llevarlas a la boca, donde son captadas por el órgano de Jacobson, que a su vez envía la información al hipotálamo, en el cerebro, lo cual le permite analizar a los otros gatos, animales o bichos que estén en las cercanías.

Los gatos pueden experimentar fácilmente una sobrecarga sensorial. Si hay muchos factores estresantes (sonoros, visuales, olfativos, táctiles), la carga de estrés por múltiples estímulos puede ser mayor que la suma del estrés por cada uno.

Lenguaje corporal gatuno

Los gatos comunican su estado de ánimo a través del lenguaje corporal. La postura de las orejas, la cola, los bigotes y el cuerpo nos ayudará a saber si Kitty está contenta o descontenta, lo cual es un índice de la seguridad o la inseguridad que siente. Para gatificar adecuadamente tu casa, tendrás que identificar cuándo y dónde se siente seguro o inseguro tu gato. Por supuesto que no todos exhiben el mismo lenguaje corporal; recuerda que cada uno es diferente. He aquí algunos ejemplos generales.

Cola hacia arriba

La cola recta hacia arriba, o como un signo de interrogación, indica que tu gato está feliz y con ánimo amistoso y que está dispuesto a recibir caricias.

Cola hacia abajo

La cola hacia abajo podría indicar que tu gato está asustado o se siente amenazado, o bien que está acechando a una presa.

Cola en movimiento

Si la cola de tu gato se menea hacia los lados, es probable que esté intentando evaluar la situación, pero también podría ser un signo de ansiedad.

Cola erizada

Esta es una clara señal de advertencia de que tu gato está enojado. Para protegerse de la amenaza que percibe, quiere mostrarse temible y de mayor tamaño.

Orejas hacia delante

Si tu gato echa las orejas hacia delante, eso significa que se siente confiado, amistoso y con ganas de jugar.

Orejas hacia arriba

Las orejas rectas hacia arriba indican que tu gato está alerta y prestando atención a algún elemento específico de su entorno.

Orejas hacia atrás

Las orejas echadas hacia atrás podrían indicar que tu gato está nervioso, ansioso o incluso irritado.

Orejas achatadas

Las orejas achatadas contra la cabeza son propias de un gato enojado, agresivo o que tiene miedo y está a la defensiva.

POSICIONES DE LOS BIGOTES

Bigotes abiertos hacia los lados

Si los bigotes de tu gato están abiertos hacia los lados en su posición natural, eso quiere decir que está relajado y contento. No hay nada que lo distraiga o lo moleste.

Bigotes aplastados hacia atrás

Cuando los bigotes están orientados hacia atrás y aplastados contra su cara, es probable que tu gato tenga miedo o esté a la defensiva.

Bigotes apuntando hacia delante

Los bigotes apuntando hacia delante significan que tu gato está investigando algo, o también pueden indicar que está a punto de morder lo que tiene enfrente.

La postura corporal del gato es un excelente indicador de su estado de ánimo y de si se siente cómodo (o no) en su entorno. Hay una enorme diferencia entre un gato perezosamente despatarrado en el suelo de la sala de estar, acicalándose o durmiendo la siesta, y otro escondido debajo de la cama o detrás de la biblioteca. Veamos algunos ejemplos de gatos confiados y cómodos y de gatos desconfiados y asustados.

Amistosa y curiosa

¡Aquí viene Kitty, con la cola erguida en el aire, la cabeza alta y las orejas hacia delante, lista para saludarte!

Dorling Kindersley/Getty Images

Grigory Bibikov/E+/Getty Images

Relajada

Este es el vivo retrato de la confianza: una gata relajada que se siente a salvo y segura.

Alerta

Si Kitty camina con la cola baja y las orejas hacia los lados o hacia atrás, probablemente está siendo cautelosa o hay algo en el entorno que la pone nerviosa.

Jane Burton/Dorling Kindersley/Getty Images

Agitada

Una vez traspasado el estado de alerta, una gata agitada echará las orejas hacia atrás y adoptará una postura corporal que diga: «¡Eh! ¡No estoy contenta aquí!».

Defensiva

Ahora estamos ante la necesidad de pelear o escapar. Los gatos que se sienten amenazados erizarán todos los pelos del cuerpo para parecer más grandes y exhibirán una postura corporal encorvada, como si estuvieran listos para saltar a la acción.

mojo gatuno

mo·jo (sustantivo de origen incierto):
poder que puede parecer mágico y que hace que alguien sea
muy eficaz, exitoso, etcétera, en lo que emprende.

¿Qué es el mojo gatuno?

¿Qué motiva a los gatos? ¿Qué los induce a actuar? La respuesta es: saberse dueños de su territorio y la sensación instintiva de que tienen un trabajo que hacer allí. Eso es el mojo gatuno. Cuando un gato tiene su mojo encendido, llevará a cabo sus actividades cotidianas de cazar, atrapar, matar y comerse su presa, para después acicalarse y dormir, con absoluta confianza y seguridad en sí mismo.

El mojo gatuno es algo que todos los gatos domésticos —a los que llamamos miembros de nuestra familia— heredaron de sus ancestros salvajes, el Puro Gato que todos llevan dentro, es parte de su ser y tiene un significativo impacto en su manera de experimentar el mundo. En el universo del Puro Gato, el mojo en acción es la clave de la supervivencia. Un gato seguro de sí mismo es proactivo, mientras que uno inseguro es reactivo. Los gatos seguros de sí tienen objetivos y tareas que cumplir, mientras que los inseguros se limitan a reaccionar a lo que ocurre en su entorno. En suma, un gato mojotástico (mojo + fantástico) es el vivo retrato de la confianza y la seguridad en acción.

Cada gato tiene una historia particular y un conjunto de experiencias único que afecta a su visión personal del mundo, pero tenemos que empezar por entender a los gatos en general para poder luego entender a nuestros gatos propios.

CAZAR, ATRAPAR, MATAR, COMER, ACICALARSE, DORMIR

Estas son las seis actividades básicas que componen la rutina natural de los gatos. Si un gato se siente seguro, las desarrollará como parte de su rutina diaria. En cuanto a los gatos caseros, debemos proveerlos de un medio ambiente y una serie de objetos que les permitan realizarlas. Esto incluye ofrecerles muchos juguetes y juegos que simulen la caza y captura de la presa, una dieta apropiada basada en carnes rojas y brindarles un entorno cómodo donde se sientan a gusto para acicalarse y dormir.

STUDIO BOX/Photographer's Choice RF/Getty Images

CAZAR

©Susan Weingartner Photography

MATAR

ATRAPAR

Allison Achaver/Flickr/Getty Images

34 gatification

Michael J. Hipple/age Footstock/Getty Images

COMER

Lisa Stirling/Digital Vision/Getty Images

ACICALARSE

DORMIR

Domvcek Markkrym/Flickr/Getty Images

PELEA O HUIDA: EL GATO COMO PREDADOR Y PRESA

En la naturaleza, los gatos están bastante lejos de la cima de la cadena alimentaria. Por ello, siempre están predispuestos tanto a cazar como a ser cazados, lo que a su vez tiene un fuerte impacto en cómo se desplazan en su entorno y cómo lo experimentan. Los gatos que actúan como predadores buscan presas en potencia, y los que actúan como presas potenciales buscan posibles amenazas y detectan vías de escape. Tu pequeña leona intenta evitar que la ataquen y, al mismo tiempo, busca el lugar perfecto para atrapar a su presa.

Hoy conocemos a los gatos como seres sociales, pero en el fondo siguen siendo cazadores solitarios. Como tales deben preservar su salud física y, por eso, están hechos para evitar la confrontación. El instinto de pelea-o-huida tiende en principio a la huida, de modo que solo pelearán como último recurso. Los gatos saben que, para sobrevivir como predadores y evitar volverse presas, deben escapar de las heridas.

mojo gatuno

Cuando a los gatos les entra el pánico, suelen refugiarse en lugares donde se sienten a salvo de sus posibles predadores. El gato seguro de sí mismo sabe que el pánico no conduce a tomar decisiones inteligentes y por eso lo evita observando con detenimiento el lugar, tomando nota de posibles recorridos y vías de escape, mientras que el inseguro se centra solo en la huida o en la potencial guarida.

AJEDREZ GATUNO: VISIÓN ESTRATÉGICA DEL MUNDO

El modo casi bélico en que los gatos ven su medio ambiente requiere un planteamiento estratégico, al cual debe amoldarse el entorno. Por tanto, estos felinos buscarán puntos tácticos para vigilar los alrededores y prestarán especial atención a los rincones y los callejones sin salida.

🐾 Jackson

En cualquier juego que requiera estrategia militar, siempre tienes que llevarle tres pasos de ventaja a tu contrincante. Debes calcular cuál será su próximo movimiento y cómo vas a responder. Estás evaluando posibilidades. Buscas dar jaque mate (ser predador) y al mismo tiempo intentas evitar que te den jaque mate (ser presa). Ahora olvídate de que es un juego y transfórmalo en cuestión de vida o muerte. Ya estás pensando como un gato.

POSESIÓN DEL TERRITORIO: CÓMO HACER JUGADAS QUE ASEGUREN RECURSOS

Un movimiento estratégico típico de los gatos es asegurarse los recursos en el medio ambiente marcando ciertos lugares significativos para delimitar su territorio. Si los recursos escasean, ellos necesitan comunicar que han consumido su posesión territorial. Los gatos marcarán una vivienda segura que ofrezca refugio y acceso al agua y la comida. Lo harán con olores y con marcas visibles, como los rasguños.

© 2014 Discovery Communications, LLC

Westland 61/Getty Images

Arquetipos gatunos, estilo mojo

Como ya hemos visto, para el mojo gatuno está todo relacionado con la propiedad. Su vida felina en el espacio territorial abarca un vasto espectro de conductas, que van desde las demostraciones de posesión y seguridad en sí mismo hasta las posturas físicas que denotan inseguridad y el mal comportamiento. Con la gatificación, esperamos ayudar a que todos los gatos se sientan seguros y cómodos dueños de sus territorios. Para empezar a orientarte, ten en cuenta estos tres tipos de gatos:

EL GATO MOJITO (ALIAS EL MEJOR ANFITRIÓN)

Primero tenemos al felino que se siente seguro dueño de su territorio, el gato Mojito. Es ese gato que entra en la habitación con el pecho alto, la cola en el aire y una postura relajada. Va directo hacia ti, te da un leve cabezazo, pasa varias veces entre tus piernas y te mira con dulzura. Es la viva imagen de la seguridad territorial. Si ese gato fuera humano y tú llegaras a su casa como invitado a una fiesta, te recibiría en la puerta con una bandeja de bebidas y diría: «¡Bienvenido! Tómate un mojito. ¿Un poco de lima? ¡Ven conmigo para que te enseñe la casa!». El gato Mojito representa la esencia misma del mojo gatuno porque es dueño de su territorio de una manera activa, segura y relajada. Su seguridad proviene de saber que todo lo que tiene es suyo y está a salvo.

EL GATO NAPOLEÓN (ALIAS EL OSTENTOSO)

Después está el gato tipo Napoleón. Cuando te encuentras con él, echa las orejas hacia delante, te mira fijamente con los ojos un poco bizcos y se agazapa en una postura ofensiva, a veces incluso agresiva. Lo primero que piensa es: «¿Quién eres y qué has venido a robar?». Incluso podría estar echado, atravesado en la puerta de entrada de la casa para asegurarse de que indefectiblemente debas cruzar esa línea de frontera. A veces, el gato Napoleón orina sobre las cosas porque no está seguro de ser dueño del territorio… y necesita marcarlo.

Todos los seres, humanos o animales, que no se sienten dueños de su territorio alardean de serlo. Piensa en las pandillas que «marcan» paredes con grafitis: necesitan decirles a las pandillas rivales (y al mundo entero) que esa pared, esa calle, esa manzana, ese barrio les pertenecen… y ni se te ocurra olvidarlo. El gato Napoleón es antimojo, antiseguridad en sí mismo, porque hacer alarde de poseer algo es por definición un gesto reactivo, no activo.

EL GATO EMPAPELADO (ALIAS EL QUE SE ESFUMA)

Mientras el ostentoso Napoleón obstruye la puerta de entrada y el amistoso Mojito anda por todas partes diciendo: «¡Hola! ¿Cómo te va?», hay un gato que se queda inmóvil contra la pared y jamás avanza hacia el centro de la escena. El gato Empapelado parece estar diciendo: «Yo no soy dueño de esto. Tú debes de ser el dueño. De acuerdo, está bien, no te estoy mirando, solo quiero ir a ese arenero que hay allí. Ya me iba. No te preocupes por mí. Adiós». Y así, sin más, el Empapelado se esfuma. Como el gato Napoleón, aunque en el otro extremo de la seguridad en sí mismo, el gato Empapelado también es antimojo porque esconderse es un acto reactivo, no activo. No importa que la amenaza sea real o imaginaria: como fuere, merece toda su atención y su acción inmediata.

Queremos que todos, absolutamente todos los gatos sean su propia versión del gato Mojito. En otras palabras, no queremos obligarlos a ser como nosotros pensamos que debe ser un gato seguro de sí mismo, sino reconocer sus tendencias peculiares y calmar sus ansiedades para que sean el mejor Mojito que puedan ser. Si tu gato es un Empapelado, tendrás que convencerlo de salir un poco de su rincón. Si es un Napoleón, tendrás que empujarlo un poco hacia atrás. ¿Por qué? Porque queremos que todos los gatos se sientan seguros de sí y dueños de su territorio… y creemos que es una meta totalmente alcanzable.

Descubre quién es tu gato, obsérvalo caminar por la habitación, observa cómo interactúa con otros gatos, con los humanos, con el espacio propiamente dicho. ¿A qué otro gato se parece? ¿Se muestra confiado, seguro de sí y dueño de su territorio, o alardea o se esfuma?

La zona de confianza

Gatificar es crear un medio ambiente donde tu gato se sienta cómodo y seguro de sí. Los gatos evalúan el territorio en su totalidad; es decir, ven el mundo entero, tanto en el plano horizontal como en el vertical, como un espacio digno de posesión. Aunque tu gato sea un Napoleón o un Empapelado, no tengas dudas de que encontrará seguridad en algún lugar de la casa.

Cuando tu gato entra en una habitación, ¿dónde se siente más confiado? Recuerda que todo se relaciona con el mojo gatuno, ese sexto sentido que indica que hay un trabajo que hacer y, lo que es igualmente importante, dónde es mejor hacerlo. Entonces, si tu gato expresa seguridad en su entorno, vigilará activamente la «zona de confianza» del territorio: un espacio ubicado en cualquier lugar de la casa entre el suelo y el techo, donde lo encontrarás acechando a su presa, acicalándose o descansando. Recuerda que esconderse o empequeñecerse no es señal de confianza en sí mismo. La clave en este aspecto es detectar su proactividad, justamente lo contrario de la reactividad.

Hemos clasificado la zona de confianza en tres lugares. Cuando un gato expresa su mojo en uno de estos, lo llamamos morador. El morador tiene confianza, y exactamente así quieres ver a tu gato. Echemos un vistazo a los tres tipos de moradores.

EL MORADOR DE ARBUSTOS

El morador de arbustos es un gato que se siente seguro en lugares bajos y ocultos a la vista; por ejemplo, debajo de la mesa o detrás de una maceta. Desde allí puede vigilar su territorio, acechar a su presa o, simplemente, echarse a descansar. Piensa en los gatos salvajes, jugando entre los arbustos. Están esperando cazar, atacar, saltar, están allí incrementando su mojo. Si algo no hacen es esconderse; incluso cuando está oculto, incluso cuando está muy quieto, el gato mojotástico siempre está atento.

EL MORADOR DE ÁRBOLES

El morador de árboles nunca está en el suelo, siempre está allá arriba, en lo alto, en el mundo vertical. Piensa en los leopardos que llevan sus presas a la copa de un árbol. ¿Por qué lo hacen? No para esconderse de todos, sino para mostrar confianza y seguridad en sí mismos. Este gato está diciendo: «Me siento seguro aquí arriba. Mi presa está a salvo de los otros gatos que merodean allá abajo. Y quiero que ellos vean lo que he hecho».

Esto es lo importante del morador de árboles: puede estar en cualquier lugar por encima del suelo. Ser un morador de árboles no necesariamente implica andar haciendo equilibrio por las vigas; más allá de las vigas, este gato puede pasar las horas

subido a una silla, a una mesa o al respaldo del sofá. La clave es mostrar seguridad en cualquier punto del mundo vertical.

EL MORADOR DE PLAYAS

Como el morador de arbustos, el morador de playas también anda al nivel del suelo, con sus cuatro patas firmemente plantadas en la tierra… solo que a él le gusta estar a la vista de todos. Es el gato con el que tropiezas cada día al entrar en la sala de estar. Como el leopardo que devora su presa en la copa del árbol, este gato crea una escena territorial. Los moradores de playas envían un claro mensaje —a ti y a los otros animales de la casa—: el centro del suelo es su territorio. Te dicen: «Si quieres andar por este cuarto, tendrás que cruzarte todo el tiempo conmigo».

Gallo Images—Daryl Balfour/Riser/Getty Images

La zona de inseguridad

EL ANTIMORADOR

Que tu gato pase mucho tiempo bajo la cama y trate de hacerse pequeño e invisible, o viva agazapado sobre la nevera, no expresa seguridad. Eso no es morar. Más bien es mostrar miedo; es ser un antimorador. Los gatos inseguros buscan un lugar donde esconderse porque no tienen otro sitio adonde ir. Tratan de desaparecer o de fugarse. A continuación enumeramos algunas conductas antimoradoras que debes detectar.

Cavacuevas

«Cavacuevas» es el término que designa a los gatos que se esconden por miedo. Lo único que quieren hacer es esfumarse. Cuando es así, intentan invisibilizarse en un lugar oscuro y encerrado donde nadie los encuentre. Podemos dejar que nuestros gatos se refugien en lugares aislados, pero debemos controlar dónde están esas guaridas.

Escalaneveras

Este es el gato que se esconde encima de la nevera, o en algún otro lugar alto, para alejarse de otros felinos o humanos que lo atormentan (sin importar si el tormento es real o imaginario). No baja porque solo se siente seguro allá arriba, donde puede invisibilizarse. Nuestra tarea más importante, como tutores, es mostrarle a este escalaneveras que sentirse a salvo no es sinónimo de tener seguridad en sí mismo.

Por supuesto que querrás ayudar a tu gato a pasar de cavacuevas a morador de arbustos y de escalaneveras a morador de árboles. ¿Cómo lo harás? Lo primero y principal: gatificarás. Convertirás el territorio en su aliado. Agregarás cosas que permitan que se mueva con seguridad, primero en sus «zonas de confort», y luego, con el tiempo, lo alentarás a salir y reunirse con el resto del mundo. Si tu gato se muestra inseguro —con miedo y ganas de esfurmarse y volverse más pequeño—, tu tarea será ayudarlo amorosamente a vencer esa limitación y demostrarle que puede, con relativa facilidad, salir de ese lugar de temor hacia un mundo seguro dispuesto para su desarrollo.

Subterráneos

Son cualquier lugar bajo y escondido, alejado debajo de la cama o de una silla o en el fondo del armario. Subterráneos son esos lugares donde encontrarás a los gatos cavacuevas. No quieres ver a tu gato, presa del miedo y la inseguridad, ovillado allí. En cambio, puedes ayudarlo a salir y convertirse en un morador de arbustos al que le apetece estar al ras del suelo, sí, pero en un lugar seguro.

Capullos

¿Cuándo una cueva *no* es una cueva? ¡Cuando es un capullo! Un capullo es un lugar cerrado que puedes controlar. No está bajo la cama ni en otro espacio inaccesible. Es una cueva móvil que puedes colocar en áreas socialmente significativas. Fieles a su nombre, los capullos nos ofrecen la magia de la metamorfosis y ayudarán a tu gato a «desplegar sus alas» y hacer la transición de cavacuevas a morador.

conoce a
tu gato

Ahora que hemos descrito los rasgos esenciales de todos los gatos, ha llegado el momento de profundizar y mirar más de cerca a *tu* gato. Tendrás que identificar sus preferencias y los rasgos de su personalidad con el objetivo de reunir la información necesaria para gatificar tu casa como corresponde.

Conoce a tu cliente

Piensa que eres el diseñador y que tu gato es el cliente. Lo primero que debes hacer es entender quién es tu cliente y cuáles son sus preferencias en relación con el entorno. Es una tarea detectivesca; tendrás que prestar muchísima atención a lo que hace tu gato y ver cómo se comporta en diferentes situaciones, y después armarás el rompecabezas de tus observaciones y hallazgos para comprender mejor lo que le gusta y lo que no le gusta a tu compañero felino.

Cada gato tiene una historia única, y tendrás que descubrir cuál es la del tuyo. ¿De dónde vino tu gato? ¿Cuáles son sus experiencias pasadas? Esas experiencias modelan su vida presente segundo a segundo, determinan cómo se adueña del territorio, dónde se siente más seguro, dónde más inseguro. Recuerda que esta realidad puede cambiar, y cambiará, de un día a otro y con el correr del tiempo, pero su historia —la historia de tu gato— es la base de todo. Esa historia será el cimiento de tu plan de gatificación.

No te dejes intimidar por la tarea; muchos hemos adoptado gatos sin tener la menor idea de sus historias, pero eso nos dio un buen pretexto para comenzar a escribirlas con la misma seguridad con que les pusimos nombre. Todo lo que necesitas es tu vínculo con los gatos y una saludable dosis de imaginación. ¡Entusiásmate! Esto es lo divertido de ser un tutor de gatos; te sentirás intrigado por estas increíbles criaturas, y cada movimiento que hagan te resultará fascinante. Solo recuerda que la observación atenta es clave para crear un entorno verdaderamente satisfactorio para tu compañero felino.

CUESTIONARIO «CONOCE A TU GATO»

Rellena este cuestionario por cada gato que tengas en casa. Tendrás que destinar tiempo a observarlos por separado y tomar nota de sus preferencias y comportamientos. Toma algunas fotos o filma un vídeo de tu gato en distintas situaciones; eso te ayudará a estudiarlo. ¡Sé un buen detective y piensa como un gato!

Información básica

NOMBRE DEL GATO: _____

EDAD: _____

¿En qué lugar de la casa se siente confiado y seguro tu gato?

Cuando tu gato está en el suelo, ¿expresa seguridad o se esconde?
¿Qué has observado en su lenguaje corporal que te hizo a llegar a esa conclusión?

_____

_____

Describe las áreas que tu gato prefiere para estar en el suelo. ¿Están escondidas y alejadas o despejadas y a la vista?

_____

_____

Cuando tu gato está en un lugar alto, ¿expresa seguridad o se esconde?

_____

_____

¿Tu gato prefiere diferentes lugares a distintas horas del día? Haz una lista de esos lugares.

_____

_____

Cuando tu gato entra en una habitación, ¿adónde quiere ir? ¿Quiere estar en algún lugar al que no puede acceder? ¿Cómo se comporta cuando entra en la habitación? ¿Camina en zigzag para ir a esconderse bajo la mesa o sube de un brinco a una silla para saludar?

_____

_____

¿Qué tipo de morador crees que es tu gato?

Según tus observaciones, ¿dónde muestra tu gato confianza y seguridad?
Podría ser en más de un lugar, así que piensa en los tres tipos de moradores.

	No, en absoluto	Un poco	Sí, definitivamente
Morador de arbustos	☐	☐	☐
Morador de árboles	☐	☐	☐
Morador de playas	☐	☐	☐

Comportamiento antimorador

¿Alguna vez tu gato adopta conductas de antimorador?

	Nunca	A veces	Frecuentemente
Cavar cuevas	☐	☐	☐
Escalar neveras	☐	☐	☐

¿Quién es tu gato?

Piensa qué tipo de gato es el tuyo, teniendo en cuenta que podrá cambiar, y
cambiará, con el correr del tiempo o en distintas situaciones. Tu gato puede ser

un Napoleón por la mañana y un Empapelado por la noche. O quizá es un Mojito cuando llegas a casa y un Empapelado cuando recibes visitas.

¿Con qué frecuencia tu gato se comporta como estos tres tipos de gato?

	Nunca	A veces	Frecuentemente
Mojito	☐	☐	☐
Napoleón	☐	☐	☐
Empapelado	☐	☐	☐

Escribe la historia de tu gato

Escribe la historia de tu compañero felino en primera persona (como si fuera tu gato el que habla). ¿Cómo ves el mundo? ¿Qué cosas amas y cuáles te resultan amenazantes? ¿Qué te encanta hacer y por qué? Descubre qué atrae y divierte a tu gato y dale vida a la historia.

_____

_____

_____

_____

_____

_____

Todo padre tiene sueños respecto a sus hijos. ¿Cuáles son tus deseos y expectativas para tu gato? ¿Qué comportamientos ves en él que denotan miedo y falta de seguridad? ¿Cómo sería el modelo Mojito de tu felino? ¿Cómo imaginas que sería tu gato en su estado de máximo esplendor?

_____

_____

_____

_____

_____

_____

¡prepárate para gatificar!

Ahora que entiendes a los gatos en general, y a tu gato en particular, es momento de traducir la información reunida en un plan medioambiental que responda a sus necesidades. Aquí encontrarás algunos conceptos claves de la gatificación, que demostraremos con ejemplos en la Parte 2.

Planificación urbana

Piensa en la gatificación como urbanización: el proceso de diseñar un entorno urbano —tu casa— que satisfaga las necesidades de los residentes —tú, tu familia, tu gato y los otros animales que vivan allí—, para que todos puedan convivir en orden y armonía. Una de las mayores preocupaciones de la planificación urbana es el flujo del tránsito, y lo mismo vale para la gatificación. Todos deben poder moverse libremente, y sin conflicto, en el espacio.

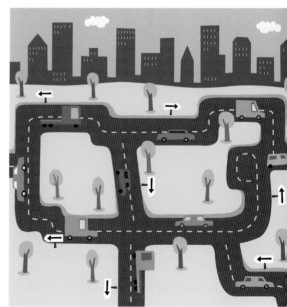

Amathers/iStock Vectors/Getty Images

. . .

Cuando observes el flujo del tránsito en tu casa, ocúpate de detectar y resolver las siguientes señales de alerta.

ZONAS DE CONFLICTO

Las zonas de conflicto son aquellas áreas de tu casa donde se producen con más frecuencia toda clase de disputas u otros problemas de conducta. Podrían ser peleas entre gatos o entre gatos y otros animales, o incluso ataques contra tu persona o las visitas. Estas zonas a menudo coinciden con el vórtice social; el área donde se cruza la mayoría de los seres que conviven en una casa es donde puede estallar el conflicto por el territorio. Una buena manera de identificar zonas de conflicto es colocar una cruz de cinta adhesiva allí donde adviertes que se suscitan enfrentamientos. Con el tiempo, y con la acumulación de cruces, podrás identificar pautas que te ayudarán a detectar las áreas problemáticas y realizar los cambios necesarios.

ZONAS DE EMBOSCADA Y CALLEJONES SIN SALIDA

Las zonas de emboscada y los callejones sin salida son tipos específicos de zonas problemáticas donde, por su relación con el conjunto del espacio, los conflictos son casi inevitables. Estas áreas suelen ser creadas —o al menos acentuadas— por la ubicación de los muebles o los elementos arquitectónicos. Por ejemplo, si el área donde colocas el arenero tiene una sola entrada o salida y está ubicada al final de un pasillo o detrás de la lavadora, se creará una zona de emboscada en cuyo acceso un gato podrá montar guardia para evitar que otros entren o salgan. Las zonas de emboscada pueden ser rincones o callejones sin salida, pero también aquellos lugares del centro de una habitación donde el gato Napoleón intenta controlar el flujo del tránsito. Cuando se gatifica, es importante identificar y eliminar absolutamente todas las zonas de emboscada y los callejones sin salida.

Una vez que hayas identificado las áreas problemáticas, podrás empezar a buscar las soluciones necesarias para mejorar el flujo del tránsito. Estas son algunas herramientas que debes tener en cuenta:

ROTONDA

Como las rotondas del mundo real, la rotonda felina contribuye a desviar parte del flujo del tránsito haciéndolo circular alrededor de un objeto —un rascador para gatos o algún otro mueble— para disipar potenciales conflictos. Es una técnica útil que puedes implementar una vez que hayas identificado las zonas de conflicto.

(Encontrarás un ejemplo de rotonda en acción en el caso de estudio de Thumbelina, Tinkerbell, Tigger y Sahara, en la página 261.)

PUERTA GIRATORIA

La puerta giratoria es un artefacto que ayuda a la circulación de los felinos en una zona de emboscada o un callejón sin salida. Se crea con alguna clase de estructura para trepar, como estantes o árboles rascadores, que permita que los gatos continúen desplazándose por el área hasta quedar fuera de peligro.

(Encontrarás un ejemplo de puerta giratoria en acción en el caso de estudio de Olive y Pepper, en la página 104.)

Martin Barraud/OJO Images/Getty Images

VÍAS DE ESCAPE

Cuando un gato está acorralado, siempre busca una vía de escape; por consiguiente, es esencial proporcionarle estas rutas de huida allí donde sea necesario. Esto va de la mano con eliminar los callejones sin salida.

(Encontrarás un ejemplo de vías de escape en acción en el caso de estudio de Darla y Kashmir, en la página 148.)

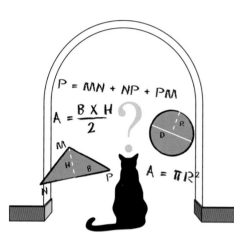

GEOMETRÍA GATUNA

Al entrar en un cuarto, el gato evalúa de inmediato todos los ángulos, callejones sin salida y potenciales zonas de emboscada, y el flujo del tránsito (como veremos en el ajedrez gatuno, en la página 105). Por lo general, el gato (o gatos) sigue una pauta de movimientos y conductas en cada cuarto; esto es la geometría gatuna. Si analizas estas pautas y las plasmas en un mapa, descubrirás soluciones ambientales para sus problemas de conducta.

El mundo vertical

Si les das la oportunidad, los gatos habitarán todos los espacios de tu casa, del suelo al techo y lo que esté en medio. Son escaladores por naturaleza, de modo que para gatificar es imprescindible tener en cuenta el mundo vertical. Como ya vimos al hablar de los moradores de árboles, recuerda que el mundo vertical no es solo el espacio más alto, sino que abarca todos los niveles, del suelo a la silla, a la mesa, a la estantería, a los puntos más altos del cuarto.

Doxieone Photography/Flickr Open/Getty Images

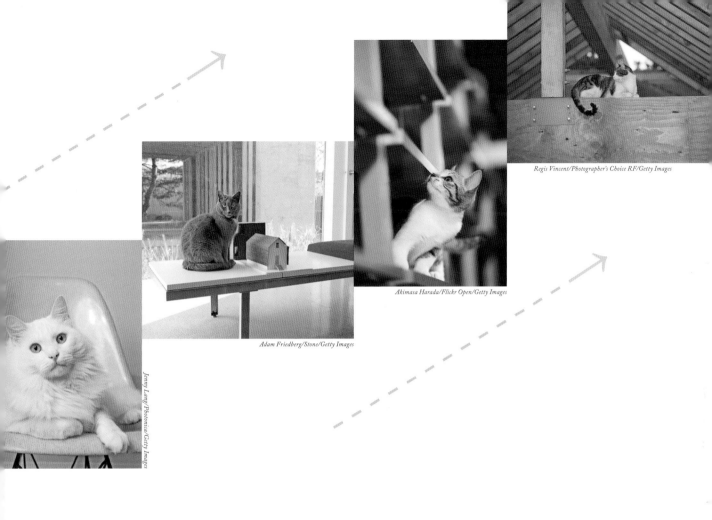

Jenny Lang/Photonica/Getty Images

Adam Friedberg/Stone/Getty Images

Akimasa Harada/Flickr Open/Getty Images

Regis Vincent/Photographer's Choice RF/Getty Images

La superautopista gatuna

Este es uno de los componentes más importantes de la gatificación. Una superautopista gatuna es una ruta que permite que los gatos recorran una habitación sin tocar el suelo. Esta es la clave para crear un buen flujo del tránsito y brindar a tu gato acceso al mundo vertical. La superautopista gatuna debería ser la herramienta principal de todo plan de gatificación.

. . .

Una buena superautopista para gatos tiene las mismas características que una buena autopista para humanos. Todo gira en torno de la máxima eficiencia y la mínima posibilidad de colisión. La tuya debería incluir los siguientes elementos:

CARRILES MÚLTIPLES

Es importante que tu superautopista gatuna tenga múltiples carriles, en especial si está diseñada para varios gatos. En una autopista de esta índole, los carriles no se demarcan con líneas amarillas, sino con líneas imaginarias a lo largo de un eje vertical. El agregado de carriles favorece la libre circulación del tránsito y brinda opciones a tu gato para que pueda explorar el espacio desde distintas alturas.

(Encontrarás un buen ejemplo de carriles múltiples en acción en el caso de estudio del espacio gatificado de Jackson, en la página 85.)

RAMPAS DE ENTRADA Y SALIDA

Las rampas de entrada y salida permiten que tu gato acceda a los carriles de la superautopista y también son vías de escape. Cuando diseñes la superautopista gatuna, asegúrate de colocar varias rampas para que tu felino entre y salga con facilidad, sobre todo si vives en una casa multigato.

DESTINOS Y PUNTOS DE DESCANSO

Como cualquier planificador del tránsito que se precie, cuando observes el plano de tu superautopista para gatos, pregúntate: «¿Adónde lleva?». Ten presente que cuantos más destinos agregues, más razones tendrá tu gato para utilizarla. La diferencia entre un destino y un punto de descanso radica principalmente en el lugar de la habitación donde se encuentran. Por ejemplo, una cama acolchada ubicada en el último estante de una biblioteca que forma parte de la superautopista es un destino perfecto, y las pequeñas plataformas dispuestas a lo largo del trayecto ofrecen imbatibles puntos de descanso donde tu gato podrá hacer una pausa en su recorrido y disfrutar de la vista.

Estas son algunas cosas que debes evitar cuando diseñes tu superautopista gatuna:

ZONAS DE CONFLICTO, ZONAS DE EMBOSCADA Y CALLEJONES SIN SALIDA

Como ya dijimos cuando tratamos el tema de la planificación urbana, el hecho de que un entorno sea vertical no significa que carezca de zonas de conflicto. Presta atención a cualquier sector de la superautopista donde puedan producirse embotellamientos. Agrega carriles o rampas de entrada y salida para eliminar los callejones sin salida y mantener un tránsito armonioso y constante.

CARRILES ANGOSTOS

Igual que en una autopista real, los carriles angostos pueden producir embotellamientos que conducen a potenciales disputas. En el mundo del tráfico gatuno, el atascamiento es sinónimo infalible de conflicto. La señal más prístina de desacuerdo entre gatos es la «mirada fija». Cuando los gatos se quedan congelados y se miran fijamente, nueve de cada diez veces ocurre algo malo. Los carriles deberían ser lo suficientemente anchos para que los gatos puedan recorrerlos con comodidad (al menos 21 o 23 centímetros), y en una casa multigato tendrían que poder circular dos gatos de lado en cada punto de la superautopista o poder desviarse por una ruta alternativa.

ÁREAS INACCESIBLES

Quizá la mayor preocupación al construir una superautopista gatuna sea garantizar que, en caso de emergencia, los humanos podamos acceder fácilmente a cualquier sector. Imagínate si tuvieras que perseguir a tu gato con una escalera al evacuar el edificio, o incluso para acudir a una visita de rutina al veterinario. Asegúrate de que no exista ningún sector de la superautopista al que no puedas acceder. Eso también facilitará la limpieza.

Marcadores territoriales

El toque final de una buena gatificación son los marcadores territoriales. Como hemos visto, el mojo gatuno es sinónimo de adueñarse del territorio, y a esta altura ya sabes que los gatos necesitan marcar su territorio para sentirse seguros. Lo hacen de manera positiva dejando su olor y rascando distintas superficies: dos señales nítidas que otros pueden oler y ver. Las marcas negativas las dejan, entre otras cosas, orinando y rociando, y es precisamente eso lo que intentamos evitar cuando gatificamos nuestra casa.

Al repasar tu plan de gatificación, asegúrate de que pones una buena cantidad de marcadores territoriales apropiados porque, si no te tomas el trabajo de decidir cuáles serán y dónde estarán, tu gato decidirá por ti… ¡y sus decisiones podrían no gustarte lo más mínimo! Recuerda que los gatos dejan su olor sentándose o durmiendo sobre los muebles. Piensa también en la posibilidad de instalar árboles para gatos, camas acolchadas, rascadores, mantas y juguetes para que pueda marcarlos y hacerlos propios.

ABSORBENTES DE OLORES

Los objetos hechos con materiales blandos que se impregnan del olor del gato se llaman absorbentes de olores. Las camas acolchadas y las mantas, las superficies alfombradas y hasta los rascadores de cartón o cuerda de sisal son ideales para que tu gato se frote contra ellos o los rasque para dejar su olor.

Mirasol gatuno

¿Tienes un gato? ¿Tienes ventanas? Si estás leyendo este libro, es probable que tengas lo primero, y si vives… bueno, casi en cualquier parte, seguramente tienes lo segundo. ¡Si tienes estas dos cosas, puedes practicar la gatificación mirasol!

Sabemos por experiencia que los gatos, en su mayoría, siguen el recorrido del sol por la casa. Es muy probable que los veas competir por el territorio junto a la ventana orientada al sol a cierta hora del día. Una vez entendido esto, lo mejor que podemos hacer por nuestros cuadrúpedos adoradores del astro rey es colocar absorbentes de olores en los lugares que más codician. Esto les dará la sensación de ser dueños de aquellas áreas que son sin duda las más importantes: cerca del sofá y de tu cama. La gatificación mirasol es una herramienta fabulosa para las casas multigato. Si colocas camas, árboles o torres en las ventanas que reciben sol y allí donde los rayos solares aterricen en tu casa en algún momento del día, brindarás a tus gatos la oportunidad de practicar el secreto y felino arte del tiempo compartido. Seguramente lo habrás visto en tu casa, cuando un gato se acerca a otro sentado junto a la ventana o sobre el sofá y amablemente (o no tanto) le dice: «¡Ejem! Son las 6:03 en punto. ¡Hora de mover ese peludo trasero!». Y, casi siempre, el interpelado obedece. Recuerda que el mejor remedio para aliviar las tensiones multigato es tener suficientes recursos territoriales para que no sientan necesidad de pelear por ellos. La gatificación mirasol sin duda te ayudará a alcanzar ese objetivo.

LA GATIFICACIÓN VA MÁS ALLÁ DE TUS PAREDES

Cuando diseñes el entorno para fomentar la confianza territorial de tus felinos, tendrás que mirar más allá de las paredes de tu casa. Nunca olvides lo que ocurre allí fuera. ¿Tienes un patio o un jardín trasero? ¿Hay otros animales vecinos? Tal vez tengas que utilizar bloqueadores visuales u otros recursos medioambientales para disipar la tensión.

La excursión de Jackson

Te mostraremos el procedimiento que utiliza Jackson para evaluar el entorno y elaborar un plan de gatificación. Tendrás que ver su trabajo para determinar las opciones que ofrece tu casa. Es importante que eches un vistazo a tu alrededor, veas lo que funciona y lo que no y luego traslades las conclusiones a tu propio plan de gatificación.

Jackson

Cuando entro en un cuarto, lo primero que hago es observar el entorno. Antes que nada, veo cuántos gatos hay. ¿Solo uno… o varios? ¿Cuántos? ¿Existe alguna evidencia de que hay perros? ¿Niños? Luego observo el flujo natural del tránsito, destinos ya establecidos, áreas de conflicto, puntos de descanso y zonas de emboscada.

Por ejemplo, esa mesa justo allí... veo que hay un gato sentado encima. ¿Qué está esperando? ¿Abalanzarse sobre el otro cuando doble la esquina? Ningún movimiento en el mundo gatuno es azaroso, ningún esfuerzo muscular se desperdicia.

Luego viene la desmilitarización. Observo todas las zonas de emboscada y los callejones sin salida que militarizan el área y configuran un tablero para el experto gato campeón de ajedrez. Armado con mi cinta adhesiva marco esos lugares con cruces y hago una lista: tenemos que abrir un camino aquí, tenemos que bloquear este otro allá. Debemos deshacernos ya mismo de este refugio subterráneo. Debemos garantizar que haya rutas de escape en todas partes.

Aunque en el mundo gatuno no se desperdician movimientos, en el mundo humano definitivamente abundan las acciones inconducentes. Camas acolchadas, rascadores, mantas, recipientes de comida, areneros —todos son potenciales marcadores territoriales— están ubicados casi siempre en cualquier lugar. Veo cada objeto como un potencial absorbente de olores, un marcador de territorio, una rotonda o una puerta giratoria. Mi trabajo es crear orden en el caos territorial. Quizá haya un rascador en el cuarto, pero ¿está allí por pura casualidad o cumple una función? Si tenemos un rascador, será mejor que nos preguntemos: ¿por qué está allí? En este momento debo asesorar cuidadosamente a los tutores de felinos. Ellos creen que hacen bien en instalar más torres, más rascadores y hasta más areneros... pero ¿los colocan luego en un rincón oscuro? Ese rascador, por ejemplo, tendría que estar en la entrada del cuarto, y aquel árbol, cerca de una ventana, donde los gatos puedan utilizarlo. Podría ser un destino, o una vía de tránsito extra que permita evitar choques territoriales, podría ser un elemento crucial en un plan general, o podría... simplemente estar allí.

Ahora concentro mi atención a un metro de distancia del suelo; estoy a la altura de las mesas, los respaldos de las sillas y los escritorios, y trato de ver cómo pueden moverse y desplazarse los gatos en este nivel. Empiezo a pensar en la superautopista gatuna, en cómo los gatos podrían recorrer la habitación, si quisieran, sin tocar el suelo. Bueno, tenemos una mesa auxiliar que lleva a aquella silla que lleva a esta mesa de comedor, luego a la biblioteca y al suelo. Bien, al menos este nivel está cubierto. ¿Y más arriba… qué tenemos? No mucho. Aquí es donde realmente necesitamos añadir algunas cosas. Pienso en agregar rampas de entrada y salida y destinos, en eliminar callejones cerrados, etcétera.

Este análisis inicial del suelo al techo me ayuda a reunir toda la información que necesito —el flujo del tránsito y los bloqueos, las relaciones espaciales y las potenciales escaramuzas, y por supuesto el componente humano— para evaluar el entorno e idear un plan de gatificación.

Nación Gatificación

Cuando compilábamos este libro sucedió algo asombroso: invitamos a nuestros seguidores a enviarnos detalles de sus proyectos de gatificación y, de inmediato, nos inundaron de respuestas provenientes de todo el mundo.

Mientras pasábamos por el tamiz una montaña de superautopistas gatunas, gatios y crisálidas, no pudimos dejar de sorprendernos ante la evidente y estimulante conclusión: somos parte de una comunidad global. Tenemos una bandera que alzar. Estamos unidos por el amor a nuestros compañeros animales y armados con la decisión de ampliar el mojo territorial del Puro Gato y brindarle una casa segura y cómoda al gato casero. Somos la Nación Gatificación.

PARTE 2

gatificación
en acción

Ahora que sabes cómo es el Puro Gato y comprendes un poco mejor quién es tu propio gato, ha llegado el momento de construir un medio ambiente que sea estimulante y adecuado para las necesidades del primero y que satisfaga específicamente las del segundo. Por supuesto que cada espacio es único y cada problema puede resolverse de muchas maneras, y entonces tendrás que experimentar diferentes soluciones hasta encontrar la indicada para tu gato y tu casa.

En las páginas siguientes hemos reunido toda clase de ejemplos de proyectos de diseño y construcción, acompañados de nuestros comentarios, para ayudarte a comprender mejor cómo cada uno de ellos afronta y resuelve un problema específico. No olvides que todos estos proyectos e ilustraciones pueden adaptarse con facilidad a tu estilo y tu presupuesto. Al fin de cuentas, ¡la casa también es tuya! Y la meta de la gatificación es hacer felices a todos.

A continuación te presentamos tres apartados específicos, que encontrarás destacados a lo largo de esta sección.

Gatificación sin excusas

Estos proyectos son para los que dicen: «No tengo dinero para comprar un árbol para gatos», o «Soy un desastre con un martillo en la mano», puesto que requieren materiales que probablemente ya tengas en tu casa o puedas conseguir por poco dinero en la ferretería del barrio. Y además, son tan sencillos que cualquiera puede realizarlos. ¡Basta de poner excusas! ¡Gatifica tu mundo!

Básicos de la gatificación

Hay ciertas cosas que toda casa gatificada debería tener. Son los elementos básicos necesarios para convivir con gatos, que se usan todo el tiempo y hacen que vivir con ellos sea un poco más fácil.

Diccionario de Papá Gato

Busca las palabras clave de Jackson sobre la gatificación ¡y apréndetelas de memoria!

CONSEJOS PROFESIONALES DE KATE

Kate nos ofrece su experiencia en proyectos prácticos. ¡Aprende de los profesionales!

MOJO MULTIGATO

Recuerda que la gatificación es imprescindible para toda casa donde vivan gatos, tanto si es uno como si son más. Varios de nuestros ejemplos han sido especialmente pensados para casas multigato, de manera que si tienes un solo gato... ¡busca otro! (Indirecta, indirecta.)

un escenario elegante para dos puros gatos

Un vistazo al guion de *Mi gato endemoniado*, temporada 5, episodio 1

Darwin y Morello, dos gatos Savannah, viven con su papá, Jacques, en un rascacielos con vistas al centro de Austin, Texas. Su instinto natural los lleva a escalar paredes y hacer travesuras. A Darwin la curiosidad a menudo le traía problemas, mientras que Morello era muy salvaje, sospechaba de los humanos y entonces se ponía violenta. Cuando llegaban visitas, era como entrar en la selva. Para prevenir un ataque despiadado, estos gatos necesitaban claramente un territorio más amplio que explorar.

Vivir con dos gatos que desbordan energía como Darwin y Morello puede ser una experiencia extrema… que sin duda requiere una gatificación extrema. Los gatos necesitaban correr y saltar, y eso era precisamente lo que hacían: ¡saltar a la campana extractora de la cocina y casi arrancarla del techo! Esto planteaba algunos desafíos. Primero tendríamos que disuadir a los gatos de saltar a la campana extractora; después tendríamos que inventar un lugar donde pudieran saltar y correr, y por último tendríamos que hacer todo esto respetando la estética moderna de la casa de Jacques.

un escenario elegante para dos puros gatos   73

DARWIN AULLANDO

© 2014 Discovery Communications, LLC

MORELLO SISEANDO

© 2014 Discovery Communications, LLC

Los Savannahs son un cruce genético entre el gato doméstico y el serval, un félido africano salvaje de tamaño mediano. Todo Savannah de pura raza tiene un número de filiación, que indica cuántas generaciones han pasado desde que se apartó de su ancestro serval africano. Un Savannah F1 pertenece a una camada de primera generación, uno de cuyos progenitores es serval; un F2, a una camada de segunda generación y tiene un abuelo serval, y así sucesivamente. Darwin es un F5 y Morello, una F2, lo cual significa que ella está mucho más cerca que él de sus ancestros salvajes.

 Jackson

Aquí teníamos dos Savannahs: Darwin (un F5), más gato que félido salvaje, y Morello (una F2), mucho más félida salvaje que gata. El proceso de gatificación consistiría en crear un ambiente que atendiera, equitativamente, las necesidades de ambos. En el caso de Darwin, tendría que entenderme con un Savannah algo bobalicón y lleno de energía, que adoraba hacer travesuras como saltar a la campana extractora. Genuina versión gatuna de Daniel el Travieso, esta bola de músculos de nueve kilos siempre estaba explorando y buscando problemas.

Y después estaba Morello. Por lo general, los gatos no me asustan, pero cuando vi a Morello por primera vez… me morí de miedo. Morello era suspicaz y recelosa cuando veía a alguien por primera vez, y eso la llevaba a arrinconarse y agazaparse, como si se dispusiera a atacar. En ese estado era feroz y aterraba a todo el mundo. En su caso, tuvimos que satisfacer los instintos más puros del Puro Gato. Darwin, por su parte, solo necesitaba canalizar su energía.

Tuve que llamar a Kate porque tenía dos Savannahs con necesidades muy específicas, pero también un tutor de gatos con un criterio estético muy específico, que estaba muy nervioso ante la posibilidad de que yo cambiara algo en su casa. Y esto era esencial para nuestra colaboración. En cuanto entré en el edificio, temí que Jacques rechazara cualquier propuesta. Si Kate no conseguía subirlo a bordo de nuestro barco, mi única esperanza para esta vivienda zozobraría y se hundiría fatalmente.

 Kate

Cuando conocí a Jacques, me quedó claro que él era un factor fundamental en el diseño: teníamos que hacerlo feliz. Jacques no se había esmerado en crear un entorno adecuado para sus gatos, y ellos estaban poniendo sus propias reglas. También pude deducir, por su interacción con los gatos, que los ama de verdad y que tienen una buena relación, pero no tuvo en cuenta sus necesidades al decorar su casa y, por eso, los gatos la estaban destruyendo, presas del aburrimiento y la frustración.

un escenario elegante para dos puros gatos

PUNTO DE ENCUENTRO: GATO SALVAJE/GATO DOMÉSTICO

Teníamos que satisfacer a Darwin y a Morello, y el Puro Gato que había en cada uno tenía necesidades muy diferentes. Aunque eran de la misma raza, uno se parecía bastante a un gato doméstico (Darwin) y la otra se acercaba peligrosamente al gato salvaje (Morello). Morello jamás se sentirá tan cómoda como se siente Darwin formando parte del mundo humano. Teníamos que pensar un diseño que funcionara para ambos. Además de crear áreas (apartadas de la campana extractora) para que Darwin pudiera saltar y correr, esas mismas áreas elevadas tendrían que funcionar como punto de descanso y puesto de observación para Morello.

CAMPANA EXTRACTORA: SÍ O NO

Debíamos dejarles claro a los gatos que la campana extractora era un enorme «no», no era un parque de atracciones ni un carril de tránsito ni un destino. Una vez establecida la prohibición sobre la campana extractora, tendríamos que

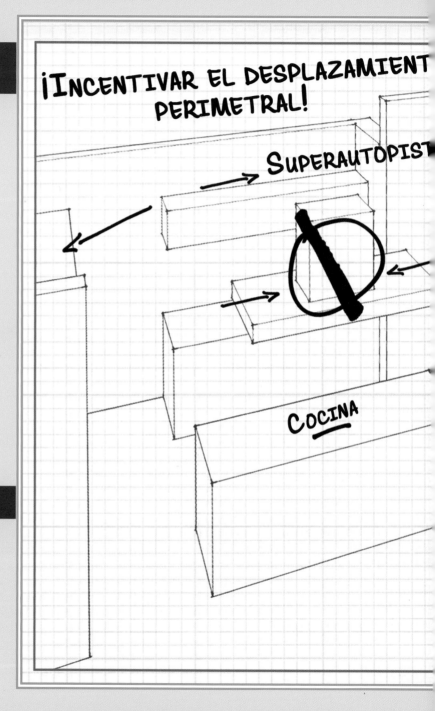

¡Qué vista! ¡TV Felina!

Morello / Darwin

crear una superautopista que alejara a Darwin y a Morello del territorio vedado y ofrecerles destinos y carriles de tránsito atractivos para que no volvieran a sentir la tentación de acercarse allí. No podíamos limitarnos a decir «no», ni tampoco bloquearles el acceso a la campana; teníamos que decirles que «sí» a algo, teniendo en cuenta que, para los gatos, la cocina es un área de socialización importante. La superautopista les daría acceso a la cocina, pero los mantendría alejados de la campana extractora y, de paso, los conectaría con otros sectores de la casa.

HECHA PARA LA VELOCIDAD

La superautopista debía ser muy resistente, puesto que Darwin y Morello pesan casi nueve kilos cada uno. Teníamos que asegurar los listones a la pared con anclajes para cargas pesadas y cubrir las superficies para evitar resbalones.

UN TUTOR DE GATOS ATENTO AL DISEÑO

Por supuesto que todo esto debía hacerse de una manera que armonizara con la estética moderna de la casa de Jacques. Cada elemento debía ser tratado casi como una obra de arte, para lograr que nuestra gatificación combinara con la decoración y se invisibilizara; de lo contrario, era muy probable que Jacques lo desmontara todo en cuanto saliéramos por la puerta.

CARACTERÍSTICAS DE LA GATIFICACIÓN

- **El poste trepador del suelo al techo** permite que los gatos trepen hasta la parte superior de las alacenas en la cocina.
- **La cubierta de la campana extractora** les advierte a los gatos que es un coto vedado.
- **La parte superior de las alacenas** se integra a la superautopista gatuna.
- **El estante esquinero** extiende la superautopista gatuna desde la parte superior de las alacenas hasta la pared de escalar ubicada en el comedor diario.
- **Las alfombras** que cubren todos los estantes evitan resbalones.
- **Los rascadores** agregan marcadores territoriales a la pared de escalar.
- **Los estantes escalonados** conectan la parte superior de la alacena con los estantes que hay arriba, creando una rampa de entrada y salida alternativa.

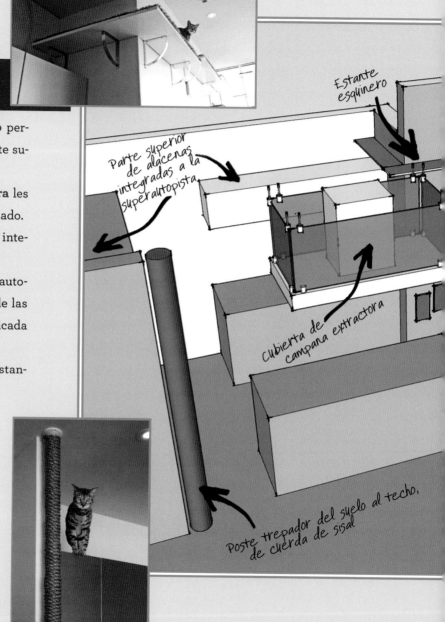

Estante esquinero

Parte superior de alacenas integradas a la superautopista

Cubierta de campana extractora

Poste trepador del suelo al techo, de cuerda de sisal

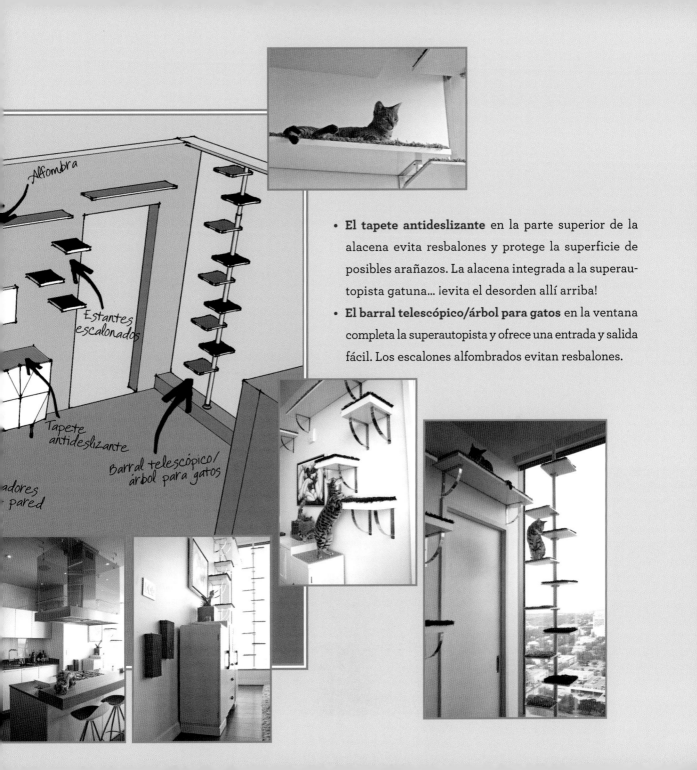

Alfombra

Estantes escalonados

Tapete antideslizante

Barral telescópico/ árbol para gatos

...adores ... pared

- **El tapete antideslizante** en la parte superior de la alacena evita resbalones y protege la superficie de posibles arañazos. La alacena integrada a la superautopista gatuna... ¡evita el desorden allí arriba!
- **El barral telescópico/árbol para gatos** en la ventana completa la superautopista y ofrece una entrada y salida fácil. Los escalones alfombrados evitan resbalones.

CONSEJOS PROFESIONALES DE KATE

Estante esquinero

Para construir un estante esquinero puedes cortar un pedazo de aglomerado en forma de L, pero lo más fácil es utilizar dos estantes o tablas rectos y pegarlos con cola formando una L. Utiliza dos ménsulas planas para unir los estantes y obtener una mayor estabilidad.

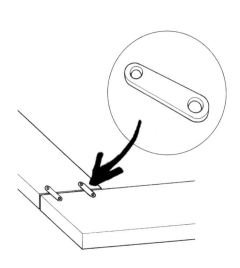

CUBIERTA PARA LA CAMPANA EXTRACTORA

La campana extractora de este proyecto es un clásico ejemplo del «sí o no», sirve para disuadir a los gatos de acercarse a áreas prohibidas o exhibir conductas no deseadas, ofreciéndoles una alternativa apropiada. Teníamos que hacerles entender que la campana extractora era un inmenso no. Si seguían saltando encima, terminarían por arrancarla del techo y se estrellaría contra el suelo de la cocina. Nuestra idea era bloquear el acceso felino a la campana, pero debíamos hacerlo de forma que armonizara con la decoración. Aquí te mostramos cómo lo hicimos.

MATERIALES Y HERRAMIENTAS

Planchas de acrílico translúcidas, piezas para colgar carteles (disponibles en tiendas de señalización o de construcción), cinta adhesiva de doble cara y taladro-destornillador eléctrico.

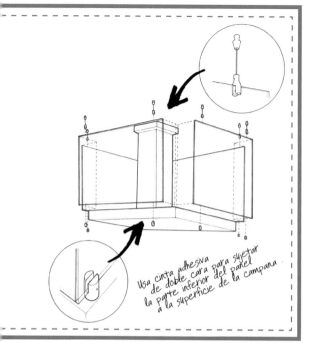

Usa cinta adhesiva de doble cara para sujetar la parte inferior del panel a la superficie de la campana

Primero medimos el largo y el ancho de la campana extractora para poder calcular el tamaño de los paneles acrílicos que necesitábamos. Dejamos aproximadamente quince centímetros entre la parte superior de los paneles y el techo. En un principio pensamos decorar los paneles, pero nos preocupaba no coincidir con las preferencias estilísticas de Jacques… y además nos preocupaba que, si poníamos paneles opacos, el espacio sobre la campana extractora se viera demasiado oscuro y produjera una sensación de claustrofobia. Así que elegimos un acrílico anaranjado translúcido, que agrega un estallido de color y combina con la paleta existente.

Colgamos los paneles del techo usando piezas para suspensión de carteles. Instalarlos es muy fácil: simplemente tienes que asegurar una pieza al techo, después de medir la altura adecuada, y luego ajustar el otro extremo en el panel. En este caso usamos también una cinta adhesiva de doble cara para sujetar la parte inferior del panel a la superficie de la campana.

ANTES: LOS GATOS SALTANDO A LA CAMPANA EXTRACTORA

El acrílico de color funciona como barrera física y visual para los gatos, y les da a entender que el área está vedada. Los paneles translúcidos permiten la entrada de la luz y dan una sensación de ambiente aireado y abierto. A decir verdad, el resultado final parece una obra de arte colgante.

DESPUÉS: LA CAMPANA EXTRACTORA BLOQUEADA

DARWIN, LISTO PARA LANZARSE, RECIBE EL CLARO MENSAJE DE QUE LA CAMPANA EXTRACTORA YA NO ES ACCESIBLE

gatification

Dime, Kate, ¿de qué parte del proyecto te sientes más orgullosa?

Pienso que la mayor recompensa fue ver a Darwin y a Morello subir a los estantes en cuanto les mostramos el diseño. También me encanta la cubierta de la campana extractora. Creo que es una bella solución al problema, funcionó —basta de gatos con nueve kilos aterrizando encima— y se ve magnífica. Ese fue el no, que viene de la mano del sí. Los gatos se sienten muy cómodos en los estantes, en los niveles más altos, bajan por el árbol, usan todas las rampas de entrada y salida… Creo que fue un éxito increíble, sobre todo por cómo recibieron el proyecto los gatos y Jacques.

Hubo muchos aciertos en este caso. Jacques estaba contento, y Darwin ya no aterrizaba sobre la campana extractora, pero para mí lo más importante fue que Morello pudiera explorar su mundo. Quedé pasmado cuando vi a Morello subida a los estantes. Quiero decir: de los habitantes de la casa, ella era el espíritu crítico más severo. En cuestión de gatos, los peores críticos son los que muestran los dientes. La reacción de Morello ese último día fue como si

dijera: «¡Gracias, justo lo que necesitaba!». Era un tema más de necesidad que de confort. Una gata como Morello necesita gatificación. Sin eso, no solo será desdichada, sino que sus compañeros humanos correrán peligro.

En mi última visita le di a Morello una golosina mientras estaba encima de la alacena; la tomó de mi mano y se alejó. Créase o no, fue un momento emocionante. Es lo más cerca que estuvo alguien, que no fuera Jacques, de interactuar con Morello. Le dije: «Intenté tratarte como lo que no eres: un gato doméstico, de interior. Esta nueva superautopista te permite ser quien eres: una verdadera y salvaje moradora de árboles, una gata que solo se siente segura y a salvo cuando está lejos de la mayoría de la gente». Esta gatificación fue un gran logro. En la primera visita, Morello había intentado arrancarme el brazo porque le daba muchísimo miedo estar en el suelo, pero ahora tenía el entorno necesario para ser ella misma.

En las páginas siguientes veremos los proyectos más destacados enviados por miembros de la Nación Gatificación. El objetivo es que sirvan de ejemplo de lo que es posible. Queremos que los diseños de estos tutores gatunos te inspiren y que aprendas de su sabiduría sin sentirte intimidado. Con esto en mente, aquí destacamos tres temas que se trataron en varios proyectos:

- **¡No te dejes abrumar!** Concéntrate en construir primero la estructura general y trata de no distraerte con pequeñeces. Luego podrás añadirlas. Te sorprenderás al ver cuántas posibilidades nuevas aparecen una vez concluida la primera parte. Una de las cosas más hermosas de la gatificación es que nunca terminas de pintar el cuadro, siempre puedes agregar algo más.
- **Los buenos diseños de gatificación son expandibles.** Se podrán ampliar y adaptar con el tiempo, a medida que los gatos crecen y maduran y llegan o se van de tu casa. Un diseño expandible se adapta a estos cambios.
- **¡Sé original!** Nos encantan los proyectos de piratería, en que los tutores de gatos se apropian de algo que no estaba en principio diseñado para uso gatuno y lo reutilizan para crear un diseño completamente original que es exactamente lo que su o sus gatos necesitan.

Recuerda que lo que funciona a alguien y a sus gatos no tiene por qué funcionar en tu casa, pero siempre puede haber algo en ese proyecto que encienda tu imaginación. ¡Toma solo lo que necesites y olvídate del resto!

REMITENTES:
Rebecca y
Richard Brittain,
Clearwater, Florida

GATOS:
Emily y Kirby

un lugar
donde posarse

UN ÁRBOL PARA GATOS
INSPIRADO EN LA NATURALEZA

Este árbol para gatos inspirado en la naturaleza surgió cuando mis «clientes» Emily y Kirby se mudaron con nosotros a la nueva casa y vieron que allí no había nada parecido a su adorado «alto, escalonado y rugoso amigo» de la vieja casa, que ellos usaban para escalar, dormir y jugar TODO EL TIEMPO. Y ya estaban bastante fastidiados porque habíamos incurrido en la extrema descortesía de retirarlo cuando la pusimos en venta.

En la casa nueva, los gatos pasaban el día durmiendo, remoloneando y comiendo en el cuarto trasero donde trabajábamos, y no salían para ejercitarse o explorar. Nosotros, como diseñadores y tutores, deseábamos remediarlo cuanto antes.

EMILY

KIRBY

Planeábamos usar como oficina un cuarto más grande, más luminoso y más central de la nueva casa y decidimos integrar allí las necesidades de nuestros gatos. Emily dijo que no le importaba QUÉ ASPECTO tuviera, siempre y cuando fuera un lugar cómodo, fácil de escalar y «cerca de donde vosotros trabajáis durante el día para que me hagáis muchos mimos». Kirby parpadeó y admitió que sí, que QUIZÁ había engordado un poco por falta de ejercicio y que al menos PENSARÍA en usar el árbol.

Materiales y presupuesto

Gastamos 100 dólares en troncos comprados por internet y reciclamos tres plataformas y algo de cuerda de sisal de la vieja torre para gatos. Unas alfombras de baño mullidas (24 dólares en total) cubren los rellanos y se pueden sacar y sacudir.

Utilizamos pernos para sujetar el tronco al techo, las paredes y otras piezas. Richard hizo varios orificios en la madera y luego en la pared para comprobar el lugar correcto de ajuste. Los

orificios están por debajo de la superficie, porque queremos cubrir las cabezas de los pernos con tapones de madera. (¡Todavía no lo hemos hecho!)

Revestimos la sección del tronco que llega al techo con una lámina de metal, y perforamos un orificio para asegurar el perno al tronco, y el tronco al techo. Luego envolvimos ese sector con cuerda de sisal para que no quedara a la vista.

Los escalones de la escalera de caracol eran originalmente troncos cortos y redondos de madera. Richard los serruchó por la mitad y, antes de perforarlos y fijarlos al poste central y la pared, los colocamos en las posiciones correctas para los gatos. Las herramientas utilizadas fueron un taladro, un serrucho y una sierra.

Consejos de Rebecca y Richard

Comenzamos por el tronco central que llega al techo y luego, lentamente, durante unas pocas noches, armamos el resto cortando y serruchando ramas y escalones según fuera necesario para que encajaran en la pared y en el espacio. Por suerte, Richard es muy hábil con las herramientas (y muy paciente).

El resultado

La construcción nos llevó apenas una semana. Emily, la más exploradora de los dos, ya ha descubierto los escalones y los utiliza como primera plataforma para sus siestas. Kirby es más cauteloso y aún no ha trepado, pero adora el rascador de cuerda de sisal que colocamos en la base. Lo construimos sin saber si lo usarían o no, pero ambos ya pasan más tiempo jugando y recorriendo la zona (y yo, en el ordenador durante el día)... ¡así que lo consideramos un éxito!

 Jackson

¡Este es un proyecto ganador en varias categorías! No solo es un gran ejemplo de cómo compartir un espacio con gatos, sino que es imposible saber dónde termina su árbol y comienzan los muebles, ya que ha sido resuelto de forma bella y armoniosa y no al estilo «casa de los fanáticos de los gatos». En verdad, si quitamos a los gatos de escena, parece una impactante obra de diseño. Esta es la verdadera naturaleza de la gatificación. Me sentiría orgulloso si esta pared fuera parte de mi casa.

Por lo demás, me encantaría que hubiera un puente que comunicara el mundo gatuno con el mundo humano, una superautopista continua desde la punta del árbol hasta la parte superior de la biblioteca. También me gustaría que hubiera otra salida en el lado izquierdo de la biblioteca. Esto completaría la superautopista de maravilla porque permitiría un mejor flujo del tránsito.

 Kate

Sé que parece un diseño complejo y que quizá pensarás: «¡Yo jamás podré hacer eso!». Pero no te apresures... después de todo, no es tan complicado. Este proyecto emplea materiales simples y naturales y técnicas de construcción básicas.

Con un poco de planificación cuidadosa y las herramientas adecuadas, podrás construir fácilmente un árbol para gatos como este, ¡aunque no seas un maestro carpintero!

Cuando diseñes tu plan de gatificación, imagínalo sin ningún gato y pregúntate: ¿es esto lo que me gustaría para mi casa, aunque no tuviera gatos?

la guarida de papá gato

UNA VISITA AL CUBIL DE JACKSON

Echemos ahora un vistazo a la gatificación que hicimos en casa del propio Jackson, cuando vivía en Los Ángeles con sus tres gatos —Velouria, Chuppy y Caroline— más su perrita Rudy. Jackson emitió una poderosa señal de SOS apenas se mudó a ese pequeñísimo piso de 46 metros cuadrados, pues sabía que gatificarla sería todo un desafío.

🐾 Jackson

Al entrar en la casa, el pánico se adueñó de mí. Las áreas de espacio individual de mis tres gatas eran muy amplias, y necesitaban estar lejos unas de otras. Mi perra Rudy, mezcla de Jack Russell y beagle, era ciega y exploraba el mundo (gatas incluidas) con la nariz y la boca. No era una buena combinación en 46 metros cuadrados. Tenía que asegurarme de que las tres gatas no se arañaran y quedaran definitivamente fuera del alcance de la boca de Rudy. ¡Hola, Kate! ¿Puedes ayudarme?

🐾 Kate

Sí, el espacio era tan pequeño que sin duda sería un desafío responder a las necesidades de todos los animales. Pero a la vez teníamos que definir sectores para que Jackson dispusiera de espacio para él. Después de todo, también viviría allí. Tendríamos que ser realmente creativos para unir y armonizar las necesidades y preferencias de la gatificación con las necesidades y preferencias humanas… y caninas.

CAROLINE

CHUPPY

VELOURIA

RUDY

 Jackson

Al diseñar este espacio tuvimos muy en cuenta las necesidades, muy diferentes, de estos animales. En aquel momento, Velouria tenía unos veinte años; Chuppy, diecinueve, y Caroline, tres. Caroline había sido una fiera que siempre buscaba esfumarse, en un lugar alto o bajo. Ejercitaba sus salvajes músculos en cada grieta y hendidura que encontraba; en el suelo o en el techo, constantemente buscaba un lugar donde esconderse. Velouria, en su apogeo, saltaba a cada rato del suelo al dintel de la puerta de un solo impulso. Incluso a los veinte años, seguía buscando dónde subir, siempre explorando el mundo vertical… A diferencia de Caroline, que solo deseaba esconderse. Y después teníamos a Chuppy, que

enfermó de artritis en sus últimos años y a quien, para empezar, jamás le había gustado cruzarse con otros felinos. Sin embargo, Chuppy se llevaba muy bien con Rudy, la perra ciega que exploraba el mundo con la nariz y la boca.

Con estos personajes en mente, tuvimos que construir varios carriles de tránsito: uno para Caroline, con accesos bloqueados a zonas altas y bajas; pendientes suaves para Chuppy, cuya artritis no podíamos pasar por alto, y suficiente espacio de exploración sin riesgos para Velouria, que a los veinte años no reconocía sus limitaciones. Y también estaba Rudy, claro.

Superautopista de Jackson

La prioridad era crear una superautopista gatuna que recorriera toda la casa. Recuerda que toda superautopista que se precie debe tener carriles anchos para facilitar el flujo del tránsito, así como rampas de entrada y salida. En una casa multigato, compartir un carril de tránsito puede causar conflictos. Los gatos no deberían competir para pasar por un camino de una sola vía. Cuando dos automóviles avanzan en sentidos opuestos en una vía de un solo carril, uno de los dos deberá ceder paso al otro. Si bien los conductores humanos casi siempre se atienen a las normas de tránsito, los gatos rara vez lo hacen. Cuando dos gatos se topan, la manera felina de aporrear el claxon es sacar uñas y dientes. Para evitarlo, tendrás que crear una superautopista gatuna de múltiples carriles. A medida que lleves gatos a tu casa, tendrás que pensar en la planificación urbana, como harías en cualquier ciudad en crecimiento. Si pasas de tener un gato a tener dos, deberás expandirte.

INTEGRAR NECESIDADES FELINAS Y HUMANAS

Lo que quizá no se advierta al observar este proyecto es que, de hecho, hay cuatro carriles de tránsito: el suelo, el sofá y la otomana, y dos niveles de estantes. Todos estos pueden ser utilizados por animales y humanos; por ejemplo, el escritorio es para que trabaje Jackson, pero está integrado a la superautopista gatuna. El aparador sirve para apoyar el televisor y como zona elevada de alimentación felina. El sofá y los muebles también forman parte de la superautopista. Lo hayas pensado o no, es muy probable que tus gatos utilicen los muebles para humanos como carriles de tránsito. Entonces ¿por qué no planificarlo de antemano? No tiene sentido ofrecerle a tu gato un alféizar que conduce naturalmente a un lugar no permitido.

PISTA DE ATERRIZAJE EN EL ESCRITORIO

Observamos la conducta de las gatas en el rincón del escritorio y descubrimos que usaban la superficie como parte de la superautopista: se movían desde el alféizar de la ven-

tana hacia el estante de encima del escritorio, saltando sobre este. Además de ser inconveniente, también era peligroso que saltaran desde cierta altura a una superficie laminada a la que no podían aferrarse con sus uñas. En vez de desalentar esta conducta, les dimos el gusto: colocamos tapetes de sisal sobre bases antideslizantes en las esquinas del escritorio.

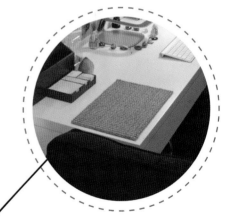

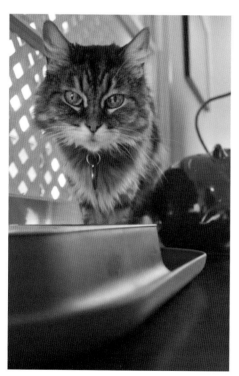

ALMUERZOS DE ALTO NIVEL

Como bien saben todos los que conviven con gatos y perros, a veces es necesario separarlos a la hora de comer. (¡Perros insaciables!) Para poder hacerlo, decidimos usar la parte superior de la estantería baja de la sala de estar como zona de alimentación felina. Para

facilitar el acceso de las gatas más viejas a la superficie elevada, agregamos un moderno tramo de escalera gatuna. De este modo, las gatas podían acceder con facilidad a su comida mientras Rudy se alimentaba a ras del suelo.

Continuamos la superautopista en el dormitorio, con más estantes que llevaban desde una mesita hasta la parte superior de la cómoda. Las camas acolchadas y los rascadores estratégicamente ubicados eran destinos apetecibles a lo largo de la superautopista, donde las gatas felices podrían echarse una siesta.

🐾 Jackson

Creo que uno de los aspectos más maravillosos de esta superautopista es que fue muy difícil evaluar las necesidades de nuestras clientas felinas. En un espacio completamente nuevo, ¿cómo decidirían pasar el tiempo juntas? Puesto que este lugar era mucho más pequeño que su territorio anterior, ¿qué harían

para dominar ciertas áreas, y quiénes se sentirían más confiadas y a salvo en los distinos niveles del mundo vertical?

Kate y yo aceptamos gustosos el desafío. Construimos una superautopista con cuatro carriles verticales para que las tres gatas pudieran explorar diferentes alturas, cada una a su ritmo. Esta configuración también resultó eficaz para estimular el mojo de cada una.

Por ejemplo, descubrí que, cuando tenía acceso a «árboles», «arbustos» y «cuevas», Caroline elegía las últimas porque le permitían dar rienda suelta a su naturaleza silvestre, intentando «desaparecer» de la vista humana. Lo último que quieres, cuando construyes una superautopista gatuna, es estimular una mentalidad asustadiza. Lamenté tener que bloquear la parte superior del armario —que pensaba podría ser una gran zona privada con camas acolchadas— y no coloqué ningún mueble que condujera allí. El desafío de Caroline sería vivir en alturas intermedias, como las de la cama o los brazos del sofá. Decidimos colocar camas para gatos en distintos puntos estratégicos de esas áreas.

Diseñamos una estructura increíblemente flexible, que pudiéramos modificar de acuerdo con las futuras necesidades individuales y comunales de mis tres gatas. Con este ejemplo intento mostrarte que la gatificación es un viaje, no un destino. No tenemos que ponernos ansiosos con el espacio y el proceso de adaptación y debemos esperar que nuestros amigos felinos superen sus propios desafíos y se vuelvan más y más confiados.

REMITENTES:
Sara y Erik;
Minneapolis, Minnesota

GATOS:
Whisper, Weasley, Wobbly,
Waffles y Millie

operación: ¡gatifica tu sala de estar!

UNA ZONA DE JUEGO EN LAS ALTURAS

Hay un espacio bastante peculiar en lo alto de la sala de estar que recibe una luz maravillosa por la mañana y es un lugar perfecto para los gatos, pero no tenían manera de acceder allí. Apenas nos instalamos, pusimos las plantas allí para mantenerlas a salvo de los mordiscos felinos, pero pronto descubrimos que era muy incómodo tener que usar una escalera para regarlas. Siempre quisimos construir una suerte de club gatuno allá arriba, para darles un mirador desde donde observar el mundo, disfrutar de la luz del sol y estar lejos del tránsito a ras del suelo.

Cuando Erik construyó el primer árbol, los gatos treparon de inmediato a las ramas y se adueñaron del club. Les gustaba perseguirse subiendo y bajando del árbol, dormir al sol o sentarse a observar las actividades de la casa desde lo alto. También disfrutaban de la corteza de las ramas, que usaban como rascadores.

Materiales y presupuesto

Realizamos la gatificación en tres etapas. Aquí te mostraremos cómo lo hicimos.

Etapa 1: construcción del árbol que conecta con el club gatuno

- Rama de roble larga y cubierta de corteza, proveniente de los bosques cercanos (gratis).
- Listones de roble cortados por Erik, provenientes de árboles talados durante la construcción de la autopista vecina (gratis).
- Un perno grande, comprado en una ferretería (menos de 5 dólares).
- Una lata de aceite para teca, comprada en una ferretería (menos de 15 dólares).
- Varias camas acolchadas y cojines para felinos de distintas edades (de 15 a 30 dólares).

Remodelamos toda la sala de estar y buscamos un diseño que fuera amigable, práctico y atractivo para los gatos.

Etapa 2: remodelación y ampliación gatificadora de la sala de estar

- Reemplazamos todas las alfombras de la casa por suelos de madera dura, y Erik rellenó las grietas y hendiduras con madera de roble recuperada.
- Modificamos nuestro hogar de leña instalando una salida de gas y lo diseñamos de modo tal que fuera seguro para los gatos y no del todo accesible para escalar.
- Retapizamos los muebles con microfibra fácil de limpiar y sin textura (por tanto poco o nada atractiva como poste rascador).

- Agregamos un parque de atracciones junto al árbol para brindar a los gatos una plataforma en altura y una vía directa de acceso al club.
- Unos queridos amigos nos regalaron estantes Cat Clouds Cat Shelves, que combinan con nuestro diseño vertical y horizontal.
- Colocamos dos canastos, comprados en una tienda de segunda mano por menos de 5 dólares, a cada lado del parque de atracciones para que los utilicen como camas.

- Colocamos en otro lugar de la sala de estar un árbol para gatos alfombrado, que teníamos hacía años, para crear un espacio en el nivel intermedio y ofrecer a nuestros felinos un mirador al exterior.

Etapa 3: continuación de la gatificación (¡es un proceso sin fin!)

- Colocamos dos camas acolchadas en el club. Por lo general, las venden a unos dólares en las tiendas minoristas, pero esperamos hasta conseguirlas a mitad de precio.

  - Erik diseñó y construyó varias plataformas con roble y nogal reciclado, que adosamos a las grandes ventanas de la sala de estar que miran al bosque y al arroyo; nuestros gatos disfrutan así de espectaculares vistas de la naturaleza.
  - Erik diseñó y construyó «macetas portagatos» de madera tricolor (roble, nogal y cerezo), que nuestros felinos usan para sentarse.

Consejos de Sara y Erik

- ¡Observa a tu pareja o compañero de vivienda cuáles son los mejores lugares para colocar las nuevas estructuras! El primer emplazamiento que escogimos para el árbol era muy poco práctico porque estaba demasiado cerca de la puerta principal y del armario donde colgamos las chaquetas y los abrigos, prendas que usamos muchísimo en Minnesota durante el invierno.

- Hay muchos productos bellos para gatificación en el mercado, pero también puedes hacer cosas muy atractivas con un poco de habilidad y materiales baratos. No es preciso ser un carpintero eximio (como Erik) para transformar tu casa en un paraíso gatuno. Utiliza la imaginación y diviértete. Solo verifica que la construcción sea segura antes de permitir que los felinos la disfruten.

- Prueba tus ideas y planes con tus gatos antes de invertir tiempo y dinero en la construcción e instalación. Por ejemplo, antes de construir el árbol en nuestra sala de estar trajimos troncos y ramas para ver cómo reaccionaban los gatos a las texturas y los olores. La madera los fascinó, así que tuvimos luz verde para el proyecto. En cambio, ignoran por completo un rascador muy atractivo que Erik diseñó. Vamos a observar el desarrollo de los acontecimientos y, si continúan sin mostrar el menor interés, volveremos al tablero de dibujo.

- Divide tu proyecto en etapas para que te sea más factible realizarlo si crees que el tiempo, el presupuesto o la falta de conocimientos específicos podrían obstaculizarte la tarea. La gatificación de nuestra sala de estar evolucionó a lo largo de cuatro años, y la modificamos o le agregamos cosas cuando tenemos nuevas ideas, tiempo y fondos.

El resultado

Los gatos utilizan a diario los elementos de gatificación que agregamos a nuestra sala de estar. Nuestros gatos son muy sociables con nosotros y entre ellos, y casi siempre hay un par en el club durante todo el día y la noche… ¡Y cuando entra el sol, todos lo celebran! Cuando estamos en la sala de estar, la *troupe* no tarda mucho en reunirse con nosotros. Hay montones de lugares donde pasarlo bien y relajarse. Siempre hay gatos dormidos en nuestros regazos, acurrucados en las camas acolchadas del club, echados en las ramas del árbol u ovillados en una canasta.

El proyecto ha sido un éxito rotundo con los gatos. A nosotros nos encanta ver cómo lo disfrutan, y nuestros amigos también piensan que el diseño es bonito. Siempre estamos con ánimo de mejoras continuas y hacemos modificaciones en la medida en que son necesarias. Cuando algunos de nuestros gatos envejezcan, haremos todas las adaptaciones que requiera cualquier impedimento físico que puedan tener.

Jackson

Antes que nada, felicitaciones a Sara y a Erik por haber hecho sus tareas de gatificación. Por haber mirado el mundo con sus propios ojos y también con los ojos de sus gatos y haberse preguntado: «¿Cómo podemos hacer que esto funcione para todos?». Hicieron un trabajo asombroso llevando la naturaleza a su hogar y combinando la estética felina con la humana. Lo único que les diría es: ¡continuad trabajando, pues todavía no habéis terminado! La superautopista desemboca en el club, y si hubiera una disputa entre gatos allá arriba… podría terminar mal. Yo les propondría que crearan otra vía de salida desde el club, que pase por encima de la puerta y descienda. Es imprescindible prolongar esa superautopista: no quiero ver ninguna reyerta en ese callejón sin salida. Por lo demás, este es un ejemplo absolutamente impactante para todos los proyectos de gatificación que andan rondando por ahí. ¡Gran trabajo!

Kate

Este es un fabuloso escaparate para la sorprendente destreza de Erik en las lides carpinteras. Pero no te dejes intimidar si no eres tan habilidoso: ¡déjate inspirar, en cambio! Utilizar un tronco de árbol hallado en el bosque es una excelente manera de comenzar, y tus gatos estarán encantados. Verifica cuidadosamente que no haya insectos ocultos en la madera si no quieres llevar una pandilla de termitas a tu casa. Me encanta cómo usaron un pedazo más pequeño del tronco para continuar el tema sobre la parte superior del aparador. Existen numerosas maneras creativas de copiar esta idea en los distintos ambientes de la casa.

encontrar la cama perfecta para tu gato

Hay incontables modelos de camas para gatos en el mercado, una para cada estilo y cada presupuesto. Las camas acolchadas son el mejor absorbente de olores porque resultan lugares muy significativos en lo territorial. También son grandes destinos y puntos de descanso a lo largo de la superautopista gatuna.

Cada gato prefiere un tipo diferente de cama, de modo que tendrás que experimentar un poco para ver qué estilo elige el tuyo. Además de descubrir su favorita, tendrás que colocarla en distintos lugares de la casa hasta encontrar su zona de confianza. Algunas camas para gatos son muy baratas, así que compra varias, desparrámalas por todas partes y observa dónde decide descansar tu compañero felino.

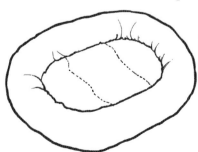

Algunos tipos comunes de camas para gatos

Camas nido: suelen ser ovaladas y planas con bordes levemente elevados, justo lo suficiente para que los gatos descansen y permanezcan al aire libre.

Camas cuna: tienen bordes más altos; son lugares de descanso agradables y profundos donde los gatos pueden sentarse y espiar hacia afuera, como quien se asoma por encima de una pared.

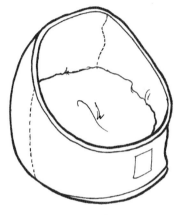

Camas cueva: crean una especie de madriguera donde los gatos pueden anidar y quedar parcialmente cubiertos.

Camas refugio: son casi del todo cerradas y forman un capullo. Asegúrate de que la cama refugio tenga dos aberturas para que nadie quede atrapado adentro.

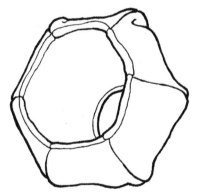

cambiar las reglas del ajedrez gatuno

Un vistazo al guion de *Mi gato endemoniado*, temporada 3, episodio 1

El pequeño apartamento de Mike y Emilie en la ciudad de Nueva York se había transformado en un campo de batalla para sus dos gatas, Olive y Pepper. Las felinas no podían estar solas en una misma habitación sin que estallara una pelea terrible. Los integrantes de la pareja también debían dormir en cuartos separados todas las noches para mantener la paz y no cargar con la culpa de tener que desterrar del dormitorio principal a una de las beligerantes. Se acercaba la fecha de su boda, y algo tenía que cambiar radicalmente si querían disfrutar de una luna de miel sin contratiempos.

Olive jamás le quitaba los ojos de encima a Pepper. La «generala Olive», una maestra del ajedrez gatuno, obstaculizaba cada movimiento de Pepper, y la pobre Pepper se

transformaba en una gata Empapelado en cuanto advertía que Olive la miraba. La distribución del lugar empeoraba la situación, ya que creaba zonas de emboscada donde Olive podía arrinconar a Pepper y dejarla sin rutas de escape. Teníamos que interferir esta partida de ajedrez gatuna para lograr que las dos felinas vivieran juntas en paz.

DICCIONARIO DE PAPÁ GATO
AJEDREZ GATUNO

Ajedrez gatuno es otra forma de ver el juego del gato y el ratón o el juego del predador y la presa. Cuando está cazando, un cazador escruta su campo de visión como si fuera un tablero de ajedrez, listo para iniciar la captura en cuanto vea la oportunidad. Los grandes cazadores —como la mayoría de los gatos— planifican sus próximos cuatro movimientos, bloqueando rutas de escape y anticipando cada movimiento de su presa.

Cuando visitamos por primera vez la casa de Mike y Emilie y vimos cuáles serían los «materiales de trabajo», nos quedamos boquiabiertos, tratando de imaginar qué hacer, con tantos callejones sin salida y zonas de emboscada por todas partes. Era un clásico apartamento de Nueva York con pasillos en forma de zeta, y el problema no era solo el lugar, sino también las jugadoras. Olive, una campeona del ajedrez gatuno, requería que diseñáramos una estrategia para modificar las reglas del juego.

Kate

Sí. Te detuviste mirando el rincón de la cocina donde era obvio que Pepper podía quedar fácilmente atrapada y dijiste: «Arriba y afuera, tenemos que hacer que ella vaya arriba y afuera». También había una alfombra enro-

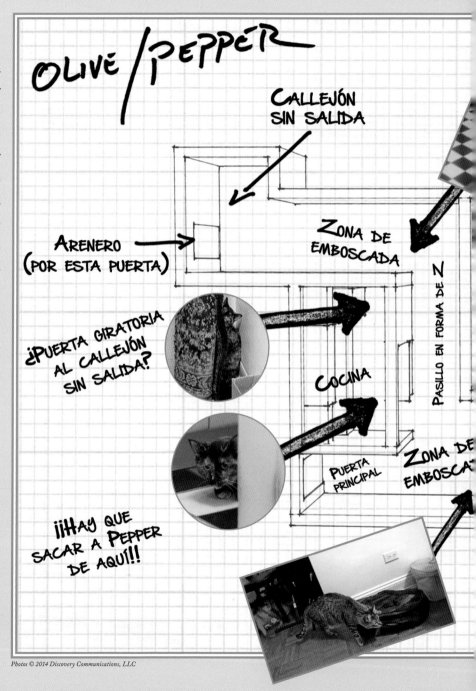

Photos © 2014 Discovery Communications, LLC

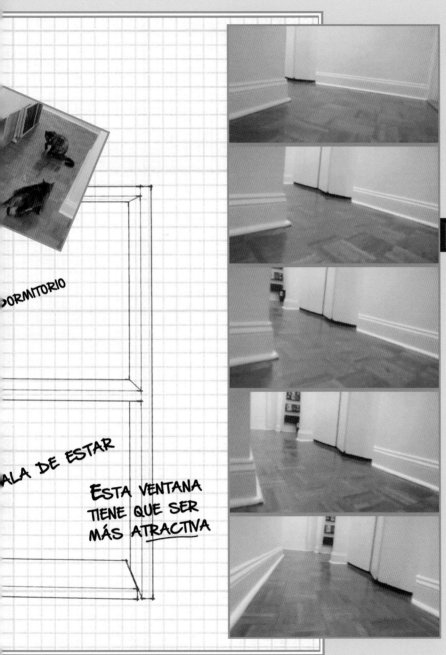

DORMITORIO

SALA DE ESTAR

ESTA VENTANA TIENE QUE SER MÁS ATRACTIVA

llada en un rincón, que creaba un temible callejón sin salida. Le pregunté a Mike cuánto tiempo hacía que la alfombra estaba allí, y dijo que desde que se habían instalado, lo que dejó traslucir que no necesitaban ese espacio. Y entonces me puse a pensar en qué podíamos hacer con ese rincón.

🐾 Jackson

Mientras repetía «Arriba y afuera», ¡se me encendió la lamparita! Teníamos que inventar algo que sirviera de puerta giratoria, para que cuando Pepper corriera al rincón, saliera al otro lado casi sin darse cuenta. Como en el tai chi, necesitábamos usar el instinto de huida y el ímpetu natural de Pepper para reorientarla, para que pudiera desplazarse en el espacio y salir por donde había entrado. El concepto de ímpetu es clave aquí. No podemos dejar que ella se detenga porque, si se detiene, se paraliza; si se paraliza, mira hacia abajo, y si mira hacia abajo, la generala Olive gana. Porque entonces es jaque mate.

TABLAS CON LA GENERALA OLIVE

Olive iniciaba cada ataque a partir de la posición de Pepper en el cuarto, evaluaba todo el tablero de ajedrez, ángulos de ataque y posibles rutas de escape. Luego miraba a Pepper —que al instante se paralizaba como un ciervo encandilado por los faros— y de inmediato la acechaba, obstruía con destreza sus vías de escape, se acercaba cada vez más hasta que… ¡BUM! ¡Ataque demoledor! Así acechan y matan los gatos a sus presas en libertad, pero no hace falta convivir con esto. Mike y Emilie vivían con el corazón en un puño y dedicaban mucho tiempo a vigilar y separar a sus gatas.

LO PEOR DE LO PEOR

El pasillo de entrada angosto y zigzagueante —típico de los apartamentos neoyorquinos— creaba una perfecta zona de emboscada donde Olive atrapaba a Pepper cortándole todas las rutas de escape. Esta zona abarcaba el cuarto de baño (que alojaba el arenero) y el dormitorio de la pareja (el lugar más importante de la casa desde el punto de vista de la

gatification

sociabilidad). Cuando este espacio se convierte en la zona donde dos gatos beligerantes pasan más tiempo, necesariamente habrá conflictos.

LA PUERTA GIRATORIA DE PEPPER

Olive acampaba frente a la puerta de la cocina y dejaba a Pepper atrapada dentro, sin tener otro lugar adonde ir. Este fue el primer desafío al que nos enfrentamos. Teníamos que crear una puerta giratoria en la cocina que permitiera a Pepper escapar de un ataque seguro. Puesto que el apartamento de Mike y Emilie es de alquiler, tuvimos que encontrar una solución que no implicara perforar las paredes; utilizamos entonces un poste telescópico trepador para crear un medio ambiente vertical que ahorrara espacio y no requiriera sujetar nada en las paredes. El poste trepador encaja a la perfección en una esquina y, si Olive la persigue y la obliga a refugiarse en la cocina, Pepper automáticamente sube al trepador en espiral, se desplaza de un brinco al nuevo estante que instalamos cerca del árbol y luego vuelve a saltar a la encimera, ahora totalmente despejada. Además, y no es un detalle menor, colocamos tapetes antideslizantes de cuerda de sisal en el nuevo estante y la encimera para brindarle tracción extra a Pepper.

USA ESTO...

PARA PASAR DE ESTO...

A ESTO.

RUTAS DE ESCAPE ALTERNATIVAS

Para crear una ruta de escape alternativa en la cocina, colocamos un tapete de sisal en la parte superior de la nevera, donde es fácil saltar desde los escalones más altos del árbol trepador. Ahora, Pepper puede escapar a una cama acolchada sobre las alacenas o saltar a la encimera (aterrizando sobre otro tapete de sisal) y avanzar en la dirección opuesta.

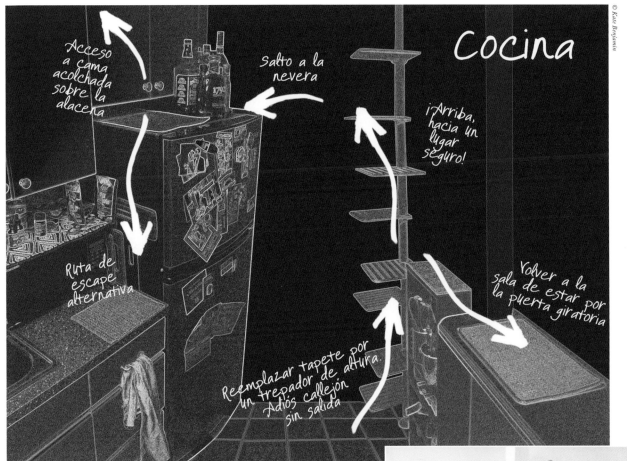

COCINA

Acceso a cama acolchada sobre la alacena

Salto a la nevera

¡Arriba, hacia un lugar seguro!

Ruta de escape alternativa

Volver a la sala de estar por la puerta giratoria

Reemplazar tapete por un trepador de altura. Adiós callejón sin salida

Pepper se adaptó de inmediato al nuevo poste trepador, y Mike y Emilie se emocionaron al ver que su pequeña carey se sentía más relajada y más cómoda. La postura de Pepper revela que se siente menos amenazada y más segura en su entorno. Ahora, en vez de quedarse acorralada en la cocina, puede subir a su árbol, donde se encuentra a salvo, y desde allí saltar a la encimera o subir a la nevera.

El pasillo de Mike y Emilie era otro tema importante que resolver. El rincón del pasillo de entrada era un nítido ejemplo de espacio subutilizado que, por no ser tenido en cuenta, estaba creando un área problemática en este apartamento multigato. Otro callejón sin salida donde Olive podía arrinconar a Pepper y darle jaque mate. Para solucionar este problema, creamos otra puerta giratoria que aprovechara el impulso de Pepper para desplazarse y moverse en círculos por el espacio. En realidad, usamos trepadores de altura para crear una suerte de gimnasio silvestre donde Pepper pudiera trepar y desaparecer de la vista. Para completar la puerta giratoria del pasillo, agregamos una pequeña mesa y la cubrimos con otro tapete de sisal. Ahora, Pepper puede saltar del poste trepador a la mesa y desde allí acceder al pasillo en vez de quedar atrapada en el dormitorio principal.

Lo único que hacía falta para resolver este problema era pensar en el diseño y el uso del espacio: ahora estas dos gatas tienen un nuevo y fabuloso ambiente para explorar y disfrutar.

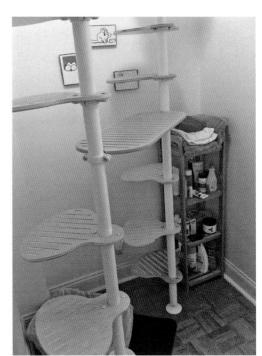

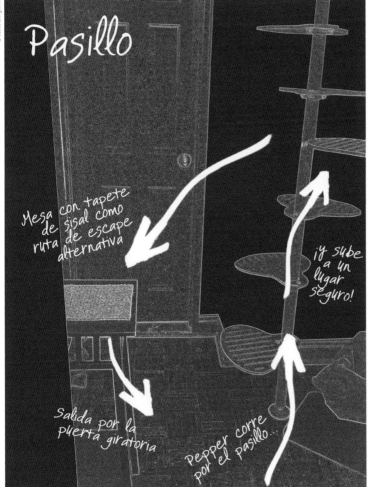

Pasillo

Mesa con tapete de sisal como ruta de escape alternativa

¡y sube a un lugar seguro!

Salida por la puerta giratoria

Pepper corre por el pasillo...

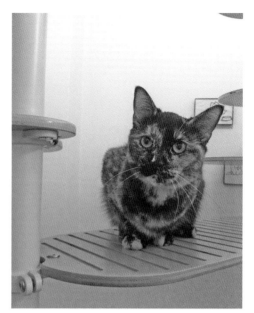

DICCIONARIO DE PAPÁ GATO
PUERTA GIRATORIA

La puerta giratoria es un artefacto que ayuda a garantizar el flujo del tránsito en zonas de emboscada o callejones sin salida. Se crea con alguna clase de estructura apta para escalar, como estantes o un árbol trepador, que permita al felino continuar desplazándose por el área hasta salir de la zona de peligro.

Gatificación sin excusas: ¡a ordenar ese desorden!

No siempre tienes que agregar algo nuevo para uso exclusivo de los gatos. Echa un vistazo a tu alrededor y fíjate si podrías utilizar algunas superficies como espacios exclusivos para gatos. Después despeja el área y dale a entender a Kitty que es libre de ocuparla. Eso es precisamente lo que hicimos en la cocina: despejamos la encimera y colocamos tapetes de sisal antideslizantes en la parte superior del estante que hay junto al poste trepador y la encimera. Lo mismo hicimos en la parte superior de la nevera y en la encimera contigua. Por supuesto que si no deseas que tus gatos utilicen alguna superficie específica, como la encimera de la cocina, tendrás que ofrecerles otras opciones donde tengan permitido ir.

REMITENTE:
Rin Krak;
Mertzig, Luxemburgo

GATOS:
Po y Cookie

una escalera al cielo (estilo gatuno)

ESCALERAS DE CARACOL FELINAS

Como a mis dos gatos les gusta mucho estar en lugares altos, decidí diseñar y fabricar algunas escaleras gatunas para que pudieran acceder a la parte superior del armario. Las escaleras de caracol me permitieron ocupar la menor cantidad de espacio posible.

 Jackson

Seleccioné este proyecto porque muestra cómo se puede llegar a cuidar los detalles en cada componente de tu propuesta de gatificación. En este caso, Rin lo hizo lo mejor que pudo en su escalera de caracol, y el resultado es bello y funcional a la vez.

Este proyecto me entusiasma porque permite acceder a muchos otros lugares, además de la parte superior del ropero, y tiene potencial de sobra para crear una superautopista increíble. De todos modos, es una pieza impactante tal como está.

Materiales y presupuesto

Los peldaños son de pino y el eje, un tubo de cobre de 22 milímetros de diámetro. Usé un tubo de cobre de 15 milímetros de diámetro para sujetar la escalera al techo. Este tubo encaja dentro del más grande. No pinté la escalera porque me gusta la madera al natural. Gasté unos 50 euros en madera, tubos de cobre y algunos otros materiales.

También hice un pequeño anaquel al lado del último estante para evitar que los gatos cayeran de la cofa de vigía si dormían allí.

Consejos de Rin

Este diseño es fácil de construir, solo requiere tiempo. Hay muchos peldaños, aproximadamente cien. Es importante que vayas con calma y hagas los orificios limpios y derechos. No es tan difícil; solo comienza a construir y no te apresures. Si estás pensando hacer algo parecido a esto, pero más alto, puedes agregar un soporte en mitad de la escalera y fijarlo a la pared para que sea más resistente.

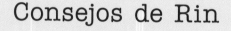

🐾 *Jackson*

¡Amigo, no te dejes intimidar! Este es un ejemplo de alguien que utiliza sus talentos y los pone al servicio de sus gatos. Descubre tus habilidades específicas y dales rienda suelta.

🐾 *Kate*

La escalera de caracol es una gran solución para ahorrar espacio y además parece una bella escultura moderna. Puedes usar diferentes maderas al natural o distintos tintes, o incluso pintar los peldaños para agregar una nota de color a tu proyecto de gatificación.

El resultado

Al principio, los gatos se limitaron a explorar la nueva escalera, pero no tardaron mucho en empezar a usarla. A Po le encanta acostarse en el puesto de vigía, y los dos usan la escalera para escapar y descansar en la parte superior del armario. Creo que ha sido un éxito con los gatos, y hasta se ve bonita.

Básicos de la gatificación

Si decides permitir que tus gatos accedan a un mueble bonito —como una mesa de café, una cómoda o un aparador—, te aconsejamos cubrir la superficie con un vidrio templado de seguridad. Esto evitará arañazos y rasguños y facilitará la limpieza.

Si es una superficie sobre la que tus gatos tendrán que saltar, no olvides agregar un tapete antideslizante para que puedan afirmarse y no resbalen.

el parque de atracciones

CASA PEQUEÑA Y MUCHO ESPACIO PARA CORRER, SALTAR Y ESCONDERSE

Encontramos a Arana en la calle y al principio pensamos en buscarle otra casa porque en nuestro apartamento no teníamos espacio para que trepara, corriera, jugara o se escondiera. Pero nos enamoramos tanto de ella que —¡inspirados por algunos capítulos del programa de Jackson Galaxy!— decidimos adoptarla y construirle un lugar propio donde pudiera ejercitarse y jugar.

Arana se mostró muy activa desde que llegó a casa y estaba claro que necesitábamos crear más espacio para que pudiera saltar y correr a sus anchas. Pero también sabíamos que ella quería estar cerca de nosotros, y por eso decidimos instalar su parque de atracciones en nuestro dormitorio.

Nuestra fuente de inspiración fue el profundo amor que sentimos por Arana. Queríamos tenerla en casa, pero en las mejores condiciones posibles: en un lugar seguro y divertido donde se sintiera amada y feliz. Suponemos que fue ella la que dijo: «¡Por favor! ¡Quiero quedarme con vosotros!».

 *Jackson*

Adoro este proyecto apasionadamente. Cada foto expresa el amor que sienten por esta gata. No es solo: «Bueno, pongamos algunos estantes»; aquí se trata de pensar —en un sentido muy artístico— cómo se verá tu gata cuando esté escalando. El éxito de este proyecto convierte a los tutores en público privilegiado; mientras se desplazan por el entorno, nuestros gatos despliegan sus destrezas de coreógrafos y bailarines. Esta pieza borra la línea divisoria entre forma y función. Estéticamente

es muy agradable, pero buena parte de su valor artístico radica en cómo se ve el gato mientras se desplaza. Creo que este parque de atracciones es un ejemplo de belleza y fluidez en el espacio.

Como ocurre con la mayoría de los proyectos de gatificación que hemos visto, siempre hay posibilidades de mejorarlo o ampliarlo. En este caso, lo primero que pensé fue: ¿por qué hay cajas solo en uno de los lados? Aquí tenemos la oportunidad de tener puntos A, B y C; hay todo un sector a la derecha que tiene muchísimo potencial, pero está vacío. Quiero ver cómo continúa este parque de atracciones a lo largo de toda la pared.

Me encantaron las cajas suspendidas que brindan a Arana un perfecto escondite en la copa del árbol para vigilar su territorio. Los puentes colgantes agregan un elemento distintivo al sector y le permiten trepar. Pero mis detalles preferidos son los agujeros en los estantes, que ofrecen una vía alternativa para pasar del nivel A al B.

Materiales y presupuesto

Este no fue un proyecto oneroso; en total gastamos unos cien dólares. Compramos la madera en una carpintería del barrio y los accesorios —tornillos, sellador para madera, ménsulas para los estantes, abrazaderas, remaches y tubo de PVC—, en una ferretería.

Consejos de Nico

La clave de toda construcción exitosa es tener una idea clara del diseño antes de empezar.

El resultado

Al principio, Arana no prestó mucha atención a su nuevo parque de atracciones. Era una

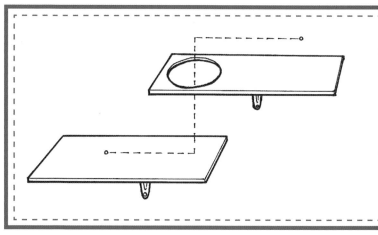

cosa extraña para ella y no se acercaba por allí, pero con un poco de paciencia y algún estímulo en forma de comida, enseguida comprendió que era un lugar especialmente creado para ella. Ahora usa su zona de juegos a diario. Y realmente le encanta porque puede ser ella misma cuando está allá arriba. Corre, salta y usa todos los elementos que agregamos a la pared. Si algún día notamos que deja de utilizar algo, cambiaremos esa pieza para que pueda seguir disfrutando del conjunto.

operación: ¡gatificar la oficina de kate!

 Kate

Echemos un vistazo a la gatificación de mi propia oficina. Cuando me mudé al apartamento e instalé la oficina, coloqué varios armarios sobre el escritorio para que quedaran fuera del alcance de los gatos. Al principio pensé que iba a poner allí objetos frágiles, que pudieran romperse, pero no lo hice. Los gatos se sentaban sobre el escritorio y miraban con nostalgia la zona prohibida, pero jamás los dejaba subir porque que saltaran del escritorio a la parte superior de los armarios era demasiado peligroso. Hasta que un día me rendí y asumí que no pondría nada allí arriba (¡tendría que ocuparme de quitar el polvo!), de modo que podía cederles ese espacio a mis felinos. Pero tendría que ofrecerles otra manera de subir y bajar; de lo contrario, mi escritorio se transformaría en una plataforma de lanzamiento.

La solución fue muy simple. Agregué dos estantes pequeños a cada lado de los armarios, creando rampas de entrada y salida para que ninguno quedara acorralado. Usé estantes escalonados de ContempoCat, pero puedes construir los tuyos con

cualquier material apto para estantes y varias ménsulas, o buscar estantes pequeños en la tienda de bricolaje. Puse tapetes de sisal en la superficie, y el lugar se convirtió instantáneamente en el preferido para pasar el rato. Ahora me siento al escritorio y los gatos me miran desde arriba y, de paso, puedo vigilarlos. Me encanta verlos allí, y es maravilloso tenerlos cerca mientras trabajo. Además es bueno que

tengan un lugar propio y especial y que no sea el teclado de mi ordenador.

 Jackson

Esto redefine en cierto modo la TV felina… Es decir, ¿quién mira a quién? Los gatos te miran trabajar, y tú los miras subir a las alturas y echarse una siesta. ¡Es magnífico!

Básicos de la gatificación

Los tapetes antideslizantes son imprescindibles en toda casa gatificada. Habrás visto que los usamos en casi todos los proyectos, en especial en las superautopistas. Evitan que los gatos resbalen y

además protegen las superficies de los rasguños. Asimismo, son indispensables si tienes gatos mayores, con problemas de movilidad o con sobrepeso, porque les resulta muy difícil desplazarse por superficies resbaladizas.

Coloca tapetes antideslizantes sobre las superficies de mesas, estantes, bibliotecas, alacenas y cualquier lugar adonde pueda ir tu gato. Puedes comprar pequeños felpudos con base de goma, o también retales de alfombras de sisal con base antideslizante. Con unas tijeras o un cúter, córtalos al tamaño y la forma deseados.

CONSEJOS PROFESIONALES DE KATE

Los retales de alfombras de sisal son una de mis herramientas de gatificación preferidas; siempre los tengo a mano. Los fabricantes juntan los retales de las alfombras grandes y los venden a peso. Yo los compro en eBay. Suelen venir en trozos de 15 a 25 centímetros de ancho, la medida perfecta para toda clase de proyectos de gatificación. Puedes conseguir 3, 6 o 9 kilos por entre 4 y 6 dólares por kilo.

Instalar estantes gatunos con ménsulas tipo pelícano

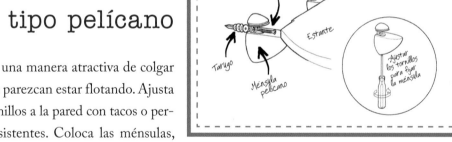

Las ménsulas tipo pelícano son una manera atractiva de colgar pequeños estantes, de modo que parezcan estar flotando. Ajusta los tornillos a la pared con tacos o pernos resistentes. Coloca las ménsulas, desliza el estante y enrosca el tornillo en la parte inferior.

Se venden ménsulas tipo pelícano de distintas formas y con diferentes acabados. Trata de encontrar alguna que combine con la decoración de tu casa; busca opciones en la tienda de bricolaje de tu barrio.

REMITENTES:
Wendy y David Hill;
Sunriver, Oregón

GATOS:
Cooper e Izzy

una torre felina de cajones

CÓMO RECICLAR UNA VIEJA CÓMODA Y ASÍ CREAR LA MEJOR GUARIDA PARA TUS GATOS

Wendy y David se inspiraron, para su plan creativo de reciclado, al ver que alguien había usado unos viejos cajones de cómoda como estantes. A los gatos les encantan las siestas en cajones, ¡este es un proyecto perfecto de gatificación! Wendy y David montaron su exclusiva torre felina reutilizando cajones de cómoda para las plataformas de escalada y madera barata para la estructura. Este árbol para gatos hecho con cajones tiene 1,80 metros de alto y es muy sólido. Wendy aconseja que, al diseñar tu árbol, verifiques que los gatos puedan saltar con facilidad de un cajón a otro. Quizá tengas que ajustar la posición y el espacio entre los cajones.

Materiales y presupuesto

Para este proyecto usamos seis columnas de 4 × 4 y una cómoda vieja de cinco cajones. Pagamos 40 dólares por la cómoda y entre 10 y 15 dólares por las columnas. Buscamos en internet, en una tienda de segunda mano y en varias tiendas de muebles hasta hallar una cómoda adecuada para nuestro proyecto. Queríamos que todos los cajones fueran de igual tamaño, ligeramente rectangulares, no demasiado grandes, pero tampoco muy pequeños. Buscamos sin prisas para encontrar exactamente lo que deseábamos.

Consejos de Wendy y David

Se necesitaron dos personas para construir la torre. Debíamos decidir dónde emplazarla, pero antes de construirla la probamos uniendo las partes. Queríamos que todos los cajones fueran de madera, con el frente pintado y tiradores decorativos.

El resultado

¡Nuestros gatos aman la torre! Agregamos pieles falsas en dos de los cajones para que los gatos duerman la siesta, cosa que aprecian. Movimos la torre de un lugar a otro hasta que descubrimos cuál les apetecía más, cerca de la nevera. Es una vía de acceso a la pasarela, que también instalamos. La torre les sirve de mirador, y desde allí nos observan cocinar. Es un espacio fabuloso para hacer alboroto y, en última instancia, es ideal para echarse una siesta.

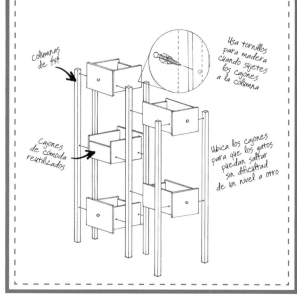

columnas de 4x4

Usa tornillos para madera cuando sujetes los cajones a la columna

Cajones de cómoda reutilizados

Ubica los cajones para que los gatos puedan saltar sin dificultad de un nivel a otro

En serio, ¿existe algo mejor que unos gatos durmiendo la siesta en cajones de cómoda? ¡Este proyecto es brillante! Hay muchas formas de personalizarlo. Puedes elegir cajones de cualquier tamaño o estilo para que tu torre sea moderna, clásica o como te guste. ¡Las posibilidades son infinitas! También me gusta que sea un producto reciclado. Realmente puedes ahorrar mucho dinero y, además, evitarás que esos muebles viejos vayan a la basura. La próxima vez que visites la tienda de segunda mano, echa un vistazo y fíjate en si encuentras otros objetos que puedas reutilizar creativamente para tus gatos.

REMITENTES:
Dan y Jenne
Johnson; Wilmington,
Carolina del Norte

GATAS:
Bella, Mechat, Cali
y Amber

la superautopista de cali

La protagonista de este proyecto es la extensa superautopista que Dan y Jenne construyeron para sus cuatro gatas: Bella, Mechat, Amber y, sobre todo, Cali, su dulce felina anciana. Querían estimular la seguridad de Cali en sí misma brindándole acceso al mundo vertical y, al mismo tiempo, ofrecerles a todas ellas muchas maneras de atravesar el espacio sin tocar el suelo. Con numerosas rampas de entrada y salida, esta superautopista se adapta con belleza a múltiples felinas.

Construimos la superautopista gatuna porque 1) la vimos en el programa de Jackson y pensamos que era una gran idea: nuestras gatas son tan malcriadas que debían tener una; 2) con varias gatas, siempre nos preocupa brindarles lugares seguros donde relajarse, y 3) Cali envejece y a las otras les gusta molestarla, ¡por eso queríamos darle una inyección de confianza, porque una gata segura es una gata feliz!

Materiales y presupuesto

Utilizamos estantes flotantes de IKEA y dos asombrosos árboles para gatos (los mejores que encontramos) de CatVantage. Los estantes no fueron caros (aproximadamente 200 dólares por las veinte piezas). Los árboles costaron unos 200 dólares cada uno. En total habremos gastado 600 dólares en este proyecto.

Consejos de Jenne y Dan

El primer paso para diseñar este proyecto fue conceptualizar cómo queríamos adaptar la superautopista a nuestro espacio cotidiano. Utilizamos la fórmula exitosa de Jackson y buscamos dónde ubicar rampas de entrada y salida. Así descubrimos los árboles para gatos CatVantage. Son elegantes, fáciles de instalar, de diseño flexible… ¡y nuestras gatas los adoran! El único desafío fue imaginar cómo colgar los estantes pequeños, porque no aguantarían a nuestras felinas de más de siete kilos de peso si no estaban lo suficientemente asegurados. Terminamos montándolos en una tabla atornillada a la pared, que además reducía la distancia entre los dos estantes.

El resultado

¡Nuestras gatas adoran la superautopista, y nosotros pensamos que es un éxito absoluto! Sin embargo, no todas la usan de la misma forma. Nuestras escaladoras por naturaleza aman subir a las alturas y pasar el rato, y nuestras gatitas terrestres suben para cruzar el cuarto o instalarse en una silla mullida. La superautopista les da más opciones y realmente agrega dimensiones a su espacio vital. Queremos ampliarla y ya tenemos los materiales y el plan para hacerlo. El próximo paso será atravesar la pared entre la sala de estar y la cocina para que las niñas puedan pasar del lugar donde duermen al lugar donde se alimentan ¡sin necesidad de tocar el suelo!

🐾 Jackson

¡Me encanta! Y tienen razón: un gato seguro de sí mismo es un gato feliz. Este es un ejemplo perfecto de construir a partir de la pregunta: ¿qué quiere y qué necesita mi gato? Dan y Jenne tuvieron presente que, a medida que Cali envejezca y sea acosada por las otras gatas, sus posibilidades de escapar y escalar al mundo vertical se verán reducidas. Cuando un gato deja de confiar en su cuerpo a medida que envejece, pierde seguridad como predador. Me gustaría invitar a Dan y Jenne a preguntarse si este árbol gatuno podrá satisfacer las necesidades de Cali de aquí uno o dos años. Tendrían que empezar a pensar en cómo reemplazar los escalones por rampas; básicamente, cómo modificar los carriles de tránsito para adaptarlos a las necesidades de una gata anciana. Tenemos que planificar por anticipado y ser proactivos. Envejecer es inevitable, de modo que conviene hacer planes para esta etapa de la vida gatuna.

🐾 Kate

¡Una solución hermosa y perfectamente integrada a la decoración de la casa! Me gusta porque las gatas parecen esculturas, allí sentadas en sus estantes. Y qué idea brillante la de adosar los pequeños estantes a una tabla asegurada con tornillos de alta resistencia, ¡excelente! Siempre con-

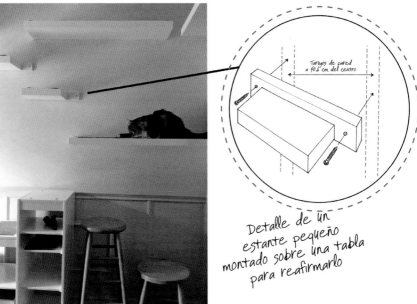

Detalle de un estante pequeño montado sobre una tabla para reafirmarlo

viene tomar todas las precauciones posibles, asegurarse de que los estantes sean lo suficientemente fuertes para soportar el peso de tus gatos, sobre todo porque cuando estos saltan y corren aumenta la fuerza que deben soportar los estantes. ¡No puedo esperar para ver la segunda etapa!

Gatificación sin excusas: cama-maceta para gatos

Este proyecto superfácil apenas requiere una maceta vieja, alguna que tengas en la casa o quizá un hallazgo en una tienda de segunda mano. Simplemente agrégale un cojín mullido y… *voilà*! Una cama para gato instantánea que combina a la perfección con la decoración de tu casa. ¡O tal vez tu gato la prefiera tal como está, *sans* cojín! Como fuere, no requiere ningún trabajo.

¡Levántate ya, ve al garaje o al sótano y busca algo con qué hacerlo! No tiene que ser una maceta, cualquier recipiente similar servirá. ¿Y una canasta? ¿O una lata decorativa? Y no necesitas un cojín… ¿qué te parece una manta o una toalla de colores? Solo tienes que ser imaginativo y encontrar algo cuyo aspecto te guste. ¡No tienes excusas!

«¡NO QUIERO UN COJÍN MALOLIENTE!»

REMITENTE:
Ryan Davis;
Roseville, California

GATAS:
Meesha y Sommers

la ciudad de kitty

UNA ESTRUCTURA TREPADORA CON DOS PASARELAS

Mi madre y mi padrastro tienen dos gatas bengala. Ya habían hablado de construirles algún tipo de estructura para escalar con pasarelas, pero en realidad no tenían una idea concreta. Pensaban que un buen lugar sería la esquina en chaflán que formaban las paredes. A mí me fascina diseñar y construir cosas y, afortunadamente, ellos tienen un taller enorme en el garaje. Pensé que además sería estupendo usar el espacio libre de la esquina (dejado por el chaflán) y aprovechar las herramientas del taller.

El criterio que adopté para el diseño fue: escalar, jugar, caminar y dormir, pero además debía armonizar con la arquitectura y la de-

coración de la casa. Para alcanzar estas metas creé módulos separados para diferentes actividades y los diseñé para que complementaran el estilo de los muebles. A fin de aprovechar el espacio disponible, diseñé la estructura para integrarla a esa esquina y formar un ángulo recto. Dos de los módulos tienen escalones en el interior, y el módulo superior y el inferior funcionan como cubículos. Los módulos también tienen estantes con bordes protectores bajos para que las gatas duerman allí. Una de las pasarelas, con un rinconero en 45 grados, sirve también para dormir. Además, tenía que asegurarme de que las gatas no pudieran saltar desde los módulos a las estanterías ya existentes o encima del televisor. Corté dos bloques triangulares de madera, los pinté del mismo color que la pared y los coloqué encima de los dos estantes pequeños para impedir que las gatas saltaran allí desde los módulos.

Me inspiré en la pasión felina por escalar y busqué una estética que armonizara con el resto de los muebles y la decoración de la casa. Hice varios bocetos y jugué con varios modelos de cartón pluma diferentes para asegurarme de que la estructura fuera funcional y apta para su uso. Los colores surgieron de las gatas y de los cuartos. Una de ellas (Meesha) adora subirse a las alacenas, por eso sabía que le gustarían las pasarelas. Cada vez que las veía jugar, confirmaba que les encantaría algo así. A los gatos bengala les apasiona jugar y necesitan muchos estímulos. Yo quería diseñar algo que incentivara su actividad mental (una estructura con varios recorridos) y las obligara a hacer un poco de ejercicio. Las gatas son enérgicas y juguetonas y participan en la vida familiar, de manera que necesitaban un espacio propio. Las dos tienen sus lugares predilectos para dormir y, como anticipamos, Meesha adora quedarse en las pasarelas.

Materiales y presupuesto

Construimos este proyecto con materiales simples de cualquier tienda de bricolaje: aglomerado, tornillos y alfombra. El coste total rondó los 325 dólares.

Consejos de Ryan

Primero tomé fotos de la habitación para planificar la estructura y después dibujé el concepto del diseño en el ordenador, basándome en las fotografías. Construí modelos de cartón pluma de los tres módulos para asegurarme de que las gatas pudieran utilizar los escalones internos. Usando como guía esos modelos, corté todas las piezas de madera y fabriqué las dos pasarelas, clavé y encolé las piezas, las alfombré y monté la estructura completa en la pared. El mayor desafío fue colocar las alfombras, porque era difícil introducirlas dentro de los módulos y fijarlas al suelo.

MODELO DE CARTÓN PLUMA

ARMAZÓN DE MADERA ANTES DE COLOCAR LA ALFOMBRA

 Jackson

En primer lugar, creo que es grandioso porque resulta *über stylish*, pero también me encanta que haya múltiples carriles de tránsito en la esquina. Adoro el nivel superior, donde un carril conduce a otro y luego a otro un poco más abajo. Gatificar rincones puede ser un poco arriesgado, sobre todo a esa altura y cuando las dos gatas avanzan hacia la esquina desde distintas direcciones. Este diseño resuelve el desafío al transformar esa esquina en una superautopista felina. La pronunciada pendiente de uno de los carriles crea una vía alternativa para las gatas, en caso de que vayan a chocar. El esquinero es la genialidad de este diseño. Incluido el suelo, hay siete carriles de tránsito.

El próximo paso sería prolongar la superautopista. Pero tal como está sirve para demostrar que, si comienzas por una pieza clave como un esquinero, encontrarás un montón de oportunidades para extenderla. El esquinero es el epicentro a partir del cual podrás crear un diseño verdaderamente escalable y expandible.

 Kate

El resultado final parece una obra de arte contemporáneo y combina muy bien con la decoración de la casa. Es evidente que este proyecto requiere destreza, y Ryan es obviamente un excelente carpintero. Pero más allá de cuál sea tu nivel de pericia en estas lides, fíjate cómo planificó el diseño. Creo que fue una estrategia brillante fabricar un prototipo de cartón pluma en tamaño real para comprobar todas las posibilidades antes de emprender la construcción definitiva. Esto suma tiempo al proceso, pero vale la pena porque te permite poner a prueba el diseño y refinar detalles antes de darlo por terminado.

fuga de la isla lavadora

Un vistazo al guion de *Mi gato endemoniado,* temporada 4, episodio 14

Cuando Brenda y su gata Kashmir se fueron a vivir con Dean y su gata Darla, las cosas no marcharon tan armoniosamente como todos esperaban. Brenda sabía que Kashmir tenía «ataques de maldad» y las pruebas eran las cicatrices que surcaban sus manos, pero cuando la pareja inició la convivencia, los instintos predadores de Kashmir llegaron al clímax y la pobre Darla se convirtió de inmediato en su objetivo principal. Por si esto fuera poco, la casa tenía menos de 93 metros cuadrados. Darla era acosada constantemente y no tenía hacia dónde escapar. El pequeño apartamento estaba lleno de callejones sin salida donde Kashmir podía acorralar a Darla y cortarle toda ruta de escape. El flujo del tránsito en el espacio era un caos, lo cual permitía a Kashmir

KASHMIR

DARLA

dominar a Darla en una relación basada en el miedo. El desafío era crear un ambiente donde el tránsito fluyera libremente y las dos gatas pudieran vivir juntas y en paz. Y no cometer ningún error en este propósito fue, por cierto, todo un desafío.

KASHMIR ACORRALA A DARLA

Una de las primeras cosas que noté cuando Darla entró en la habitación fue que miró hacia arriba de inmediato. Miró los estantes y la parte superior de los muebles: su foco (y sus deseos territoriales) estaba totalmente restringido al mundo vertical. Yo sabía que, si escuchábamos lo que quería decirnos, descubriríamos en ella a una confiada moradora de árboles. Pero mi entusiasmo se enfrió un poco al comprobar que el principal lugar seguro de Darla era encima de la lavadora, en el pasillo. Probablemente era un lugar seguro, pero estaba apartado del núcleo social de la casa. Si Darla permanecía exiliada en la Isla Lavadora, siempre sería invisible. Y aunque físicamente se encontrara en el mundo vertical, su confianza estaba a ras del suelo. Teníamos que sacarla de allí y expandir su seguridad territorial hasta que se sintiera dueña de toda la casa.

Investigando el espacio, muy pequeño, comprendí que estábamos ante un clásico caso de planificación urbana. Teníamos que construir una superautopista felina para que Darla pudiera transitar desde su isla hacia la sala de estar, y desde allí hacia el dormitorio de la pareja, un lugar de socialización sumamente significativo en cualquier casa, puesto que los gatos disfrutan

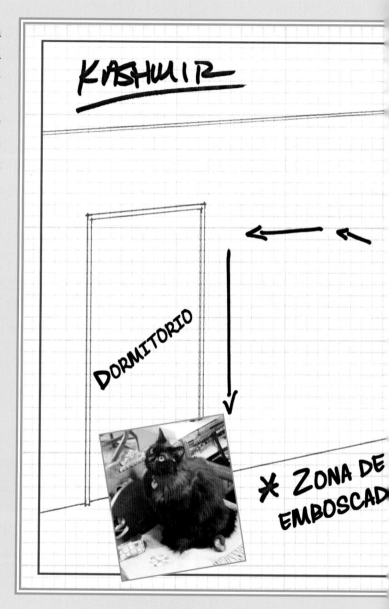

¡TENEMOS QUE SACAR A DARLA DE AQUÍ!

©2014 Discovery Communications, LLC.

ISLA LAVADORA

de estar cerca de sus humanos. Al orientar nuestra atención a esta tarea, debíamos recordar que el objetivo principal era la integración. Muchos piensan que cuando propongo una superautopista felina quiero que los gatos vivan allá arriba. ¡Por supuesto que no! Yo quería que Darla ganara confianza en los lugares más altos, donde ya se sentía cómoda, para luego instarla a bajar poco a poco, hasta que un día se encontrara cara a cara con Kashmir en un territorio intermedio. Pensando a largo plazo, no podíamos olvidar que se trataba de un área muy transitada y que por ende requería más carriles y un mejor flujo del tránsito para evitar colisiones. Se trataba de un difícil trabajo de relojería, por decirlo de algún modo.

🐾 Kate

Cuando entré en el apartamento de Brenda y Dean no fue fácil abarcarlo de un vistazo; era un espacio muy pequeño atiborrado de muebles y todas las pertenencias de ambos, algo muy común cuando el contenido de dos casas se junta en una sola. Habían apilado cosas en los rincones para que cupiera todo, y el resultado era un poco claustrofóbico. No habían pensado en el flujo del tránsito, humano o gatuno. Supe que mi desafío era centrarme en un área desde donde empezar a poner orden en el caos.

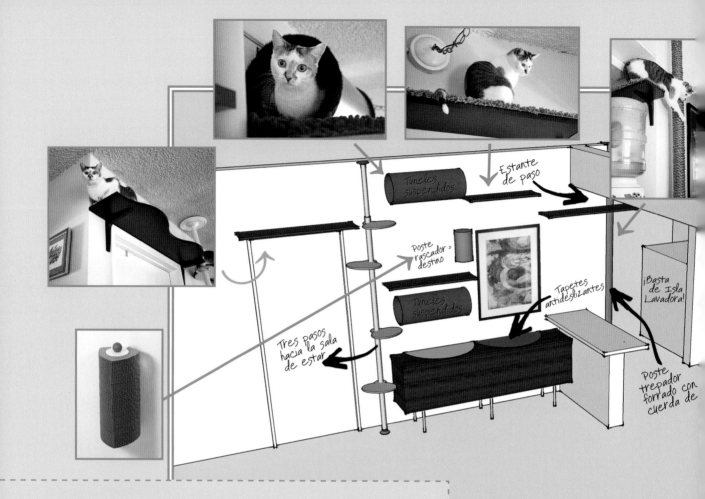

Túneles suspendidos

Estante de Paso

Poste rascador = destino

Túneles suspendidos

Tapetes antideslizantes

¡Basta de Isla Lavadora!

Tres pasos hacia la sala de estar

Poste trepador forrado con cuerda de

Lo primero que hicimos para expandir el territorio de Darla fue agregar en la cocina un poste trepador del suelo al techo revestido de cuerda de sisal, que le permitía escalar sin resbalarse hasta la seguridad de un estante elevado que le posibilitaba salir de la cocina hacia el comedor. Ahora Darla tiene toda una superautopista con estantes alfombrados y túneles colgantes que desembocan en un árbol para gatos que la conduce directamente a la puerta del dormitorio de Brenda y Dean. Nótese la ubicación de los túneles —que son capullos y no cuevas— con relación a

los estantes. (Darla puede elegir quedarse en el capullo pero, como los estantes están al lado, también puede salir cuando esté lista para hacerlo.) Además despejamos el desorden, incorporamos la parte superior del aparador a la superautopista y colocamos tapetes antideslizantes para invitar a Darla a ocupar el nivel intermedio.

La superautopista de Darla tiene los siguientes elementos:

- Un **poste trepador del suelo al techo revestido de cuerda de sisal** que funciona como rampa para que Darla acceda a la superautopista en la cocina.

- **Estantes** que prolongan los carriles de tránsito y están alfombrados para prevenir resbalones.

- La parte superior del **aparador,** que despejamos y donde colocamos algunos tapetes antideslizantes. Esta es ahora una superficie exclusiva para gatos y forma parte de la superautopista.

- Los **túneles suspendidos,** un lugar elevado desde donde vigilar pero oculto a la vista de su rival. ¡Basta de miradas malvadas de Kashmir desde abajo!

- Darla incluso tiene su propio **rascador montado en la pared,** que funciona como punto de descanso (y absorbente de olores) en su superautopista.

- El **árbol trepador** crea otra rampa de entrada y salida para acceder a la superautopista desde el comedor.

DICCIONARIO DE PAPÁ GATO

🐾 CAPULLO 🐾

¿Qué diferencia hay entre un capullo y una cueva? Una cueva es una ermita, un lugar remoto al que uno va para desaparecer, para esconderse, sin pensar en cuándo volverá a salir. Un capullo es un lugar seguro donde uno puede descansar, localizado en un área más cerca de la vida social. Una cueva es, por ejemplo, el fondo del ropero o el punto más inaccesible bajo la cama. Un capullo es una cama para gatos techada y ubicada en medio de la sala de estar.

También, haciendo honor a su nombre, el capullo propicia la metamorfosis; brinda a su ocupante la oportunidad (y la inspiración) para realizar un cambio potencialmente corajoso: salir del escondite e integrarse en el mundo exterior. Si deseamos aumentar la confianza y la seguridad en sí mismo de un gato asustado, tenemos que hacer que se sienta seguro y a salvo y al mismo tiempo incitarlo a salir al mundo exterior, donde será más vulnerable. El capullo es una herramienta indispensable para ayudarnos a equilibrar confort y desafío. Los túneles-capullo de Darla son, a la vez, carriles de tránsito y destinos. Uno es cerrado y el otro, abierto. Al ofrecerle la posibilidad de elegir entre estos dos elementos contiguos, la invitamos a tomar la decisión de salir al gran mundo cuando ella crea que ha llegado el momento.

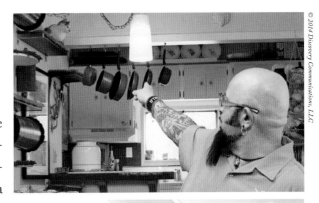

🐾 Jackson

Ver a Darla recorrer la superautopista terminada fue muy emocionante para mí, porque tuve la oportunidad de acompañarla y guiarla hacia un lugar de valentía. Fue absolutamente maravilloso ver a Darla subir al poste y recorrer esos estantes, pasar horas en el mundo vertical y finalmente encontrar el camino para llegar al suelo. Más allá de los logros de Darla, este proyecto tiene numerosos beneficios. Primero, Kashmir ha ganado más espacio propio. Debido a esto, su temperamento irritable se apaciguó y su agresividad descendió de manera notable. También cumplimos nuestro objetivo de mostrar a Brenda y Dean las posibilidades de su espacio. Gatificando esta área, les dimos un ejemplo de lo que pueden hacer con el resto. Cuando me voy de una casa como la de Brenda y Dean, necesito estar seguro de que no me limité a poner paños húmedos a la situación, sino que les entregué gafas gatunas y una caja de herramientas promojo… Y creo que aquí lo conseguimos.

🐾 Kate

Me encanta el resultado de este proyecto. Es un estallido de color y es muy divertido, e incluso pudimos incorporar obras de arte de Brenda a la pared de la superautopista. Una vez despejado el desorden, y después de haber pensado cómo tendría que fluir el tránsito de la cocina a la sala de estar, sacamos de la

chistera elementos únicos como el poste trepador y los túneles. Creo que esta clase de elementos procura diversidad a la superautopista felina. Además, es divertido ver cómo la utilizan las gatas. Espero que sea una fuente de inspiración para Brenda y Dean y que continúen expandiendo la superautopista en el resto de la casa.

Túneles colgantes

Este proyecto emplea materiales simples y baratos para crear una guarida felina que cuelga de la pared. Puedes ubicarla más alta o más baja, según las preferencias de tu gato.

MATERIALES Y HERRAMIENTAS

Tubo de cartón (se consigue en la mayoría de las tiendas de bricolaje), pintura o tela decorativa para el exterior, elementos decorativos para los acabados, retales de alfombra o de cuerda de sisal para forrar el interior, cinta de tela o hilo de nailon para colgar, ménsulas con tornillos, arandelas, taladro eléctrico, plomada, pistola para pegar en caliente.

CONSEJOS PROFESIONALES DE KATE

- -

Los tubos de cartón pueden tener distintos diámetros, de 20 a 30 centímetros o más. Elige un tamaño que permita a tu gato darse la vuelta con facilidad. Personalmente, prefiero los de 30 centímetros de diámetro.

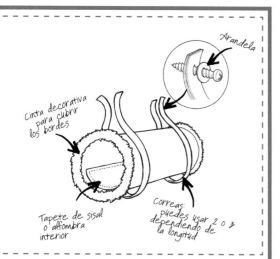

Arandela

Cinta decorativa para cubrir los bordes

Tapete de sisal o alfombra interior

Correas: puedes usar 2 o 3 dependiendo de la longitud

Instrucciones

Mide y corta el tubo a la longitud deseada y pinta la parte externa. También puedes forrarlo con tela. Si los extremos han quedado rugosos debido al corte, cubre cada borde con algún material decorativo a modo de acabado. Coloca dos o tres correas aldededor del tubo y sujétalas a la pared con tacos y tornillos con una arandela.

Básicos de la gatificación

Si tus gatos son curiosos o les apetece hacer cuevas en cajones o en los bajos de las alacenas y tú no quieres que lo hagan, plantéate poner cerrojos a prueba de niños en puertas y cajones. Otra solución fácil, y un poco menos engorrosa, es instalar unas poderosas cerraduras magnéticas. Los imanes son lo bastante fuertes para evitar que tu gato abra puertas o cajones, pero sin complicártelo a ti.

REMITENTES:
Sylvia y David Jonathan;
Costa Mesa, California

GATOS:
Missy y Moose

un mirador de categoría

He aquí el pequeño gran proyecto de Sylvia y David Jonathan, quienes deseaban instalar un mirador en la ventana para que sus gatos disfrutaran de la vista. Al no encontrar una estructura ya hecha de su agrado, la fabricaron. Compraron un estante y soportes en la tienda de bricolaje y pusieron una cama gatuna sobre el estante. La cama acolchada está sujeta con velcro, gracias a lo cual es fácil de retirar y limpiar pero permanece en su lugar cuando los gatos saltan encima.

Tipos de soportes para estantes

Es fácil personalizar estantes y plataformas para gatos cuando los fabricas tú mismo. Puedes crear cualquier cosa que se te antoje para que armonice con tu estilo y tu presupuesto. Cuando diseñes el proyecto, ten en cuenta el tipo de soporte que vas a usar. Los soportes industriales ofrecen una amplia variedad de estilos, desde modernos hasta tradicionales, de simples a muy decorados. Sylvia y David eligieron soportes blancos lisos, con herrajes invisibles, para lograr un aspecto más contemporáneo. Las ménsulas pueden ser de plástico, madera o metal. Echa un vistazo a la variedad de soportes de la tienda de bricolaje de tu barrio o realiza una búsqueda rápida en internet para ver las distintas opciones incluidas bajo el título «ménsulas y soportes». Aquí te mostramos algunos ejemplos, que van desde los más básicos hasta los más complejos y ornamentales.

una caja-hamaca para kitty

Este proyecto combina dos de las cosas preferidas por los gatos: una caja de cartón y una cómoda hamaca. Lo único que necesitas son algunos materiales y herramientas simples, y pronto tendrás un nuevo y divertido espacio del que tu gato estará encantado de apropiarse.

MATERIALES Y HERRAMIENTAS

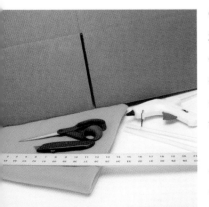

Caja de cartón (al menos de 30 a 35 centímetros de alto, y 30 a 46 centímetros de ancho y profundidad), pistola y cartuchos para encolar, cúter, tijeras, tela sintética tipo forro polar.

Este proyecto está inspirado en el SnoozePal, diseñado y fabricado por Cat Above Company.

Instrucciones

Recorta aberturas en los cuatro lados de la caja, dejando 8 centímetros de borde en cada lado. Cierra la base y la tapa de la caja y séllalas con cola caliente.

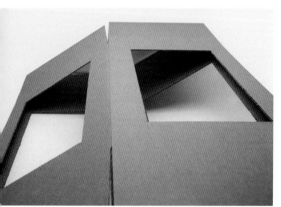 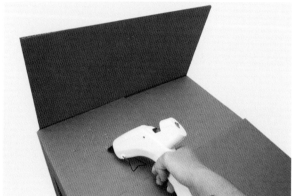

Con la punta de las tijeras abre orificios a mitad de camino entre la parte superior y la inferior de cada borde.

Corta el forro polar de manera que sobren 10 centímetros a cada lado de la caja. Por ejemplo, si tu caja mide 45 x 45 centímetros, corta la tela de 65 x 65 centímetros (45 + 10 + 10 = 65). Haz tajos de 10 centímetros de largo en cada vértice de la tela.

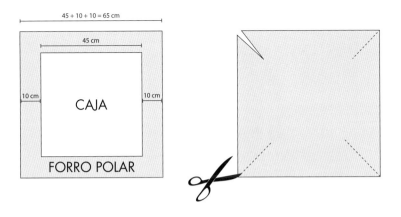

45 + 10 + 10 = 65 cm

45 cm

10 cm

10 cm

CAJA

FORRO POLAR

Introduce las puntas del forro en los orificios de los bordes, y haz un nudo.

¡Ponte creativo! ¡Prueba a subir o bajar la altura de la hamaca, experimenta con cajas de diferentes tamaños y coloca una manta suave o un trozo de alfombra en la base para construir una hamaca de varios niveles!

MEDIDAS DE SEGURIDAD

Cuando reutilices una caja de cartón para tu gato, asegúrate de retirar todos los elementos con los que podría atragantarse.

Cinta de embalaje

Grapas

Etiquetas

Sobres de plástico

Tiras sueltas

¡ráscame, por favor!

PATA DE MESA-RASCADOR

REMITENTE:
Lucio Castro;
Brooklyn, Nueva York

GATAS:
Violet, Cleo y América

Quería construir un rascador para mis gatas, pero había notado dos cosas: 1) odiaban los rascadores inestables, y 2) el rascador debía tener altura suficiente para que también pudieran estirarse mientras rascaban. Y cuanto más se pareciera a un árbol de verdad, mejor. El espacio escasea, dado que vivo en Nueva York (y no me gusta el aspecto de los típicos muebles para gatos ni tampoco la cantidad de lugar que ocupan), de modo que resolví envolver una de las patas de mi mesa de madera con cuerda de sisal. Con mis gatas fue amor a primera vista, y además es una solución superbarata que queda bien y no ocupa espacio de más.

Materiales y presupuesto

Cuerda de sisal, varios clavos, un martillo. Menos de 10 dólares.

Consejos de Lucio

No suelo hacer mucho bricolaje, de modo que tenía que buscar una solución lo más fácil y rápida posible. Envolví la pata de la mesa de madera con cuerda de sisal y clavé algunos clavos en la parte de atrás para que se mantuviera en su lugar.

El resultado

Amor a primera vista. Fue y sigue siendo una solución asombrosa.

Quiero gritar a los cuatro vientos que esta propuesta me parece genial. Primero, cuesta menos de 10 dólares, de modo que se adapta a todos los bolsillos. Segundo, si Lucio no tenía experiencia con el bricolaje… ¡significa que cualquiera puede

hacerlo! Y tercero, realmente pensó como pensaría un gato. ¡Bravo!

Sigue el ejemplo de Lucio y mira tu proyecto de gatificación desde la misma perspectiva que él. Lucio advirtió que a sus gatas les apetecía estirarse mientras rascaban, pero que los rascadores inestables les desagradaban. A él no le gustan los muebles comunes para gatos, así que buscó en su casa un elemento apto y encontró algo que las gatas adoran. Bingo.

Lucio obtuvo un éxito rotundo con sus gatas porque llegó a la solución desde una perspectiva orgánica. Esto es lo que quiero que hagas en cualquier proyecto de gatificación: adopta el punto de vista de tu gato. Piensa primero lo que tu gato necesita y después hazlo funcionar en tu mundo, y no al revés.

Kate

¡La simplicidad de este proyecto me encanta! Creo que es absolutamente brillante y me dan ganas de ir corriendo a mi casa a envolverlo todo con cuerda de sisal. ¡Piensa en las infinitas posibilidades!

Lucio no utilizó cola caliente para mantener la cuerda en su lugar, como habrás visto en otros casos que presentamos. Fue una buena decisión porque, seguramente, él querrá cambiar la cuerda cuando se deshilache, y retirarla será mucho más fácil si no está encolada. En cambio, utilizó clavos para asegurar la cuerda a la pata de la mesa. También podrías usar tornillos, pero te aconsejo descartar las grapas porque pueden sacar astillas y convertirse en un peligro para tu gato.

Cuando pienses en gatificar tu casa, lo primero que debes tener en cuenta es: «¿Qué me está pidiendo mi gato?». Y luego, las soluciones aparecerán solas.

una gata guardiana va a su «lugar feliz»

Un vistazo al guion de
Mi gato endemoniado,
temporada 5, episodio 11

REESE CUSTODIA LA PUERTA

**REESE MONTA GUARDIA
EN LA ENCIMERA**

Si querías llegar a la puerta de la casa de Beth y George en San Diego, primero tenías que pasar por el filtro de Reese, la gata anti Mojito. En vez de recibirte en la entrada con una bandeja de aperitivos, te decía, con claridad meridiana, que estabas violando la propiedad. Muchos, si no la mayoría, de los que visitaban a Beth y George terminaban intimidados o, en unos pocos casos, ensangrentados. Lo único que le interesaba a esta gata carey era proteger su casa, y les hacía saber a las visitas quién estaba al mando. El instinto territorial de Reese, que la llevaba a sobreproteger la casa de Beth y George, evidentemente era desmesurado.

Reese montaba guardia en la ventana del frente, que da a la puerta, para poder ver con claridad todas las idas y venidas. Se paseaba de una punta a otra del alféizar, como un animal enjaulado. Y, como todo animal enjaulado, cuando la puerta se abría... se desenroscaba igual que una serpiente. Además, reservaba su agresión más intimidante para Beth y George, si alguno de ellos intentaba sacarla de su puesto de guardia.

Asimismo, Beth y George padecían un caso severo de fobia a la «casa de los fanáticos de los gatos». Cada vez que intentábamos empezar a hablar de cómo gatificar su casa, Beth veía alfombras afelpadas de color rosa por todas partes. Le daba pánico que Kate transformara su hogar en la típica casa de los fanáticos de los gatos.

REESE MONTA GUARDIA EN LA VENTANA

una gata guardiana va a su «lugar feliz»

Jackson

Quedé desconcertado porque la ubicación de la ventana y de la puerta era increíblemente frustrante. No había hacia dónde reorientar a Reese, era un callejón sin salida. La cocina parecía un agujero negro; no había manera de sacarla de allí y alejarla de su puesto de ataque junto a la puerta. Había pocos elementos con los que trabajar, pero yo sabía que lograr un entorno más fluido era clave para conseguir que Reese dejara de proteger esa área y se sintiera más confiada, sin necesidad de montar guardia. Todo parece muy simple, pero enseguida llamé a Kate porque incluso yo estaba empezando a pensar que el problema era irresoluble. Me sentía totalmente perplejo y confundido con este caso.

Kate

Cuando vi los desafíos que imponía la arquitectura de la casa, supe que una superautopista no era una solución posible; así que decidimos centrarnos

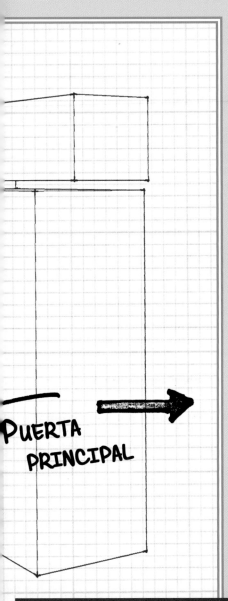

en el área de la ventana. Tenía que encontrar algo que Reese deseara más que montar guardia. La gata no tenía absolutamente nada que hacer en esa ventana, excepto caminar de un extremo a otro y acechar a todo el que se acercara a la puerta principal, para luego entrar en acción y atacar. Estaba tan concentrada en los «intrusos» que no sentía curiosidad por otras cosas de su entorno. Los pájaros e insectos que veía por la ventana eran más un estorbo que algo para observar y con lo que interactuar. También vi que Beth y George no tenían muchos elementos específicos para gatos en su casa, salvo un solitario árbol en la sala de estar. Reese realmente necesitaba algunas áreas que pudiera marcar y sentir como propias, pero teníamos que satisfacerla de una manera que también hiciera felices a Beth y a George y desterrara sus temores.

Debíamos impedir que Reese se instalara en la ventana y vigilara la puerta delantera; eso era clave. A cambio, debíamos convencerla de hacer algún otro trabajo que no fuera montar guardia. Teníamos que agregar fluidez de movimiento al espacio, dar a Reese oportunidades de jugar y mantenerla ocupada.

Nuestra meta era que Reese se adueñara de la ventana, colocando cosas que pudiera marcar con su olor y que la entretuvieran. Pero no solo era cuestión de distraerla; teníamos que transformar ese lugar —en su mente, una primera línea de defensa— en un área de juego, un lugar divertido. Y fue todo un reto.

PUERTA PRINCIPAL

LA VENTANA ANTES, SIN NADA DE LO QUE REESE PUDIERA ADUEÑARSE, O QUE LA DISTRAJERA. (LA FOTO DE LA DERECHA MUESTRA LA RELACIÓN ENTRE LA VENTANA Y LA PUERTA PRINCIPAL.)

Llenamos la ventana y el área que la rodea con toda clase de elementos para modificar el espacio y crear un lugar que Reese pudiera sentir como propio.

- La **rampa de cuerda de sisal** conduce desde la ventana hasta la parte superior de la nevera, lo cual proporciona a Reese una ruta alternativa y le posibilita moverse por el espacio. El sisal también le permite rascar y dejar su olor, lo cual la ayuda a adueñarse del espacio.

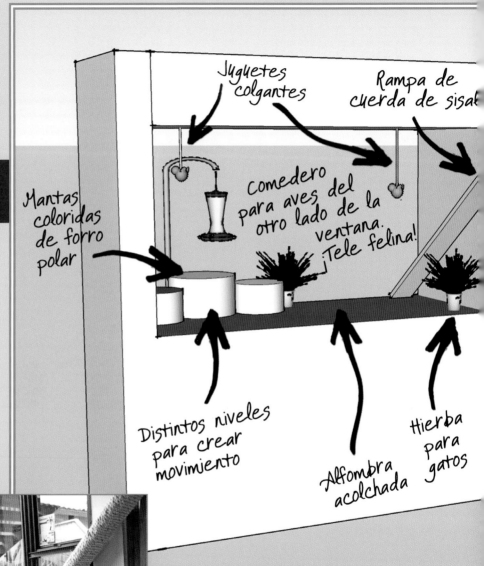

Juguetes colgantes

Rampa de cuerda de sisal

Mantas coloridas de forro polar

Comedero para aves del otro lado de la ventana. ¡Tele felina!

Distintos niveles para crear movimiento

Alfombra acolchada

Hierba para gatos

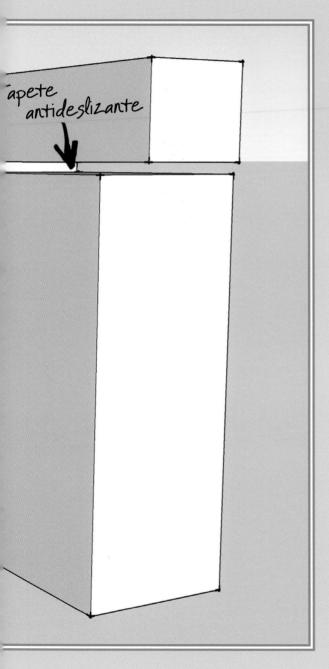

tapete
antideslizante

- El **tapete antideslizante** sobre la nevera evita resbalones y proporciona un lugar mullido donde descansar.
- La **alfombra** gruesa en el alféizar es otro lugar donde Reese puede dejar su olor y además evita resbalones.
- La **hierba para gatos** ofrece, además de distracción, algo que masticar.
- Los **niveles** creados con latas boca abajo le dan un pequeño espacio donde subirse y mantienen el flujo de movimiento en el área de la ventana. También colocamos, sobre los niveles, suaves **mantas de forro polar** que actúan como absorbentes de olores y elemento decorativo.
- Los **pájaros de juguete** colgantes distraen y entretienen.
- El **comedero para aves** del lado de afuera de la ventana es el televisor felino: más entretenimiento y distracción.

DICCIONARIO DE PAPÁ GATO
🐾 TELE FELINA 🐾

Cuando pensamos en sentarnos frente al televisor, al instante evocamos un lugar donde podemos levantar los pies, encontrar algo que cautive nuestra atención, olvidarnos de los problemas del día… y estar en el limbo. Así como los humanos podemos quedar hipnotizados por la televisión, los gatos pueden quedan hipnotizados al mirar por la ventana, o al observar un acuario, un pájaro, un insecto o un pez. La hipnosis en cuestión, sin embargo, es todo lo contrario de estar en el limbo, es estar sintonizado.

El motor del Puro Gato se enciende al presentar literalmente una ventana a una presa potencial. Un gran componente de la caza es vigilar. El momento de abalanzarse es solo eso, y el resto es medir el territorio, jugar al ajedrez

una gata guardiana va a su «lugar feliz»

felino, pensar en cada posible movimiento y calcular la forma y la velocidad que tendrá. Cuando lo veas mirar por la ventana —algo que hacen a diario, más que dormir—, no pienses que tu gato está en el limbo. De hecho, es justo lo contrario. La tele felina es atención activa en forma pasiva.

Cuando observas una habitación y piensas en gatificarla, detente primero en las ventanas. Pregúntate: ¿qué cosas de las que se ven por la ventana podrían encender tu mojo si fueras un gato? Luego agrega elementos en la parte exterior; por ejemplo, comederos para aves o

plantas y flores que atraigan pájaros e insectos. Al mismo tiempo, asegúrate de que la ventana sea un destino agradable, con una plataforma o una cama para que tu gato se eche cómodamente y mire el mundo.

El aburrimiento es la madre del caos en las casas con gatos, y la tele felina es la solución definitiva para ello. También puede disipar las peleas entre felinos y combatir la ansiedad si tu gato tiene problemas de conducta cuando lo dejan solo. Además le brinda la oportunidad de dedicarse a su único trabajo —perseguir, capturar, matar, comer— y así, con esta opción, contribuye a prevenir toda una serie de problemas.

Gatificación sin excusas: Nébeda y hierba para gatos

Agregar macetas con hierba fresca para gatos o nébeda en varios lugares de la casa es una forma fácil de darle a tu compañero felino un tentempié sabroso que favorece la digestión, ofrece los vegetales que los gatos silvestres comen en el campo y es otra cosa de la cual adueñarse. Si tienes un recipiente vacío en algún rincón de casa, es muy fácil cultivar tus propias plantas a partir de la semilla, que además no cuesta casi nada. ¡Ni siquiera hace falta tener buena mano para las plantas! También puedes comprar las plantas en un vivero o en una tienda de mascotas. ¡No tienes excusa!

ENTRE BASTIDORES (LO QUE NO VISTE EN EL PROGRAMA)

También instalamos un árbol para gatos en el área del comedor, con plataformas alfombradas, otro lugar donde Reese puede dejar su olor y del cual adueñarse. A Reese le apetece estar sobre la encimera de la cocina, y este árbol da una vía alternativa de acceso y, además, por su ubicación tiene una vista directa de la puerta principal, pero a prudente distancia; ella puede sentarse allí y observar con calma a los visitantes en vez de emboscarse y atacar. Añadimos un rascador de cuerda de sisal en la parte superior del árbol para darle otra oportunidad de marcar el territorio con su olor.

ÁREA DEL COMEDOR: DESPUÉS

ÁREA DEL COMEDOR: ANTES

una gata guardiana va a su «lugar feliz»

A fin de cuentas, este proyecto consistía en ofrecerle a Reese una actividad a la que dedicarse obsesivamente y que también fuera aceptable para los humanos con quienes convive. Eso era lo más difícil. Reese estaba convencida de que montar guardia era una actividad sumamente valiosa, e ir y venir de una punta a otra era parte de esa actividad; por tanto, orientándola física y mentalmente hacia la zona media de la ventana eliminamos el ir y venir. Este es un gran ejemplo de cómo los callejones sin salida desembocan en los mejores inventos: tuvimos que centrarnos en su espacio.

Realmente tuvimos que meternos en la cabeza de Reese y visualizar cómo veía ella las cosas: el área vacía de la ventana, las personas que entraban por la puerta y amenazaban su territorio, su falta de elementos de los que adueñarse. Cuando entendimos su perspectiva, pudimos gatificar su espacio y reorientar su energía.

El resultado final parece ser un éxito. Reese se adueñó de su nueva zona en la ventana casi de inmediato y, a decir verdad, se la veía más tranquila. Le encantaron sus macetas de hierba para gatos y nébeda, e incluso se levantó en dos patas para interactuar con los juguetes colgantes. (¡Eso fue increíble!) Por otra parte, el nuevo aspecto del ventanal lleva el jardín hacia el interior de la casa, lo cual aumenta la fluidez visual del diseño.

Gatificación sin excusas: comedero para pájaros/tele felina

¡Este truco es muy fácil! Para crear una tele felina, solo agrega un comedero para pájaros en la parte exterior de cualquier ventana de tu casa. Cuélgalo de un árbol o de una cornisa, o ponlo en una maceta. Asegúrate de que Kitty tenga acceso a la ventana y prepárale un rincón cómodo para que se siente a mirar. También asegúrate de que la comida para pájaros sea del agrado de los de tu región. En San Diego hay muchos colibríes, y por eso elegimos este comedero. ¡Levántate de la silla y pon manos a la obra!

¡Arriba! Cómo hacer una sencilla rampa de cuerda de sisal

Este proyecto para crear una simple rampa que pueda utilizarse en cualquier situación requiere materiales básicos que encontrarás en cualquier tienda de bricolaje. Utilízala para entrenar a tu gato en el arte de pasar de una superficie a otra y retírala cuando haya aprendido la lección. También puedes cambiar periódicamente la rampa de lugar para mantener así su interés. La cuerda de sisal brinda una gran superficie para rascar y para que deje su marca personal.

ACCESORIOS DE EJERCICIO

La rampa de cuerda de sisal que va de la ventana a la parte superior de la nevera es un buen ejemplo de accesorio de entrenamiento. Son artefactos que pueden usarse temporalmente para probar distintos elementos de gatificación o hacer que tu gato se interese por algo nuevo, sin comprometerse con un cambio permanente. La rampa de sisal es fácil de quitar, de modo que si Reese no la usa, o si Beth y George descubren que Reese no se comporta bien cuando está encima de la nevera, pueden retirarla y ver cómo funciona en algún otro lugar de la casa.

Otra manera de usar accesorios de entrenamiento sería instalar rampas o escalones provisionales para que tu gata pueda subir a un nuevo estante, y luego, cuando se sienta cómoda saltando, retirarlos.

Por otra parte, este tipo de objetos ayuda a cambiar el paisaje hogareño de manera fácil y rápida.

Esta herramienta ilustra la relación entre gatificación y conducta. Al cambiar el entorno, creas nuevos desafíos para el Puro Gato. En la naturaleza, una simple rama caída genera nuevas posibilidades en el vasto tablero de ajedrez gatuno. Añade un elemento nuevo, como una rampa de sisal, y antes de que tu gato se aburra, trasládala. En esencia, esto sirve para ejercitar ese aspecto crucial de la mente del Puro Gato.

MATERIALES Y HERRAMIENTAS

Tabla de madera de 5 a 10 centímetros de ancho, cuerda de sisal o de cáñamo de cualquier grosor (utilizamos la de 9 milímetros), pistola y cartuchos de cola, taladro eléctrico, tijeras o cúter.

CONSEJOS PROFESIONALES DE KATE

Revisa el recipiente de los restos de madera en la tienda de bricolaje y escoge los pedazos pequeños. A veces son exactamente lo que necesitas, ¡y se compran con descuento!

¡Este proyecto sí que es fácil! Perfora un agujero en el extremo de la tabla, ligeramente más grande que el grosor de la cuerda de sisal. Usa un poco de cola para adherir un extremo de la cuerda al orificio y empieza a envolver la tabla con la cuerda. Pégala con cola a medida que vas envolviendo la tabla. Cuando llegues al otro extremo, perfora otro agujero, inserta la punta de la cuerda y pégala con cola caliente.

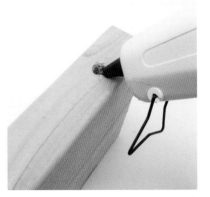

CONSEJOS PROFESIONALES DE KATE

Cuando cortes cuerda de sisal, envuélvela, allí donde vas a cortarla, con un pedazo de cinta adhesiva. Después córtala con tijeras o cúter. Esto contribuye a evitar que se deshilachen los extremos.

Manta de forro polar sin costura

Las mantas suaves son óptimos absorbentes de olores y tienen el beneficio agregado de cubrir tus muebles. Además puedes meterlas en la lavadora. Te conviene conseguir varias, para tener siempre una limpia a mano y un par de reserva.

MATERIALES Y HERRAMIENTAS

Forro polar, tijeras.

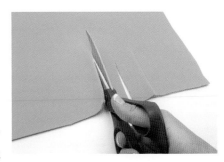

El forro polar es un material excelente para proyectos fáciles y sin costuras porque no se deshilacha en los bordes. Además, puedes meterlo en la lavadora y en la secadora sin inconvenientes. Se consigue en la mayoría de las tiendas de telas y viene en gran variedad de colores y diseños.

Una manera fácil de hacer una divertida manta de forro es cortar dos retazos del mismo tamaño, calculando un sobrante de 10 centímetros de cada lado. Por ejemplo, si quieres que tu manta terminada mida 40x40 centímetros, corta el trozo de 60x60 (40+10+10=60). Luego corta franjas de aproximadamente 3 centímetros de ancho y 10 de largo alrededor de los bordes, como muestra la figura. Descarta las piezas de las esquinas y anuda los flecos a pares. Utiliza forro de dos colores o con estampados diferentes para hacer una manta reversible.

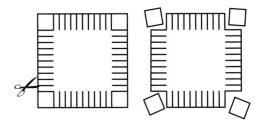

En el caso de Reese, hice mantas circulares que cubrieran por completo las superficies de los niveles donde trepaba. Tracé un círculo alrededor de cada lata y le agregué un sobrante de 10 centímetros, corté los flecos y los até. Quedaron perfectas.

Juguetes colgantes

La ventana de Reese tiene techo de vidrio, de modo que para colgar los juguetes decidí utilizar ventosas. Como no pude encontrar las que deseaba en la ferretería, me fabriqué una. Aquí te muestro cómo lo hice.

MATERIALES Y HERRAMIENTAS

Ventosas grandes, juguetes para gatos comprados en la tienda de mascotas, cuerda elástica (la hay de grosores distintos; yo utilicé la de 3 milímetros), tijeras, aguja e hilo.

¡Esto es muy simple! Primero le quité el gancho a la ventosa —no vas a necesitarlo— y entonces fijé un extremo de la cuerda elástica enhebrándola por el ojo del soporte y haciendo un nudo. A continuación corté la cuerda del largo que necesitaba, dejando un sobrante de 3 centímetros. Hice un pequeño nudo en la punta de la cuerda y, con aguja e hilo, la cosí al juguete, asegurándola con un nudo firme y resistente. ¡Eso es todo!

Puedes personalizar este proyecto con cualquier juguete de la tienda de mascotas o con uno que tú mismo fabriques. Los juguetes en forma de pájaro que utilicé emiten una especie de gorjeo cuando los gatos los manotean, así son más divertidos.

CONSEJOS PROFESIONALES DE KATE

Cuando cortes la cuerda elástica, derrite un poco el extremo con un encendedor o un fósforo. Así evitarás que se deshilache.

Una de las primeras cosas que vio Reese en su nueva ventana fueron los juguetes colgantes. De inmediato saltó para manotearlos, y los gorjeos que emitían la fascinaron.

una gata guardiana va a su «lugar feliz»

REMITENTES:
Chris y Michelle Julius;
Orlando, Florida

GATOS:
Mittens y Bootsie

¡estantería gatuna!

CHRIS Y MICHELLE JULIUS CREAN UN TREPADOR IDEAL PARA SUS GATOS

Chris y Michelle construyeron esta estupenda pared de escalar para sus gatos, Mittens y Bootsie, con estanterías Lack de IKEA. Observa con atención la estructura escalable de la izquierda. ¡Es un brillante proyecto de piratería gatificadora y además es verdaderamente fácil de hacer!

DICCIONARIO DE PAPÁ GATO
🐾 PIRATERÍA GATIFICADORA 🐾

En la gatificación, la piratería es una verdadera muestra de creatividad. La practicas cuando compras un producto que está a la venta y que no fue pensado para que lo utilizara un gato, te pones tus gafas de mojo y lo transformas en algo único y espléndido para tus felinos.

escalador gatuno

CÓMO HACER UNA PARED DE ESCALAR PARA GATOS

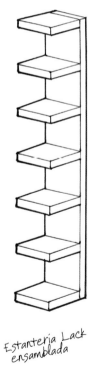

Estanteria Lack ensamblada

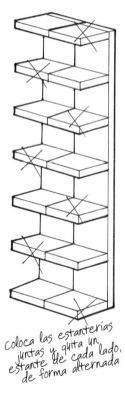

Coloca las estanterías juntas y quita un estante de cada lado, de forma alternada

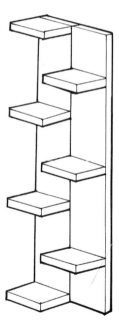

Escalador gatuno terminado

Esta es una manera muy fácil de hacer un simple escalador de pared, de aspecto moderno y bonito. Este en particular se construyó con dos estanterías Lack de IKEA (¡el mejor lugar para conseguir productos para tus piraterías gatificadoras!). Al armar las estanterías una junto a otra, monta un estante de cada lado de manera alternada. Después adósalas a la pared y verás que forman una escalera. Podríamos decir que la escalera se arma sola al colgar las estanterías, porque la distancia entre estantes es perfecta para que trepen los gatos. ¡Es muy fácil!

un rascador de pared que hará ronronear de placer a tu gato

Las losetas de alfombra son un elemento inmejorable para los proyectos de gatificación, como este rascador de pared. Corta las losetas para cubrir el área que deseas y utiliza un adhesivo no tóxico para pegarlas a la pared. Combina diseños y texturas que armonicen con la decoración de tu casa y al mismo tiempo ofrécele a tu gato una increíble superficie rascadora vertical.

CONSEJOS PROFESIONALES DE KATE

Mi tienda favorita para comprar losetas de alfombra es FLOR. Tienen
toda clase de colores y modelos, y puedes adquirirlas en grandes o
pequeñas cantidades, lo necesario para tu proyecto. En especial me
gustan las de la línea House Pet porque son muy duraderas, vienen en
una variedad de colores bonitos y están hechas con fibra recortada en vez
de rizada. Las zarpas del gato pueden quedar atrapadas en los rizos, pero
con la fibra recortada pueden rastrillar cómodamente la alfombra.

REMITENTES:
Eliane Gama y
Marccello Pistilli;
São Paulo, Brasil

GATOS:
Torresmo, Sardinha,
Pudim, Sissa, Suzy
y Sulu

ARQUITECTA:
Monica Migliori Semeraro

visión de túnel

CÓMO CREAR EL TÚNEL GATUNO PERFECTO

Eliane y Marccello instalaron este fantástico túnel gatuno en forma de L para brindarles un lugar propio a sus seis gatos. Observa de cerca los extremos del túnel: tienen puertas que pueden cerrarse. Esta es una gran idea si tienes que atrapar a tus gatos para llevarlos al veterinario o en caso de emergencia, sencillamente cierras el túnel para que no puedan esconderse. ¡Excelente solución!

una partida de pip y red

CÓMO LA GATIFICACIÓN AYUDÓ A RESTAURAR LA PAZ EN EL HOGAR

Un vistazo al guion de *Mi gato endemoniado*, temporada 4, episodio 6

En uno de sus viajes a San Francisco, Jackson recibió una llamada telefónica. Alguien le pedía ayuda con sus dos gatos, Pip y Red. Fue una situación excepcional, porque Pip padece una condición conocida como hipoplasia cerebelosa, que afecta su coordinación y hace que le resulte difícil caminar y por completo imposible trepar, con lo cual estaba obligado a permanecer en el suelo. A pesar de su discapacidad, Pip le buscaba pelea constantemente a Red, el otro gato de la casa, hasta tal punto que Red escapaba a la calle por un tragaluz para huir de sus embates. Red quedaba relegado a vagabundear por las calles de Oakland, expuesto a todos los peligros que los gatos deben afrontar en el exterior. Era un caso complicado con numerosas aristas, y la gatificación desempeñó un rol importantísimo para resolver los problemas entre estos dos felinos.

La hipoplasia cerebelosa (conocida como HC) es una condición neurológica que afecta por igual a perros y gatos. Se produce cuando el cerebelo, esa zona del cerebro que controla motricidad fina y coordinación, no se desarrolla por completo antes del nacimiento. Los gatos con HC tienen dificultades para caminar, sus movimientos son espasmódicos y a menudo se caen. La HC no mejora ni empeora con la edad, y los afectados pueden vivir una vida normal.

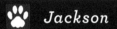 *Jackson*

Este caso me intrigó de inmediato porque Pip es un gato con HC que se comporta como un bravucón, algo inesperado ya que apenas se mantiene en pie, y además hace que Red huya aterrado. Red estaba tan desesperado por escapar de Pip que se escabullía por una claraboya de la casa. Enseguida comprendí que teníamos un morador de árboles (Red) y un morador de arbustos forzado (Pip), que ni siquiera podía subir una escalera, por completo relegado al suelo. Si esta fuera una situación normal, con dos gatos en plena posesión de sus facultades físicas, los haría acercarse desde lados opuestos de la puerta, usaría la comida para formar una asociación positiva y luego, poco a poco, los induciría a otras prácticas de socialización como el juego en tándem. Pero con un gato con HC en el elenco no podía hacer cosas normales. Pip no solo es agresivo sino impredecible. Y esa es la trampa. Pip aterroriza a Red, incluso antes de que se le acerque, porque lo único que Red ve es un Frankenstein que se arrastra. Tenía que ayudar a este morador de árboles a observar las características físicas y las extrañas conductas de esa criatura loca atada al suelo. Era probable que Red pensara: «¿Por qué se me viene encima esta cosa? No parece un gato. No se mueve como un gato. ¿Qué es?». Mi trabajo sería crear un ámbito donde Red pudiera observar a Pip desde una cómoda distancia.

TAPETE DE JUEGO DE PIP

© 2014 Discovery Communications, LLC

Jackson

En lo que atañe a Pip, mi reto principal era aumentar su confianza. Intuía que parte de lo que experimentaba Pip era frustración. Creo que lo frustraba su incapacidad para conseguir lo que quería, para ir donde deseaba.

Una de las cosas que sabemos sobre la hipoplasia cerebelosa es que, en la medida en que aumentan el nivel de estrés del gato, aumentan también los temblores. Pip estaba empeorando su propia situación. De modo que la gatificación del mundo de Pip se basó en transformar la superficie del suelo en una fuente de seguridad y de metas alcanzables.

La solución fue el tapete de juego de Pip. Podría decirse que nos tropezamos con este recurso cuando agregamos una variedad de texturas diferentes al suelo, para ver cuáles prefería Pip. Experimentamos desparramando un montón de tapetes, felpudos y alfombras diferentes, para ver cuál le resultaba más atractivo. Uno de los felpudos tenía rizos largos y se nos ocurrió meter juguetes en los intersticios. Para nuestra sorpresa, a Pip le interesó de inmediato. Los rizos mantenían los juguetes en su lugar, por lo tanto, ya no podían salir disparados, alejarse de él y frustrarlo. Pip empezó a jugar durante horas con esos juguetes inertes. Se concentraba en estos juegos como nunca lo habían visto hacerlo. Este es un gran ejemplo de los efectos terapéuticos de la gatificación. La solución fue completamente inesperada, pero produjo exactamente los resultados que buscábamos.

LA SUPERAUTOPISTA DE RED

🐾 Jackson

Quería crear un mundo vertical que fuera realmente agradable para Red. Decidí empezar a construir la superautopista en la escalera. Puesto que Pip no podía subir y bajar las escaleras, pero Red sí, tenía sentido comenzar por allí. De modo que

agregamos una repisa para gatos en el rellano de la escalera y tomamos ese espacio como punto de partida para la construcción de la superautopista. Llevamos a Red del estante rinconero a la mesa del comedor, y de allí a la pared. Con una serie de repisas y escaleras gatunas montadas en las paredes prolongamos la superautopista de Red a lo largo de toda la habitación. La terminamos con un mirador ubicado sobre la puerta, para que Red se sentara en vez de salir corriendo en tromba para escapar de Pip.

Quería que la fascinación de Red con su nueva superautopista le hiciera olvidar la necesidad de escapar y que tuviera un puesto de observación seguro y con una vista privilegiada desde donde mirar a Pip. También quería darle opciones para que se acercara cada vez más al suelo y empezara a vigilar los movimientos de Pip. Queríamos inducirlo poco a poco a bajar, hasta que llegara el día en que se sintiera cómodo estando en el suelo con Pip. Para lograrlo, pusimos carriles en todos los niveles de la superautopista. De este modo le allanamos el camino y le dimos, con el correr del tiempo, la opción de bajar.

DICCIONARIO DE PAPÁ GATO
 ### EXPANDIBILIDAD

Cuando gatificas, debes evaluar las condiciones del entorno para satisfacer las necesidades cambiantes de tu gato; en otras palabras, tendrás que pensar en la expandibilidad. Tu gato cambiará —de un día a otro y con el correr del tiempo—, y los cambios reflejarán sus experiencias, su crecimiento y su maduración. Con cada lección aprendida viene la sabiduría, y con la sabiduría, el deseo de expandir las fronteras y desplegar las alas; tu diseño de gatificación debe satisfacer ese deseo.

Gatificación sin excusas: terrario tele felina

Además de usar las ventanas como tele felina, plantéate construir un terrario para mantener entretenido a tu gato, como hicimos con Red. Junto con las plantas, su terrario contenía mariposas y otros insectos, lo que le daba

movimiento e interés. Asegúrate de que el contenedor esté bien sellado para que tu gato no lo abra y agarre lo que haya dentro; también conviene que sea pesado y no resulte fácil de derribar, y colocarlo en un lugar seguro, lejos del borde de la mesa.

🐾 *Jackson*

El caso de Pip y Red fue un éxito increíble, uno de esos triunfos de los que al recordarlos uno dice: «¡Guau! Esto es lo que ocurre cuando te apartas de lo habitual y tienes ideas originales». Pudimos implementar un cambio que, a decir verdad, ni yo creía posible, y la gatificación fue una pieza clave en el rompecabezas. Cuando Red por fin tuvo un lugar elevado donde sentarse, relajarse y evaluar la situación, todo cambió para los dos felinos. La otra sopresa fue que, con el tapete de juego de Pip, descubrimos que la gatificación puede ser funcional y terapéutica.

DICCIONARIO DE PAPÁ GATO
 CONSEJO SOBRE LA TELE

La tele gatuna involucra una fase de «la cacería», que es el acecho. Si quieres cautivar la imaginación física y mental de tu Puro Gato, recuerda que mirar no es un sustituto de hacer. ¡No olvides jugar con tu gato cuando haya pasado el día mirando la tele!

REMITENTES:
Gerda y Jose Lobo;
Tempe, Arizona

GATOS:
Liath, Arleigh, Arbolina,
Stanley, Irmo, Dido, Zaria,
Simone, Dark Matter,
Lucy y Yani

la pista de carreras en la sala de estar de gerda y jose

Cuando nos instalamos en nuestra nueva casa, queríamos hacer que el entorno fuera lo más amigable posible para nuestros gatos. La mayoría de ellos tiende a seguirnos allí donde vamos; casi nunca se separan de nosotros, lo que usualmente deriva en infaltables salivazos y siseos cuando tienen que negociar cómo ocupan el espacio a nuestro alrededor. La casa nueva tenía un estante empotrado alrededor de la sala de estar y el comedor, a unos treinta centímetros del techo, que antes se utilizaba para poner adornos. Decidimos instalar una superautopista usando el «estante del techo» como punto de partida.

Como queríamos mantener la decoración minimalista de la sala

de estar, decidimos no colgar cuadros ni poner estanterías para libros ni colocar otros muebles contra las paredes. Imaginábamos que los gatos serían nuestra instalación de arte cinético.

No estábamos exactamente seguros de cómo construirla pero, por suerte, Kate es una buena amiga y se ofreció a venir a ayudarnos. Kate entendió las pautas de circulación, planificó los sitios de destino, agregó rampas de entrada y salida y carriles de tránsito para que los gatos no chocaran mientras recorrían su nueva superautopista.

la pista de carreras en la sala de estar de gerda y jose (219)

Me alegra que Gerda y Jose me hayan llamado para que los ayudara con su gatificación: ¡fue un proyecto divertidísimo! Como no queríamos excedernos en el presupuesto, reutilizamos estantes de su vieja casa y solo agregamos unas pocas piezas nuevas. Queríamos asegurarnos de que hubiera suficientes rampas de entrada y salida porque, con sus once gatos, esta es sin duda una casa de tránsito intenso. Sin embargo, no todos son moradores de árboles, de modo que cuando agregamos la superautopista para que subieran algunos, también quedó más espacio abajo, en el suelo, para los moradores de arbustos y los moradores de playas. A continuación enumeramos algunos de los elementos que agregamos a la superautopista.

- La **estantería existente**, que abarcaba todas las paredes de la habitación, fue el punto de partida perfecto para esta superautopista gatuna.
- Agregamos **estantes para gatos** en dos paredes para que los felinos pudieran acceder a la pista de carreras.
- Utilizamos los **muebles existentes** como parte de la superautopista, para ayudar a los gatos a subir a los estantes.
- Las dos **pasarelas oblicuas** crean carriles que permiten un tránsito armonioso.
- El **poste trepador del suelo al techo revestido de cuerda de sisal** provee una vía alternativa para que los gatos suban a los estantes, y además sirve de rascador y absorbente de olores.
- El poste de cuerda de sisal está separado de la pared y forma un **pasaje** que permite que los gatos circulen entre el poste y la pared de los estantes trepadores.
- El **estante en forma de U** facilita el acceso a la estantería superior y al área de la cocina, donde hay otra rampa de entrada y salida y acceso a más estantes empotrados para adornos.

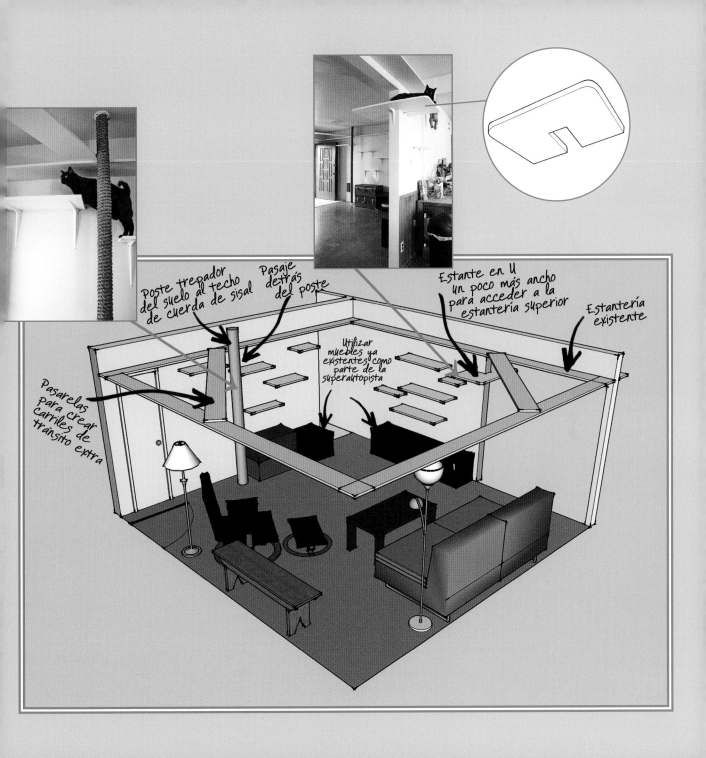

Poste trepador del suelo al techo de cuerda de sisal

Pasaje detrás del poste

Estante en U un poco más ancho para acceder a la estantería superior

Estantería existente

Utilizar muebles ya existentes como parte de la superautopista

Pasarelas para crear carriles de tránsito extra

Mi favorito es el estante en forma de U, que envuelve la pared y se prolonga hacia la cocina. Siempre quise construir un estante como este, pero solo funciona en espacios abiertos y sin puertas como el que tenemos aquí. Me encanta mirar a los gatos cuando recorren toda la estantería y aparecen en otra habitación. Es una especie de pasadizo secreto, y fue realmente fácil de hacer.

Consejos de Gerda y Jose

Fue muy conveniente construir el proyecto por etapas. Así pudimos observar cuánto espacio entre estantes necesitaban los gatos, y hasta dónde debían sobresalir los estantes para que los usaran como miradores y para circular por la casa.

El resultado

Los gatos aprendieron rápidamente a usar su nuevo espacio. Los que más se desviven por las caricias saltan a los estantes que dan a la puerta principal en cuanto nos oyen regresar a casa, para que podamos verlos —o ver nuestra instalación artística— apenas abrimos la puerta. Nuestras muy tímidas y nerviosas Arbolina y Arleigh pasan mucho más tiempo con nosotros y los otros gatos en la habitación, ya que pueden saltar rápidamente del suelo a un estante y, de allí, a la estantería del techo para acceder al punto más elevado y seguro desde donde mirarnos a todos. A nuestro gato bobo, Liath, le encanta correr por la estantería del techo, que abarca todo el ambiente. Cuando me ve, sube de un salto al estante más alto y empieza a dar vueltas corriendo sin parar…

siempre y cuando yo corra con él unos metros más abajo. A veces descubrimos a un gato jugando a cazar a otro por el «sendero» del techo, pero solo lo hacen para divertirse porque, si alguno se pone demasiado nervioso, siempre se puede saltar y salir por alguna de las rampas construidas con ese fin.

¡trepa! cómo crear el perfecto poste trepador del suelo al techo

MATERIALES Y HERRAMIENTAS

- Poste Stolmen (lo venden en las tiendas IKEA o en ikea.com)
- Cuerda de sisal o de cáñamo (usamos cáñamo de 19 milímetros de grosor, fácil de conseguir en cualquier tienda de bricolaje)
- Cola de pegar y cartucho de pegamento
- Tornillos pequeños
- Taladro eléctrico
- Lápiz
- Plomada
- Tijeras o cúter

CONSEJOS PROFESIONALES DE KATE

La longitud de la cuerda dependerá del grosor y de la altura que quieras dar a tu poste trepador una vez terminado. El grosor de la cuerda de sisal o de cáñamo oscila entre los 6 y los 25 milímetros. ¡La de 6 milímetros parece la medida estupenda, pero piensa en cuántos metros tendrás que enrollar si optas por el tamaño más pequeño!

Por ejemplo, en este caso usé cuerda de cáñamo de 19 milímetros de diámetro, y el poste terminado midió casi 2,70 metros de alto. Utilicé entre 30 y 38 metros de cuerda; la de 19 milímetros se vende en bobinas de 45 metros en la tienda de bricolaje, pero también puedes pedirla por internet en Amazon o en la mayoría de las tiendas de bricolaje. De esta manera, te quedará un sobrante para otros proyectos. Si utilizas la cuerda más gruesa, el poste finalizado será mucho más ancho y brindará a tu gato una superficie sólida y agradable para aferrarse.

Este es un proyecto muy simple, pero hay algunos trucos que facilitan la construcción. El sistema Stolmen de IKEA es brillante. Consiste en emplear postes telescópicos que encajan perfectamente entre el suelo y el techo como estructura para colgar estantes y cajones y crear un lugar de almacenamiento modular. Este sistema ofrece muchas posibilidades creativas que combinan diversos elementos que se venden en IKEA; sin embargo, también puedes utilizar solo el poste para fabricar un sorprendente objeto de piratería gatificadora. Lo mejor es que puedes adaptar el poste trepador a la altura de tu techo porque el Stolmen tiene un rango de 2 a 3,30 metros.

Lo primero que debes hacer es armar el poste Stolmen en el área donde piensas instalar el trepador. Después lo retiras, haces los ajustes necesarios para poder asegurarlo y lo revistes con la cuerda para crear una superficie estupenda para trepar y rascar. Una vez revestido el poste, simplemente lo colocas en su lugar, ajustas los soportes, lo aseguras al techo (esto es opcional) y dejas que tus gatos echen la casa por la ventana. Es un gran complemento para cualquier superautopista gatuna, pero no olvides que, debido a la disposición de sus zarpas, tu gato subirá sin dificultad pero no podrá bajar, lo que significa que el poste funcionará solo como rampa de entrada (ascenso) y no de salida (descenso), pero también será un excelente marcador territorial.

Paso 1: Armar el poste. Ensambla las piezas del poste Stolmen tal como especifica el manual de instrucciones que lo acompaña. Primero tienes que insertar el perno en el poste y luego introducir el perno en la base. Después tendrás que adosar las piezas de plástico gris a las dos tapas de plástico blanco, insertar las tapas superior e inferior en los extremos y colocar la base sobre el suelo aproximadamente allí donde instalarás el poste trepador.

Paso 2: Marcar la longitud del poste. Introduce la punta del perno en la base y coloca el poste en la posición deseada. Extiende el poste, de modo que la ventosa de la punta se adhiera al techo, y luego marca con lápiz la prolongación del cilindro externo sobre el cilindro interno.

Paso 3: Preparar el poste. Contrae el poste, haz girar las dos piezas de modo tal que ya no se deslicen, y asegúrate de que la marca que acabas de hacer quede en el extremo superior del cilindro externo. Los próximos pasos son pequeños trucos para que tu poste quede más firme cuando esté en su lugar. Perfora un

orificio a través de los cilindros e inserta un tornillo de fijación pequeño. Esto impedirá que las partes roten. Repite este mismo paso en el extremo superior del poste, perforando el poste y la parte de la tapa de plástico que lo cierra. De este modo impedirás que el poste gire sobre su eje en torno de la tapa.

Paso 4: Enrollar la cuerda. Partiendo de alguno de los dos extremos del poste, revístelo con cuerda adherida con cola caliente. Continúa pegando y enrollando la cuerda hasta cubrir toda la superficie. Tira con firmeza a medida que la pegas, para que no queden brechas entre una vuelta y otra. Al terminar, corta la cuerda con tijeras o cúter y asegura el extremo al poste con una pincelada de cola caliente.

CONSEJOS PROFESIONALES DE KATE

No estás obligado a pegar cada centímetro de cuerda al poste, pero si no lo haces la cuerda se aflojará y se curvará con el tiempo y aparecerán brechas antiestéticas. ¡Recomiendo encarecidamente pegarla toda!

Paso 5: Instalación final. Vuelve a colocar el poste revestido de cuerda en el lugar deseado y, con ayuda de una plomada, asegúrate de que esté en perfecta posición vertical. Una vez ubicado, sigue las instrucciones que acompañan al poste Stolmen y ajusta el perno de la base para aumentar la tensión entre el suelo y el techo. Esto mantendrá el poste en su lugar. Es conveniente que una persona sostenga el poste mientras otra ajusta el perno. El último paso, opcional, es fijarlo al techo colocando tres tornillos en la tapa superior. Esto asegura el poste e impide que gire sobre su eje.

CONSEJOS PROFESIONALES DE KATE

La cuerda de sisal o de cáñamo se deshilacha con facilidad en las puntas, pero un amigo me enseñó un truco para resolverlo: tienes que envolver con firmeza ambos extremos de la cuerda con un cordel trenzado, y luego hacer un nudo y meter dentro las puntas. Esto evita que la cuerda se deshilache y tiene una bonita estética que combina a la perfección con el poste trepador.

REMITENTES:

Enno Wolf y
Aïda Renout;
Almere, Holanda

GATOS:

Mika, Salo, Snuit, Casper,
Joop, Olivier, Bob, Harry,
Pieter, Tommy y Ricky

gatos en el techo

LOS TUTORES DE ONCE GATOS RECUPERAN ALGUNOS METROS CUADRADOS

Con once gatos, nuestra casa estaba atiborrada de postes rascadores y árboles para trepar. Nos preguntamos: ¿y si usaran el techo? ¿Cómo podríamos hacer para colgar todo allí arriba? Entonces decidimos crear un parque de atracciones suspendido del techo, donde los gatos pudieran subir y pasar el rato.

Utilizamos muebles trepadores para gatos de Quality Cat (qualitycat-krabpalen.nl), pero hicimos algo que el fabricante jamás había visto ni tampoco imaginado. Perforamos 50 orificios en el techo de cemento para poder colgar las columnas forradas de cuerda de sisal y suspender las plataformas. Hicimos la prueba de colgarnos de cada columna para asegurarnos de que fueran lo suficientemente firmes para soportar el peso de los gatos.

El resultado

Ahora parece que los gatos tienen su apartamento propio, y nosotros recuperamos nuestra sala de estar. La única desventaja es que debemos utilizar una escalera para limpiar los puentes y las pasarelas.

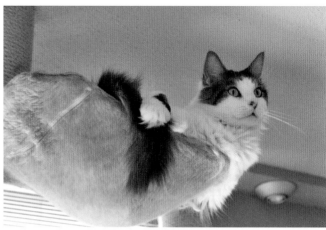

En primer lugar, aplaudo lo que hicieron Enno y Aïda con un producto estándar: ¡lograron un diseño supercreativo! Por supuesto que, ante un diseño como este, debo preguntar: ¿qué pasará si hay una pelea felina allí arriba? ¿Cómo harán para que los gatos bajen cuando sea necesario? Es lo único que me preocupa un poco; por lo demás, este es un fabuloso ejemplo de gatificación original. No me digas que no tienes lugar para una superautopista, ¡tienes el techo!

Estoy de acuerdo, ¡qué manera tan ingeniosa de usar un producto de fábrica!

Apuesto a que el fabricante flipó con el uso que estos dos dieron a su producto. También me agrada que Enno y Aïda hayan utilizado los árboles para gatos como rampas de entrada y salida a las pasarelas del techo. Además, los árboles ofrecen muchos puntos de descanso a diferentes niveles. Debe de ser muy divertido observar a los gatos encima de tu cabeza.

cómo crear
un gatio

Los recintos gatunos de puertas afuera —también conocidos como «gatios», de «gato» más «patio»— son una excelente estrategia para que tus felinos disfruten del aire libre sin exponerlos a los peligros que afrontarían si les permitieran merodear en libertad. Los gatios van desde recintos pequeños hasta ela-

borados ambientes con ventanales. Realmente puedes dar rienda suelta a tu imaginación y tu creatividad cuando planificas un gatio (¡por supuesto, siempre dentro de los límites que establezcan tu casero o la comunidad de vecinos de tu edificio!). Cuando diseñes tu plan de gatificación, ten en cuenta que podrías brindarle a tu gato acceso protegido al exterior expandiendo tu casa para construir un gatio.

Para mí, los gatios son la gran concesión. Aunque Kate y yo les suplicamos (¡literalmente!) a las personas que no dejen salir a sus gatos, creemos que existen maneras de brindarles acceso al aire fresco y la luz del sol para que vean pájaros e insectos y experimenten un poco lo que significa la vida al aire libre. Una excelente manera de lograrlo es mediante la magia del gatio. Cualquier estructura, desde complejos gatios de gran tamaño hasta pequeños cerramientos en las ventanas, servirá para este propósito. Independientemente del espacio que puedas dedicarle, recuerda que estás expandiendo el territorio de tu gato, lo cual es estupendo.

Los gatios son los laboratorios de la gatificación. Puesto que no utilizarás el espacio de tu sala de estar o tu dormitorio, te permitirán experimentar y probar cosas para descubrir hasta dónde estás dispuesto a llegar en tu empeño por crear un entorno feliz y saludable para humanos y felinos.

En el aspecto conductual, los gatios ayudan a los gatos a cruzar orgánicamente su propio límite y afrontar nuevos desafíos. Como cualquier otro proyecto de gatificación, los gatios deben ser expandibles y estar llenos de cosas, desde absorbentes de olores —para que se sientan cómodos, tanto en lo físico como en lo territorial— hasta superautopistas cuyos elementos puedan cambiar con el correr del tiempo para satisfacer la curiosidad felina y acompañar la madurez de los gatos.

el gatio de kate

 Kate

Cuando estaba buscando casa, fui con el agente de la inmobiliaria a ver un pequeño y bonito apartamento en el centro de Phoenix y, en cuanto salí por las puertas correderas de la sala de estar a un patio trasero parcialmente abierto, cubierto por un techo viejo y herrumbroso, supe que había dado en el clavo. ¡Vi el potencial de aquel espacio para convertirse en un gatio increíble! El boceto ya estaba ahí; solo debía terminar de pintar el cuadro y tendría el espacio interior-exterior perfecto para mis gatos.

Saqué las viejas vigas oxidadas y, con ayuda de un amigo, construí una prolongación del techo principal afirmada sobre las paredes de la casa con malla metálica y un sólido marco de tablas gruesas de madera para que fuera seguro. La malla deja entrar luz y aire, pero no insectos. El techo del gatio es de chapa industrial. Puse varios estantes para gatos, un área cubierta para los areneros y un poste trepador para acceder a los estantes más altos. En cuanto los gatos entraron en el gatio ¡enseguida lo adoraron!

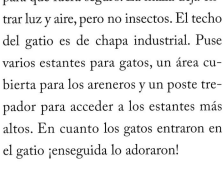

¡No tiene que ser perfecto!

Instalé el gatio hace pocos años, y ahora advierto que necesito reformular algunos detalles. Jackson será el primero en señalarlo, ¡tengo un callejón sin salida! El estante sobre la puerta del armario no lleva a ninguna parte. ¡Y esto demuestra que incluso los expertos podemos mejorar nuestro plan de gatificación! También sirve para que veas que debes probar distintas cosas; cuando se te ocurra algo, hazlo. No creas que el proyecto ha de ser perfecto desde el inicio. Tu diseño puede —y de hecho debería— evolucionar con el tiempo. Instala algunos estantes, observa qué hacen tus gatos y luego pon otros según convenga. Planeo prolongar la superautopista alrededor del gatio, para que tengan más lugares donde correr y trepar.

Creo que el factor paralizante en la gatificación es la sensación de que si no lo haces todo de una vez será un fracaso. No permitas que tu ego de diseñador se

interponga; recuerda que tus gatos agradecerán cualquier cosa que les permita sentir que tienen un territorio más vasto. Diseñar el boceto de tu gatificación es lo más importante; lo demás viene solo.

Consejos de Kate para el gatio

¡TAMBIÉN ES TU GATIO!

Combina muebles humanos y felinos para pasar un rato con tus gatos cuando el tiempo lo permita. ¡Recuerda que es para ti también!

AGREGA ALGUNOS COMESTIBLES

La hierba para gatos y la nébeda no pueden faltar en ningún gatio. Comprueba que ninguna de las plantas que colocas allí es tóxica y que todas son aptas para gatos. Encontrarás un listado de plantas que no representan ningún peligro para estos felinos en aspca.org

UN AMBIENTE SEGURO

Existen muchas clases diferentes de malla metálica o mosquitero aptos para cercar un gatio. Hasta la malla de gallinero puede cumplir esta función. Solo debes asegurarte de que esté bien ajustado al marco para que no queden brechas por donde tu gato pueda escabullirse.

Estantes trepadores semicirculares

 Kate

Fabriqué estos sencillos estantes trepadores para mi gatio con varios círculos de 60 centímetros de diámetro que conseguí en la tienda de bricolaje (busca en la sección de maderas). Los corté por la mitad, los pinté con pintura para exteriores y les agregué ménsulas decorativas para crear miradores semicirculares perfectos.

REMITENTE:

Carrie Fagerstrom;
Portland, Oregón

GATOS:

Milo, Simon, Emma, Billy
Boy, Chloe, Casper,
Celeste, Tai y Ember

el gatio de carrie

Antes de decidir que todos vivieran puertas adentro, había tenido varios gatos caseros y algunos de exterior o callejeros (uno incluso montaraz). Quería que disfrutaran del exterior a salvo y esperaba que Simon y Milo pudieran regresar del porche delantero, donde estaban recluidos tras pasar tres meses rociando con orina como protesta contra las nuevas reglas. ¡Funcionó!

ANTES

DESPUÉS

el gatio de carrie (245)

Kate

El proyecto de Carrie es similar al mío porque ella también encontró una casa con un increíble potencial para un gatio. Solo necesitaba visión para imaginar las posibilidades. Me gusta que haya colocado paneles translúcidos en el techo. Dejan entrar luz a raudales pero impiden que entre la lluvia, ¡un detalle especialmente importante en Portland! Carrie y yo usamos los pufs de ratán de IKEA. Son estupendos para un gatio porque están diseñados para uso exterior y su textura es sumamente atractiva para los gatos. Pensaba que mis gatos los harían pedazos con las uñas, pero lo cierto es que adoran sentarse allí.

Gatificación sin excusas: fuente gatuna fácil de construir

 Esta es una manera muy fácil de agregar un elemento acuático en tu gatio. Lo único que necesitas es una bomba de agua para acuario con filtro —en este caso usamos una para un acuario de 38 litros con filtro de carbón; puedes conseguirla en una tienda de mascotas por 10 a 15 dólares— y un bebedero o cualquier otro recipiente. Instala la bomba según las instrucciones, coloca el filtro, cuelga la bomba del borde del bebedero, llénalo con agua, prepara la bomba llenándola también con agua, enchúfala… ¡e invita a tu gato a disfrutar de su nueva fuente!

🐾 *Kate*

Puedes hacer tu fuente gatuna con distintos tipos de bebederos o recipientes; solo necesitas encontrar uno al que puedas colgarle la bomba del borde para que el agua caiga dentro. Yo usé un cuenco viejo que tenía sobre la encimera de la cocina. Conviene que los lados del recipiente sean rectos para que el filtro quede derecho, pero si forman un ángulo, puedes colocar una pequeña cuña entre la parte externa del recipiente y el filtro para que este encaje mejor.

Si es posible, utiliza un recipiente de cerámica, vidrio o acero inoxidable. Estos materiales son fá-

ciles de limpiar y no se marcan ni se rayan; el plástico, en cambio, puede rayarse con el tiempo y alojar bacterias que podrían causar acné felino a tus gatos. ¡No olvides limpiar tu nueva fuente con regularidad!

¿Sabías que es mejor colocar el bebedero de tu gato lejos del comedero? En la naturaleza, los gatos instintivamente evitan beber agua que esté cerca de una fuente de alimento porque existe la posibilidad de que esté contaminada. Por eso, algunos gatos prefieren beber agua corriente, por ejemplo del surtidor de una fuente o del grifo. El agua en movimiento tiene menos probabilidades de estar contaminada que el agua estancada. Instala una fuente-bebedero para tus gatos, o al menos aleja el bebedero del comedero. ¡Quizá descubras que, traslados mediante, beben más agua!

el gatio de autumn

Un vistazo al guion de *Mi gato endemoniado,* temporada 4, episodio 6

Tal vez recuerdes el viaje de Jackson a San Francisco, cuando ayudó a Deb y Brian y sus dos hijos, Brendan y Erin, con su gata Autumn. Parte del plan de gatificación para Autumn fue crear un estupendo gatio en el patio de la casa. El árbol gigante, ubicado en el centro del patio, se convirtió en el epicentro del nuevo parque de atracciones interior y exterior de la felina.

Autumn era una adolescente curiosa que deseaba correr y jugar, pero poco tiempo atrás se había perdido durante una de sus escapadas y la experiencia la había traumatizado. Por eso estaba yo allí. Necesitábamos expandir su territorio y proporcionarle un lugar seguro donde pasar el rato y quemar parte de esa energía juvenil.

Apenas traspasé el umbral de la puerta de Deb y Brian, vi la entrada y pensé: «¡Bendito sea este hermoso gatio!». No me importaba qué más haríamos en la casa, solo sabía que íbamos a construir un gatio. Lo primero que ves es el árbol, cuya frondosa copa asoma por una abertura en el techo. El árbol era todo un desafío, porque teníamos que imaginar cómo evitar que Autumn lo usara para salir de la casa. Pero también era lo máximo para un gatio porque ¿acaso hay algo mejor para una gata joven que un árbol de verdad al cual trepar y donde afilarse las uñas?

Deb, Ryan y sus dos hijos aceptaron el reto de transformar la entrada en un espacio gatificado. Empezaron por colocar un remate metálico en cada rama para

impedir que Autumn trepara hasta la copa del árbol y saliera al techo. No puede trepar por allí porque no puede hundir las uñas en el metal. ¡Brillante!

También agregaron estantes, rascadores, camas acolchadas y plantas de hierba para gatos entre las ramas, y de este modo crearon la casa del árbol más estupenda que se ha visto jamás, transformándola en un destino ideal para Autumn. Pusieron absorbentes de olores y muchas cosas para que se entretuviera, por lo que ahora tiene un lugar que explorar y marcar, pero está a salvo del peligro y no puede escapar.

MOBILIARIO GATUNO DE PVC

Los tubos y accesorios de PVC son como juegos de construcción para adultos, ¡sirven para hacer cualquier cosa! Y son perfectos para el mobiliario gatuno, en especial para el de un gatio, ya que el PVC es sólido y resiste los rigores del clima. Los materiales son baratos, la construcción es fácil y las posibilidades, infinitas. Ten imaginación y pon en funcionamiento este versátil sistema en tu próximo proyecto de gatificación.

el gatio de autumn

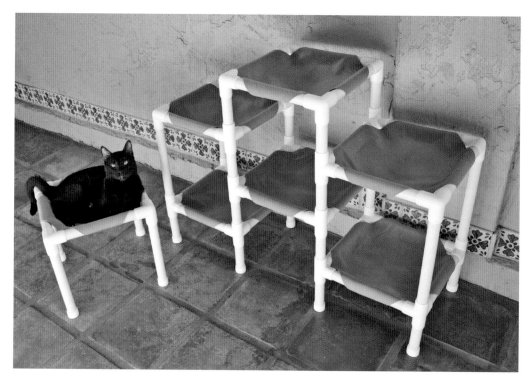

TUBOS DE PVC

Los tubos de PVC vienen en diferentes diámetros, de 1,3 a 5 centímetros o más. Tendrás que elegir una medida que sea lo bastante resistente para tu proyecto particular. Por lo general, los tubos de 1,3 a 2,5 centímetros son perfectos para el mobiliario gatuno.

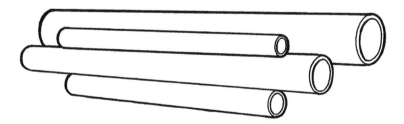

ACCESORIOS DE PVC

Existen distintos accesorios de PVC que, combinados con el tubo principal, permiten obtener formas diferentes. A continuación te mostramos algunos de los más comunes.

CODO DE 90 GRADOS

CONECTOR EN T

CODO DE 45 GRADOS

CODO DE 3 BOCAS

CONECTOR EN T DE 4 BOCAS

CRUZ

CRUZ DE 5 BOCAS

TAPA PARA CÚPULA

TAPA PARA BASE

PVC ESPECIAL PARA MOBILIARIO

Si vas a comprar tus tubos y accesorios de PVC a la tienda de bricolaje, verás que casi siempre tienen números y letras impresos con tinta permanente en la parte de afuera. Si no quieres que estas u otras marcas queden visibles en tu proyecto terminado, siempre puedes pintar los tubos y accesorios, pero tendrás que lijar la superficie primero y utilizar una pintura especial para plásticos. La opción es comprar tubos y accesorios de PVC para mobiliario. Estos no tienen nada impreso y a veces los hay de distintos colores, además del blanco y el negro. Los elementos de PVC para mobiliario se consiguen en tiendas minoristas especializadas y también por internet.

CÓMO CORTAR UN TUBO DE PVC

Hay tres maneras de cortar un tubo de PVC al largo deseado: 1) con una sierra para metales, 2) con un cúter especial para plásticos, o 3) con una ingletadora.

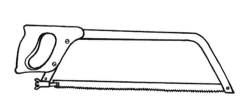

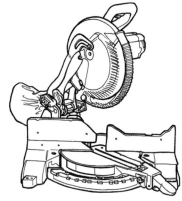

UNIR EL TUBO DE PVC Y LOS ACCESORIOS

Para pegar el tubo y los accesorios tendrás que poner cola especial para PVC en las juntas. ¡Verifica que todas las piezas encajen antes de encolarlas!

Todos los proyectos son diferentes, y quizá necesites experimentar un poco con los accesorios y la longitud de los tubos para alcanzar el resultado deseado. A continuación encontrarás algunos ejemplos de diseño de mobiliario gatuno hecho con tubos y accesorios de PVC.

Cama gatuna elevada

Basta una plataforma y cuatro patas para construir una sencilla cama gatuna elevada. Puedes adaptar las patas a la altura que desees.

Partes:

8 piezas (de 30 cm) de tubo de PVC de 2,5 cm de diámetro
(o cuatro más cortas si la quieres más baja)

4 tapas para base

4 codos de 3 bocas

1 cobertura de tela

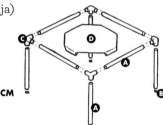

A TUBO DE PVC DE 30 CM

B TAPA PARA BASE

C CODO DE 3 BOCAS

D COBERTURA DE TELA

Trepador felino mediano

Es fácil crear niveles en un mueble gatuno de PVC. Cuando proyectes el tuyo, piensa cómo pasarán los gatos de un nivel a otro.

Partes:

20 piezas (de 15 cm) de tubo de PVC de 2,5 cm de diámetro
24 piezas (de 30 cm) de tubo de PVC de 2,5 cm de diámetro
4 piezas (de 40 cm) de tubo de PVC de 2,5 cm de diámetro
8 tapas para base
16 conectores T de 4 bocas
8 codos de 3 bocas
6 coberturas de tela

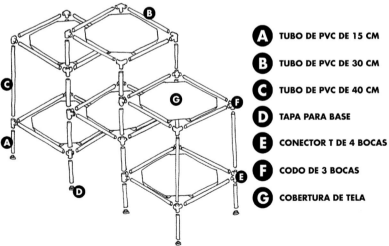

A TUBO DE PVC DE 15 CM

B TUBO DE PVC DE 30 CM

C TUBO DE PVC DE 40 CM

D TAPA PARA BASE

E CONECTOR T DE 4 BOCAS

F CODO DE 3 BOCAS

G COBERTURA DE TELA

Centro de actividades felinas de lujo

¡Dale rienda suelta a tu imaginación y diseña un centro de actividades para tus gatos con múltiples niveles, rascadores incorporados y juguetes colgantes!

Partes:

36 piezas (de 15 cm) de tubo de PVC de 2,5 cm de diámetro

42 piezas (de 30 cm) de tubo de PVC de 2,5 cm de diámetro

4 piezas (de 40 cm) de tubo de PVC de 2,5 cm de diámetro

4 piezas (de 60 cm) de tubo de PVC de 2,5 cm de diámetro

28 conectores T de 4 bocas

12 codos de 3 bocas

4 conectores T

12 tapas para base

9 cobertores de tela

1 hamaca de forro polar

cuerda de sisal para los postes rascadores

2 juguetes colgantes para gatos

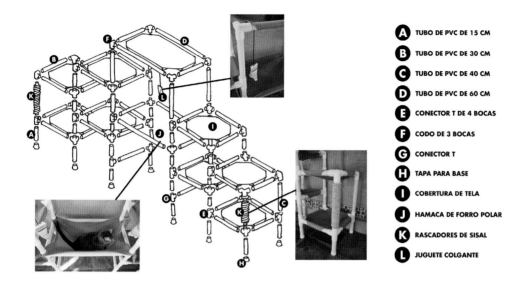

A TUBO DE PVC DE 15 CM

B TUBO DE PVC DE 30 CM

C TUBO DE PVC DE 40 CM

D TUBO DE PVC DE 60 CM

E CONECTOR T DE 4 BOCAS

F CODO DE 3 BOCAS

G CONECTOR T

H TAPA PARA BASE

I COBERTURA DE TELA

J HAMACA DE FORRO POLAR

K RASCADORES DE SISAL

L JUGUETE COLGANTE

CÓMO HACER COBERTURAS DE TELA

Esta es una manera muy sencilla de hacer coberturas para las plataformas de tu mobiliario gatuno de PVC. Tendrás que usar tela de lona gruesa. Si estás haciendo muebles para tu gatio, escoge una tela resistente al agua y al sol. Las dimensiones variarán según cada proyecto, pero aquí te damos un ejemplo para empezar.

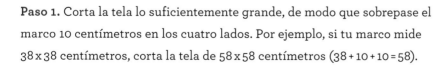

Paso 1. Corta la tela lo suficientemente grande, de modo que sobrepase el marco 10 centímetros en los cuatro lados. Por ejemplo, si tu marco mide 38 x 38 centímetros, corta la tela de 58 x 58 centímetros (38 + 10 + 10 = 58).

Paso 2. Dobla la tela de modo que sobresalga la esquina del marco. Plancha la tela para marcar estos pliegues y recorta el sobrante, dejando dos o tres centímetros para el dobladillo.

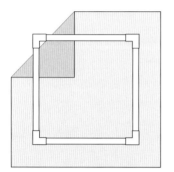 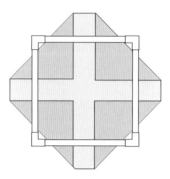 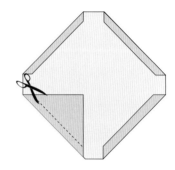

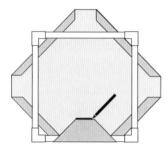

Paso 3. Coloca el marco encima de la tela, dobla cada lado sobre el marco y marca el borde de la tela en la parte inferior de la hamaca.

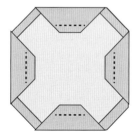

Paso 4. Cose los cuatro bordes doblados de la tela.

Paso 5. Desliza los tubos de PVC por el hueco del dobladillo y ajústalos en las esquinas con los codos.

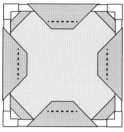

Base

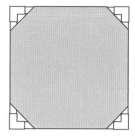

Parte superior

HAMACA SIN COSTURAS

Si no tienes demasiada destreza con la aguja, existe otra manera fácil de hacer una hamaca rápida y sin costuras para tu mobiliario gatuno de PVC. Utiliza una tela elástica que no se deshilache en los bordes, como el forro polar. Corta un retazo lo bastante largo para que sobrepase 10 centímetros los bordes del marco en los cuatro lados, realiza un corte oblicuo de unos 10 centímetros en cada esquina y simplemente ata la hamaca en su lugar. Nota: este tipo de hamaca solo funciona en plataformas bajas, donde el tubo se prolonga hacia arriba en los cuatro ángulos.

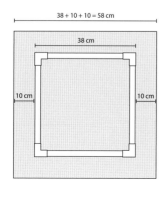

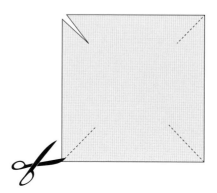

AGREGAR UN RASCADOR DE CUERDA DE SISAL

Si quieres ofrecerle a Kitty un lugar donde dejar su marca, piensa en añadir una superficie rascadora a tu proyecto. Lo único que tienes que hacer es revestir uno de los postes —da lo mismo que sea vertical u horizontal— con cuerda de sisal. Primero

perfora un orificio en el tubo, ligeramente más grande que el grosor de la cuerda que uses. (Para nuestro ejemplo utilizamos una de 1 centímetro de diámetro y perforamos un orificio de 1,3 centímetros.) Introduce la cuerda por el orificio, enróllala alrededor del tubo y pégala con cola caliente a medida que la enrolles. Perfora otro orificio en el extremo opuesto del tubo e introduce allí la otra punta de la cuerda. Asegúrate de dejar un buen tramo de tubo sin revestir para introducirlo en el conector.

AGREGAR UN JUGUETE COLGANTE

Si quieres más diversión, puedes agregar sin mayores engorros uno o dos juguetes colgantes. Toma uno de los juguetes preferidos de Kitty, átalo a alguna clase de cuerda y luego sujeta el otro extremo de la cuerda al tubo de PVC. Coloca este juguete ligeramente fuera del alcance de Kitty, así tendrá que esforzarse para atraparlo. Escoge un juguete con hierba para gatos o una campanilla dentro para que le resulte más interesante.

En este caso perforamos un orificio en el tubo, pasamos la cuerda por allí y luego hicimos un nudo dentro del tubo para mantener el juguete en su lugar. También podrías atar la cuerda alrededor del tubo, y listo.

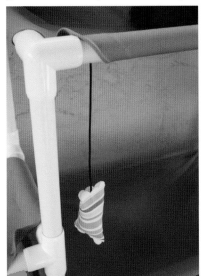

REMITENTE:
Erin Clanton Cupp;
Cambria, Illinois

GATOS:
Nubbins, Theodore,
Harriet, Sarah, Penny
y Feller

la pasarela de la casa cupp

Nuestra Sarah siempre fue un manojillo de nervios. Pensé que si le ofrecíamos más espacio vertical, tendría más confianza. Además, nuestra Harriet había engordado después de ser castrada y necesitaba más actividad. Yo quería hacer algo que armonizara con el estilo de la casa y que también fuera divertido para nuestros hijos peludos.

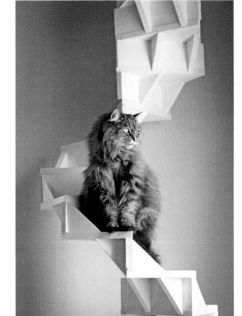

Materiales y presupuesto

Utilicé tablas de madera clara de 3 x 25, 3 x 13 y 3 x 8 centímetros, pintura, sellador y montones de tornillos. Compré todos los materiales en una tienda de bricolaje. El proyecto completo costó cerca de 200 dólares.

la pasarela de la casa cupp

Consejos de Erin

Empecé por una tabla. Tenía una tabla de 3 x 25 x 20 que me había quedado de otro proyecto y pensé: ¿por qué no utilizarla? Hasta ese momento no tenía un plan concreto. Corté un triángulo de papel para usarlo como molde y empecé a delinear las piezas.

La escalera estuvo lista bastante rápido, lo que me obligó a diseñar un destino hacia el cual condujeran sus escalones. Aquí fue donde empecé a planificar y planificar y planificar. Quería asegurarme de que, fuera cual fuere, el resultado combinara a la perfección con el estilo de nuestra casa. Investigué numerosas opciones arquitectónicas diferentes y decidí crear una cornisa envolvente que imitara las molduras dentadas estilo Craftsman para diseño de exteriores.

Más allá de tu estilo personal, o del estilo de tu casa, no hay razones para creer que la gatificación debe tener un aspecto determinado. Con un poco de inventiva, puedes transformar un espacio en algo que tus hijos peludos y tú amaréis.

El resultado

Nuestra Harriet no pudo esperar a que yo terminara la superautopista para explorarla de cabo a rabo. Me estuvo «ayudando» a construirla todo el tiempo y fue probando las distintas secciones a medida que las hacía para asegurarse de que lo hiciera bien.

Ahora que la construcción está terminada, los gatos dan muchas vueltas por la habitación. ¡No hay nada como escuchar una estampida de elefantes encima de tu cabeza! Los ratones de juguete son ideales para arrojarlos allí arriba y que ellos los cacen, y a nuestros hijos peludos les encanta manotearlos y dejarlos caer sobre nosotros cuando estamos sentados en el sofá. También les gusta comprobar cuán rápido pueden subir la escalera. Por otra parte, descubrimos que es el artefacto perfecto para llamar la atención. Si alguno de los gatos sube a la cima para pavonearse con sus juguetes es un claro indicio de que le agradas.

Miss Sarah se siente mucho más segura de sí misma, y Miss Harriet, bueno, adora su cuerpo regordete. Todos contentos.

🐾 Jackson

Desde el punto de vista humano, me encanta el aspecto de este diseño y cómo combina a la perfección con la casa. También me fascina que haya sido inspirado, y esto es evidente, por el profundo amor a los gatos que viven aquí. Es

un gran ejemplo de gatificación para decirles a esas personas que tienen fobia a convertirse en «fanáticas de los gatos»: «¡Eh, mira lo que puedes hacer!».

En términos de funcionalidad felina, me parece una estructura potencialmente peligrosa. Me gustaría ver alfombras en los estantes donde los gatos se tienden a dormir, para evitar que se resbalen. También me encantaría que hubiera una alternativa tipo rampa para darles otra vía de acceso a la superautopista. Si yo fuera un Maine Coon y pudiera elegir entre una escalera de caracol y una rampa, probablemente optaría por la rampa. Sería bueno brindarles esa posibilidad a los gatos.

 Kate

Este es un elemento tan precioso que realmente no te das cuenta de que es para los gatos. Yo diría que es un gran ejemplo de gatificación invisible, porque imagino que no habría inconveniente alguno en vender la casa tal como está. Una persona sin gatos pensaría que es un elemento decorativo para poner plantas u otros objetos. Esa es una prueba inapelable si tienes miedo de sobregatificar. Pregúntate: ¿los elementos que estoy incorporando podrían ser utilizados por una persona que no tiene gatos? Si la respuesta es afirmativa, has logrado un diseño completamente integrado. (¡Aunque yo creo que tendría que haber uno o dos gatos en todas las casas!)

la guerra (y la paz) territorial de thumbelina

Un vistazo al guion de *Mi gato endemoniado,* temporada 5, episodio 13

 *Jackson*

Leilani y Michael tenían dos pequeñas y dóciles gatas balinesas, Thumbelina y Tinkerbell, que se llevaban de maravilla. Un buen día decidieron incorporar a la familia dos Savannahs F2 llamados Tigger y Sahara, y la casa se transformó de inmediato en un infierno. Había conflictos constantes entre los gatos. Lo curioso era que casi siempre los iniciaba Thumbelina, la más pequeña del grupo. ¡Hablando de gatos Napoleones! Nada menos napoleónico que una gata de dos kilos y medio que, presa del pánico territorial, descarga su angustia atacando a un felino de catorce kilos. Las peleas comportaban que hubiera una cantidad enorme

de orines por todos los rincones de la casa. A propósito, como primera tarea, les pedí a Leilani y Michael que distribuyeran absorbentes de olores por todas partes para ayudar a las gatas balinesas a marcar su territorio. Cuando regresé para hacer una segunda visita, todos los absorbentes habían sido marcados, pero no de buena manera. Estaban empapados de orina. Todos los tiros salían por la culata. Si tratas con un gato híbrido cuyo peso oscila entre los once y los catorce kilos, debes recordar que tiene necesidades físicas y mentales que superarán tus peores pesadillas.

Aunque la casa, de dos plantas, de Leilani y Michael tenía un gatio, el espacio total obviamente no era suficiente para estos cuatro felinos. Entonces sugerí que gatificaran la sala de estar. Les di las líneas básicas y volví varios días después. Habían construido una minipista de carreras sobre el marco superior de la puerta deslizante y colocado un árbol para gatos en un lado. Si bien me alegró que lo intentaran, en realidad no se habían esmerado mucho. Teniendo en cuenta que Michael es carpintero y sabe cómo construir algo realmente bonito, Leilani me decepcionó. Se había resistido a la tarea, diciendo que ella tenía una estética muy definida y que temía que un diseño tipo «fanáticos de los gatos» la arruinara. Había puesto a prueba su compromiso con los gatos y, para ser sincero, creo que ella había fallado.

Entonces me dijeron que tenían una sorpresa, me llevaron a la planta de arriba y… ¡miauuu! Habían construido un hermoso lugar para sus gatos en el estudio, un cuarto muy significativo para sus felinos. Basándose en lo que les había dicho que necesitaban sus gatos, realizaron un diseño propio. ¡Casi me caigo al suelo de la sorpresa! Entré en el estudio y quedé frente a frente con la materialización de los principios de la Nación Gatificación: una gatificación al máximo. Yo les había dado las herramientas, y ellos habían sabido aprovecharlas. Totalmente asombroso.

En este diseño, todo funciona. Pedí carriles de tránsito, y me dieron una carretera de circunvalación en el techo. Michael incluso instaló vigas de refuerzo para las pasarelas desde el desván. Y comprobó la resistencia de las pasarelas colgándose de ellas con todo su peso. También hay rampas de entrada y salida por todas partes, de modo que los gatos pueden bajar y volver a subir a su antojo. Cada

la guerra (y la paz) territorial de thumbelina (273)

elemento de este diseño es un éxito rotundo. Realmente estaba orgulloso de ellos por el empeño que habían puesto para que su hogar recuperara el sano equilibrio. Michael y Leilani aprendieron mucho de sus logros en este campamento base de gatificación y expandieron las enseñanzas al resto de la casa.

 CAMPAMENTO BASE

Un campamento base es una habitación que se convierte en un territorio donde comenzar de cero. Hay que distribuir estratégicamente absorbentes de olores por todos los rincones. Esto vale tanto para los olores humanos como para los felinos. Un sofá para ti; una cama acolchada para ellos. Una silla para ti; un mirador tapizado de vellón en la ventana para ellos. La mezcla de olores les da una profunda sensación de hogar. Los comederos, los areneros y los postes rascadores son imprescindibles a la hora de crear un mundo de calma y serenidad para el Puro Gato.

El campamento base es esencial cuando te mudas a una casa nueva, por supuesto, pero adquiere nuevas e inesperadas dimensiones cuando lo aplicas a la gatificación. Si un objeto consolida su importancia social dentro de los confines del campamento base, es razonable pensar que tendrá idéntica importancia cuando lo coloques en algún otro lugar de la casa. Después podrás agregar un objeto nuevo en el campamento base para reemplazar al viejo... ¡y *voilà*! ¡Este campamento, asentado sobre un «tratado de paz», representa una garantía de seguridad territorial!

REMITENTE:
Karen Rae; San Diego,
California

GATO:
Zachary

el puente felino *purrfecto*

A veces, cuando tu superautopista desemboca en un callejón sin salida, tienes que pensar como un planificador urbano. Tomemos este ejemplo. Había una enorme brecha entre estas dos habitaciones —demasiado ancha para salvarla de un salto—, y Karen construyó un puente felino para ayudar a Zachary a cruzarla. El resultado es un bello elemento arquitectónico que se integra sin que te des cuenta a la superautopista.

Básicos de la gatificación

A algunos gatos les gusta masticar cables, lo que puede tener un desenlace espantoso. Instala protectores en los cables como prevención y asegúrate de que Kitty tenga juguetes y otros estímulos para reemplazarlos.

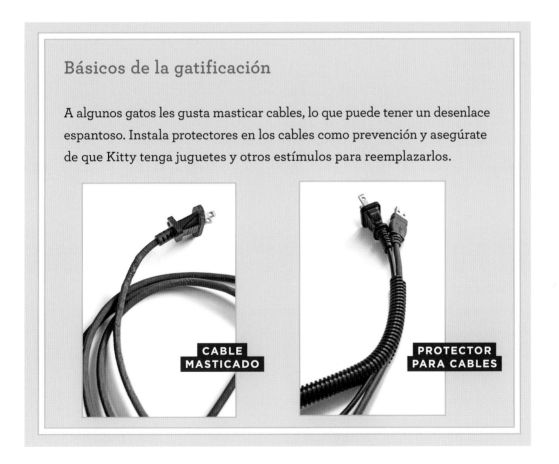

CABLE
MASTICADO

PROTECTOR
PARA CABLES

REMITENTES:
Bob y Linda Stafford;
Wilderville, Oregón

GATOS:
Sam y Norton

dicha rústica, estilo felino

TRAER LA NATURALEZA A CASA PARA NUESTROS GATOS

ueríamos ofrecerles a los gatos una estructura elevada para trepar y descansar, y que a su vez funcionara como un mirador para observar las actividades de los pájaros en los comederos que habíamos colocado detrás de la ventana.

Materiales y presupuesto

Vivimos en el bosque y hemos incorporado troncos descortezados a varios elementos de nuestra casa, entre ellos la escalera, de manera que utilizar ese mismo material para este diseño fue una opción obvia. Usamos aglomerado que nos había sobrado de otro mueble para los estantes, los tapizamos con un sobrante de alfombra que combina con el suelo y pegamos tiras de madera en los bordes para disimular el aglomerado. Lo único que tuvimos que comprar fueron los soportes para los estantes y un perno para sujetar la parte superior del poste a una viga. Por último, revestimos la madera con una capa de poliuretano. Coste total: menos de 20 dólares.

Consejos de Bob y Linda

Por lo general tenemos a mano varios troncos descortezados, de modo que solo nos hizo falta elegir uno que pudiéramos cortar a la altura deseada para nuestro espacio. Este tronco también tenía un saliente interesante (llamado nudo) en la parte superior, que decidimos conservar. Primero lijamos toda la superficie. Luego cortamos los estantes y calamos un semicírculo en uno de sus lados para poder encajarlos en el tronco, los tapizamos con alfombra y los montamos con soportes de bronce, a los que añadimos ramas descortezadas de refuerzo. Por último agregamos como rascadores unas planchas alfombradas en la base, fáciles de retirar y volver a alfombrar cuando estén deshilachadas por el uso.

El resultado

Los gatos no treparon de inmediato; quizá pensaron que era otro mueble más al que tenían prohibido subirse. Así que los estimulamos con diversos juguetes, hasta que se dieron cuenta de que el árbol era solo para ellos. Adoran la vista desde lo alto, y además pueden vigilar lo que ocurre abajo y en el piso de arriba. El último estante es un

poco más grande que los otros y, por tanto, se ha transformado en su lugar predilecto para acostarse y dormir la siesta. Estamos muy felices con el resultado. Combina maravillosamente con la escalera, y los muchachos tienen su propio árbol puertas adentro para trepar y pasar el rato.

🐾 *Jackson*

Esta pieza es insuperable en dos aspectos: la estética humana y la funcionalidad felina. Se adapta a la decoración de la casa sin desentonar, y al mismo tiempo cumple una función creando un punto de observación estratégico de la escalera y los movimientos humanos al subir y bajar por ella. Lo mejor de todo es que, al utilizar un elemento de la naturaleza —al igual que el resto de la arquitectura—, Bob y Linda no deben disculparse por la estética; de allí su posición central en la casa.

Ahora demos un paso más. Bob y Linda han creado un magnífico mirador para que sus gatos lo disfruten, pero no conduce a ninguna parte. ¿Qué pasaría si el último estante del árbol se prolongara a la altura de la viga? ¿Y si de allí saliera otro estante que desembocara en la escalera? Quiero decir, ¿por qué no? Sobre todo si piensas traer uno o dos gatos más a casa. (¡Indirecta! ¡Indirecta!)

Estoy de acuerdo; hicieron un gran trabajo combinando ese árbol para gatos con la estética general de la casa. También apruebo la propuesta de los rascadores alfombrados, es una excelente idea que sean fáciles de retirar para poder limpiarlos y volver a revestirlos cuando sea necesario. Con el tiempo, cualquier superficie que los gatos utilicen para afilar las uñas tendrá que ser reemplazada; por eso es importante tenerlo presente desde el comienzo en tu plan de gatificación.

conclusión

Te hemos dado mucha tarea para hacer en tu casa a lo largo de *Gatification*, pero nosotros también tuvimos que hacer nuestra propia tarea, sumamente dura, al emprender este proyecto. Queríamos cautivarte e inspirarte, tanto si eras un fanático de los gatos o simplemente alguien que tiene un gato, tanto si vivías en una mansión como en un apartamento pequeño, en un entorno urbano o en el medio rural... Como ya hemos dicho, ¡esta fue una tarea muy exigente para nosotros!

Y ahora, el examen final para todos nosotros:

Tu gata entra en la habitación, mira hacia la repisa de la estufa y maúlla.

a. ¿Te preocupas por el jarrón valiosísimo que está a punto de tirar al suelo?

b. ¿La ignoras y piensas en la cena?

c. ¿Piensas en cómo conectar la repisa con la biblioteca y luego con el árbol para gatos que colocaste junto a la ventana para tu moradora de árboles?

De los cuatro gatos que viven en tu casa, una gata ha adquirido la costumbre de pasar la mayor parte del día debajo de la cama.

a. ¿Das por sentado que la felina sabe lo que quiere de la vida y la dejas en paz?

b. ¿Quieres que esté un poco más cómoda y para eso le pones más camas acolchadas y pasas la aspiradora con la debida frecuencia?

c. ¿La induces a superar sus límites, bloqueas todos los refugios subterráneos y le ofreces capullos de todas formas y tamaños para mostrarle un mundo feliz?

Uno de tus gatos se empeña en orinar reiteradamente en una esquina de la sala de estar.

a. ¿Limpias cada vez que ocurre, murmurando entre dientes lo mucho que haces por ellos y lo mal que te lo pagan?

b. ¿Recurres al comprobado método de colocar una silla allí donde tu gato acostumbra a orinar, enchufas un vaporizador de aire en el tomacorriente más cercano y finges que no pasa nada?

c. ¿Piensas en una manera de agregar en esa esquina un arenero con el que puedas convivir estéticamente y que el gato esté dispuesto a usar?

¡Has aprobado! ¡Como obsequio de graduación, nos gustaría regalarte un nuevo y reluciente par de gafas gatunas! Queremos que las utilices para resolver problemas y, en primer lugar, evitar que surjan. A partir de ahora, cada vez que tu gata entre en la habitación, tendrás que estar seguro de que sabes qué necesita y qué pretende y, como si fuera tu hija humana, tendrás que equilibrar confort y desafío para ayudarla a ser lo mejor posible.

Las gafas gatunas te echarán una mano, pero eso que tienes en el pecho —un corazón de tutor felino— será tu guía. La inspiración y el esfuerzo, la fascinación y la curiosidad interminable y, por supuesto, el amor incondicional que os tenéis el uno al otro… Estos intangibles completan la caja de herramientas de la gatificación.

A medida que manejes con mayor fluidez el lenguaje de la gatificación, esperamos que también recuerdes que funciona como una cadena de favores. Cada idea que tengas, si la compartes, podría ayudar, en algún lugar del mundo, a otro tutor de gatos al que quizá nunca vas a conocer a solucionar su propio problema. Puedes ayudar a prevenir esa frustración que es la gota que colma el vaso de los humanos y lleva a los gatos al refugio. A través de las ideas compartidas, la ingenuidad y la pasión, juntos podemos salvar y enriquecer vidas. Cuando comenzó este viaje, te invitamos a conocer primero a todos los gatos y después al tuyo. Ahora, si compartes tu conocimiento y tu compromiso de hacer feliz a tu gato en tu hogar, contribuirás a hacerlos felices a todos y a que todos tengan un hogar.

agradecimientos

Kate y Jackson desean expresar su agradecimiento a las siguientes personas y organizaciones por haber compartido el compromiso y la dedicación al servicio de esta extraña, maravillosa e importante idea. Por su inspiración y su esfuerzo, por su dedicación y por muchas cosas más, los honramos y apreciamos que nos hayan permitido guiarlos con los ojos vendados a través de la jungla gatificada.

A Sara Carder y su equipo de Tarcher/Penguin; entre ellos, Joanna Ng, Brianna Yamashita, Claire Vaccaro y Meighan Cavanaugh.

A Joy Tutela y Luke Thomas de David Black Agency.

A Rebecca Brooks y equipo de Brooks Group PR; entre ellos, Niki Turkington, Lindsay Smith y Esther McIlvain.

A Josephine Tan, Kevin Krogstad y Jessica Hano de Tan Management.

A Animal Planet, Discovery Communications y Eyeworks USA, sin los cuales la palabra «gatificación» jamás habría sido pronunciada en millones de hogares en todo el mundo.

A los más de cien gatos y sus familias que abrieron sus casas y sus corazones en *Mi gato endemoniado*.

Al corazón de #TeamCatMojo, Siena Lee-Tajiri, Toast Tajiri y Heather Curtis.

A Norm Aladjem, Carolyn Conrad e Ivo Fischer y sus equipos de LEG, Schreck, Rose, Dapello & Adams y William Morris/Endeavor, por ayudarnos a timonear el barco del Mojo.

A quienes trabajaron en el *reality* cotidiano que fue realizar este libro: Catherine Madrid y Nica Scott, por las bellas ilustraciones; Linda Pelo, por su ayuda administrativa y por mantenernos organizados durante todo el proceso; Susan Weingartner, Joanne McGonagle, Peter Wolf e Ingrid King, por su ayuda a lo largo del camino.

A todos los miembros de la Nación Gatificación, por sus envíos, ideas e inspiración para este libro.

A los gatos que integraron nuestro grupo de muestreo felino y nos recordaron por qué hacemos esto todos los días. Por orden alfabético, en la casa de Jackson: Barry, Caroline, Chuppy, Eddie, Lily, Oliver, Pishi, Sophie y Velouria, y en la casa y la oficina de Kate: Ando, Andy, Bear, Claude, Dazzler, Flora, Lilly, Mackenzie, Mama Cat, Margot, McKinley, Ratso Katso, Sherman, Simba y Sylvia.

AGRADECIMIENTOS ESPECIALES

De Jackson:

A Minoo, norte verdadero y llama gemela.

De Kate:

A mi equipo del estudio Hauspanther, Gerda Lobo, Star DeLuna y Sara Santiago; a mis padres, Don y Barbara Benjamin, por haber acompañado esta loca aventura desde el comienzo, y a Mark, por ayudarme a cuidar a la tripulación mientras yo trabajaba en este proyecto y por amarlos tanto como los amo yo.

índice de nombres y temas

índice de nombres y temas

créditos de las fotos y las ilustraciones

Página ii: Foto de Rebecca Brittain

Página iii: Foto de Kate Benjamin

Páginas 18-20: Ilustraciones de Nica Scott

Página 46: Ilustración de Nica Scott

Collage página 55:

GATO: MAKI	GATO: ZACHARY	GATO: TED
Tutora: Edith Esquivel Eguiguren	*Tutora:* Karen Rae	*Tutores:* Ryan y Lizzie Lewis
Lugar: Cuernavaca, Morelos, México	*Lugar:* San Diego, California	*Lugar:* Santa Mónica, California
	Fotografía: Colleen's Custom Pet Photography	
GATO: PASHA	GATO: TOMMY	GATO: SUGAR
Tutora: Michelle Fehler	*Tutora:* Donna J. Crabtree	*Tutor:* All About Animals Rescue
Lugar: Phoenix, Arizona	*Lugar:* Tijeras, Nuevo México	*Lugar:* Glendale, Arizona
	Fotografía: David Murphy	*Fotografía:* Kate Benjamin
GATOS: L.T., LEON Y SHERLOCK	GATO: TANOSHII	GATO: JEZEBEL
Tutores: John y Debi Congram	*Tutora:* Heidi Abrahamson	*Tutores:* Cheri y Naren Shankar
Lugar: Arlington Heights, Illinois	*Lugar:* Phoenix, Arizona	*Lugar:* Beverly Hills, California
		Fotografía: Susan Weingartner Photography

Páginas 68-69: Relato y fotos de Kate Benjamin

Página 70: Foto de Kate Benjamin. Ilustración de Catherine Madrid

Página 71: Fotos de Kate Benjamin

Página 72: Ilustración de Catherine Madrid

Páginas 73-76: Fotos de Kate Benjamin

Páginas 78-82: Fotos de Rebecca Brittain

Página 86: Foto de Kate Benjamin

Páginas 88-91: Fotos de Kate Benjamin

Páginas 92-93: Arriba, foto de Jackson Galaxy. Todas las otras fotos son de Kate Benjamin

Páginas 94-99: Fotos de Sara

Páginas 102-103: Ilustraciones de Catherine Madrid

Página 112: Fotos de Kate Benjamin

Página 114: Fotos de Kate Benjamin

Páginas 117-119: Fotos e ilustraciones de Rin Krak

Página 120: Fotos de Peter Wolf y Kate Benjamin

Collage página 121:

GATO: WOBBLY *Tutores:* Sara y Erik *Lugar:* Minneapolis, Minnesota	**GATOS: SPORTY Y WALLABY** *Tutora:* Kacy Turner *Lugar:* Fairfax, Virginia	**GATO: KEEPER** *Tutora:* Rebecca Mountain *Lugar:* Orange, Massachusetts
GATO: EARL *Tutores:* Matt y Diana Samberg *Lugar:* Pittsburgh, Pennsylvania	**GATA: PRECIOUS** *Tutora:* Mandy Brannan *Lugar:* Cheyenne, Wyoming	**GATOS: PISHI Y GUS** *Tutores:* Keith y Eileen Phillips *Lugar:* Madison, Alabama
GATO: BONEY MARONI *Tutores:* Dawn Kavanaugh y Mike Francis *Lugar:* Glendale, Arizona *Fotografía:* Kate Benjamin	**GATA: GRACIE** *Tutores:* Dave y Kathleen Pickering *Lugar:* Danville, California	**GATA: LUNA** *Tutor:* Kim Pelaez *Lugar:* Largo, Florida

Páginas 123-124: Fotos de Nico & Katu

Página 125: Ilustración de Catherine Madrid

Página 126: Foto de Nico & Katu

Páginas 128-130: Fotos de Kate Benjamin

Página 131: Fotos de Kate Benjamin. Ilustración de Catherine Madrid

Páginas 133-134: Fotos de Wendy y David Hill

Página 134: Ilustración de Catherine Madrid

Collage página 135:

GATA: AMBER	GATO: SIDNEY	GATA: DORA
Tutora: Alinta Hawkins	*Tutora:* Mary Jane Chappell-Reed	*Tutores:* Linda y Tom Pelo
Lugar: Sarasota, Florida	*Lugar:* Lexington, Kentucky	*Lugar:* Parker, Colorado
GATO: PASHA	**GATA: MOMMY CAT**	**GATO: TONKS**
Tutora: Michelle Fehler	*Tutores:* Cheri y Naren Shankar	*Tutores:* Chuck y Cindy Schroyer
Lugar: Phoenix, Arizona	*Lugar:* Beverly Hills, California	*Lugar:* Morgan Hill, California
	Fotografía: Susan Weingartner Photography	
GATO: TANOSHI	**GATA: FRIDA**	**GATO: ZEVY**
Tutora: Heidi Abrahamson	*Tutores:* Leyla Menchola y Julissa Menchola	*Tutores:* Dawn Kavanaugh y Mike Francis
Lugar: Phoenix, Arizona	*Lugar:* Callao, Peru	*Lugar:* Glendale, Arizona

Páginas 136-139: Fotos de Jenne Johnson

Página 139: Ilustración de Catherine Madrid

Página 140: Fotos de Kate Benjamin

Página 141: Foto de Peter Wolf

Páginas 142-146: Fotos de Marjorie Darrow y Ryan Davis

créditos de las fotos y las ilustraciones

Página 150: Foto de Kate Benjamin

Páginas 152-153: Relato y fotos de Kate Benjamin

Páginas 156-157: Fotos de Kate Benjamin

Página 158: Fotos de Kate Benjamin. Ilustración de Catherine Madrid

Página 159: Fotos de Kate Benjamin

Páginas 160-161: Fotos de Sylvia Jonathan

Página 162: Ilustraciones de Catherine Madrid

Páginas 163-166: Fotos e ilustraciones de Kate Benjamin

Collage página 167:

GATOS: MINGAU Y OLIVIA	GATOS: CAPTAIN ROUGHY Y GILLIGAN	GATO: MAUR
Tutores: Cynthia Thompson y Diogenes Savi Mondo	*Tutora:* Lynn Maria Thompson	*Tutora:* Wendy Kaplan
Lugar: Porto Alegre, Brasil	*Lugar:* Neptune Beach, Florida	*Lugar:* Fort Lauderdale, Florida
GATO: MANGROVE	GATO: GOOGLE	GATO: ABBY
Tutores: Jane y Bud	*Tutores:* Candace Porth y Tony DiGiovine	*Tutores:* Toni y Mark Nicholson
Lugar: Portsmouth, Virginia	*Lugar:* Phoenix, Arizona	*Lugar:* Hartselle, Alabama
GATA: BUFFY	GATO: PASHA	GATA: AMELIA
Tutora: Melissa Claire Burgan	*Tutora:* Michelle Fehler	*Tutor:* Peter Wolf
Lugar: Milwaukee, Wisconsin	*Lugar:* Phoenix, Arizona	*Lugar:* Phoenix, Arizona

Páginas 169-170: Fotos de Lucio Castro

Páginas 174-175: Fotos de Kate Benjamin

Páginas 176-177: Relato y fotos de Kate Benjamin

Páginas 178-189: Fotos e ilustraciones de Kate Benjamin

Páginas 190-193: Fotos de Michelle Tan Julius

Página 192: Ilustraciones de Catherine Madrid

Páginas 194-195: Fotos de Kate Benjamin

Páginas 196-198: Fotos de Marccello Pistilli

Páginas 208-220: Relato y fotos de Kate Benjamin

Collage página 221:

GATO: SQUATTER	GATA: DORA	GATO: KUNG FU TIGER LILY
Tutores: Denna Beena y Travis Fillmen	*Tutores:* Linda y Tom Pelo	*Tutores:* Mary y David Murphy
Lugar: Orlando, Florida	*Lugar:* Parker, Colorado	*Lugar:* Austin, Texas
GATO: OLIVER	GATO: MAUR	GATO: HEISENBERG
Tutores: Dana y Roger Rzepka	*Tutora:* Wendy Kaplan	*Tutor:* Mike Wilson
Lugar: Homer Glen, Illinois	*Lugar:* Fort Lauderdale, Florida	*Lugar:* Grand Rapids, Michigan
GATA: NALA	GATO: MARMIE	GATO: CRACKER
Tutora: Keely F.	*Tutores:* Vanessa Curry y Kevin Ressler	*Tutores:* Patrick y Johnida Dockens
Lugar: Fairfax, Virginia	*Lugar:* Mesa, Arizona	*Lugar:* Mesa, Arizona

créditos de las fotos y las ilustraciones

Páginas 222-225: Fotos de Enno Wolf

Páginas 226-233: Fotos de Kate Benjamin

Páginas 234-236: Fotos de Carrie Fagerstrom

Páginas 237-238: Fotos de Kate Benjamin

Página 244: Foto de Kate Benjamin

Página 245: Foto de Kate Benjamin. Ilustración de Catherine Madrid

Página 246: Ilustraciones de Catherine Madrid

Páginas 247-250: Fotos de Kate Benjamin. Ilustraciones de Catherine Madrid

Páginas 251-252: Fotos e ilustraciones de Kate Benjamin

Página 253: Fotos e ilustraciones de Kate Benjamin

Páginas 254-255: Fotos de Kate Benjamin

Páginas 256-259: Fotos de Erin Clanton Cupp

Página 267: Fotos de Kate Benjamin

Páginas 269-270: Fotos de Bob y Linda Stafford

Honoré de Balzac

LA COMÉDIE HUMAINE

The Human Comedy

PHILOSOPHIC
AND ANALYTIC STUDIES

VOLUME VIII

THE COMTESSE DE NOCÉ AND HER NEPHEW

———

I arrived just as the countess was teaching her kinsman backgammon. The proverb says that women never learn that game except from their lovers, and vice versa.

THE NOVELS

OF

HONORÉ DE BALZAC

NOW FOR THE FIRST TIME
COMPLETELY TRANSLATED INTO ENGLISH

PHYSIOLOGY OF MARRIAGE
PETTY WORRIES OF CONJUGAL LIFE

BY G. BURNHAM IVES

WITH TEN ETCHINGS BY GABRIELLE POYNOT, CHARLES-
RENÉ THÉVENIN, ALFRED BOILOT, PIERRE PAGNIER
AND GEORGES - HENRI LAVALLEY, AFTER
PAINTINGS BY ORESTE CORTAZZO

VOLUME I

PRINTED ONLY FOR SUBSCRIBERS BY
GEORGE D. SPROUL, NEW YORK

PHYSIOLOGY OF MARRIAGE

OR

MEDITATIONS OF AN ECLECTIC PHILOSOPHER

CONCERNING

CONJUGAL HAPPINESS AND MISERY

DEDICATION

Note these words, page 57: "*The superior man to whom this book is dedicated—*" Is not that equivalent to saying to you: "It is dedicated to you"?

THE AUTHOR.

The woman who may be tempted by the title of this book, to look inside it, may dispense with so doing, for she has read it already without knowing it. No man, however malicious he may be, will ever say of women as much good or as much evil as they think of themselves. But if, despite this warning, a woman should persist in reading the work, delicacy should make her resolve not to speak ill of the author, since, renouncing the applause which most flatters an artist, he has, so to speak, engraved upon the frontispiece of his book the judicious inscription placed over the doors of some establishments: *Ladies not admitted.*

INTRODUCTION

"Marriage is not derived from nature. — The eastern family differs radically from the western family.—Man is the minister of nature, and society has grafted itself upon nature.—Laws are made to suit manners and morals, and manners and morals vary.

"Marriage, therefore, may be subjected to the gradual perfecting process to which all human things seem to be subjected."

These words, spoken before the Council of State by Napoléon, at the time of the discussion of the Civil Code, made a profound impression on the author of this book; and, perhaps without his knowledge, sowed within him the seeds of the work which he offers to the public to-day. In truth, at the time when he, then much younger, was studying French law, the word ADULTERY produced a curious effect upon him. That word, which fills an immense space in the Code, never appeared to his imagination without bringing in its train a lamentable procession. Tears, shame, hatred, fear, secret crimes, bloody wars, families without heads, dire disaster, took visible shape and reared their heads suddenly before him when he read that sacramental word,

ADULTERY! Later, as he approached the more cultivated strata of society, the author observed that the
severity of the laws relating to marriage was very
generally tempered by adultery. He found the
number of wretched households much larger than
that of happy ones. And he thought that he noticed,
what no one had called attention to before, that of
all human sciences, the science of marriage was least
advanced. But that was a young man's observation; and in his case, as in the case of many others,
it was lost in the sea of his tumultuous thoughts,
like a stone thrown into the middle of a lake. However, the author instinctively used his powers of
observation; and there formed slowly in his imagination a swarm of ideas, more or less accurate, concerning the nature of conjugal relations. Works
form in the mind as mysteriously as truffles grow
amid the fragrant plains of Périgord. Of the first
devout horror which adultery caused in him, and of
his ill-considered observations thereon, was born one
morning an infinitesimal thought in which his ideas
arranged themselves in some order. It was a satire
upon marriage: a husband and wife fell in love for
the first time after twenty-seven years of wedded
life.

He amused himself with that little conjugal pam-
phlet and passed a whole week very pleasantly in
grouping about that harmless epigram the multitude
of ideas which he had acquired without knowing it,
and which he was astonished to find in his head.
That jesting fell to the ground before an authoritative

criticism.   The author, always open to advice, re-
lapsed into his careless and slothful ways.   Nevertheless, that trivial seed of knowledge and of raillery
germinated all by itself in the fields of thought: each
sentence of the condemned work took root there and
fortified itself, like a small twig which falls to the
ground on a winter evening, and is covered the next
morning with the curious white crystals formed by
the caprice of the frost during the night.   So the
sketch lived and became the starting-point of a multitude of moral ramifications.   It was like a polypus
which grows by feeding on itself.   The sensations
of his younger days, the observations which a convenient faculty of observation enabled him to make,
found support in most trivial occurrences.   More
than that, this mass of ideas blended, became imbued
with life, were almost personified, and strayed into
the imaginary countries where the soul loves to let
its madcap progeny wander.   Amid the preoccupa-
tions of the world and of life, there was always a
voice speaking within the author and making the
most satirical disclosures at the moment when he
was contemplating some woman with the greatest
pleasure as she danced or smiled or conversed.   Just
as Mephistopheles, in the awful assemblage on the
Brocken, calls Faust's attention to faces of sinister
aspect, so did the author feel the presence of a
demon who, in the midst of a ball, perhaps, would
lay his hand familiarly on his shoulder and say to
him: "Do you see that bewitching smile? it's a
smile of hatred."   Sometimes the demon strutted

about like a captain in one of Hardy's old comedies. He would shake his embroidered purple cloak
and try to refurbish the old tinsel and spangles
of glory. Sometimes he would laugh loud and
heartily, after the manner of Rabelais, and trace
on a street wall a word which would serve as a
pendant to the word "Drink!" the only oracular
utterance to be obtained from the goddess Bottle.
Often this literary Trilby would be discovered seated
upon heaps of books; and he would point roguishly
with his crooked fingers to two yellow volumes,
whose title dazzled the eyes. Then, when he saw
that the author was giving him his attention, he
would spell out, in a voice as seductive as the notes
of a harmonica: *Physiology of marriage!* But he
appeared amost always at night, at dream-time.
Caressing as a fairy, he would strive to tame with
soft words the mind which he had captured. No
less mocking than alluring, pliable as a woman,
cruel as a tiger, his friendship was more to be
dreaded than his hatred; for he could not bestow
a caress without scratching. One night he tried the
power of all his magic spells and crowned them with
a final effort. He appeared, he seated himself on
the edge of my bed, like a maiden brimming over
with love, who says nothing at first, but whose eyes
glisten, and from whom her secret finally escapes.

"This," he said, "is the prospectus of a diver's
suit, in which you can walk on the Seine dry-shod.
This other volume is the report of the Institute upon
a specimen of clothing which enables us to pass

through fire without burning ourselves. Will not you suggest something which will protect marriage from the disasters due to cold and heat? But listen! Here is *The Art of Preserving Food Substances, The Art of Preventing Chimneys from Smoking, The Art of Making Good Mortar, The Art of Tying the Cravat, The Art of Carving."*

He named in a moment such an enormous number of books that the author had a sort of vertigo.

" These myriads of books have been devoured," he said; " and yet everybody in the world doesn't build or eat, everybody hasn't a cravat, everybody doesn't keep warm, whereas everybody does marry more or less!—But look at this!"

He waved his hand and seemed to disclose in the distance an ocean in which all the books of the century were tossing about with the waves. The 18mos skipped along the surface; the octavos fell in with a solemn sound, sank to the bottom, and rose again only with great difficulty, hampered by 12mos and 32mos, which were very numerous, and dissolved in light foam. The angry billows were laden with journalists, printers' devils, paper dealers, apprentices and clerks, whose heads only could be seen mingled confusedly with the books. Thousands of voices shrieked frantically like schoolboys bathing, several men rowed here and there in their skiffs, fishing out books and carrying them ashore to a tall, disdainful man, dressed in black, thin and stern: they were the publishers and the public. The demon pointed with his finger to a skiff decked out

with new flags, skimming along under full sail, and
flying a poster by way of pennant; he gave a sar-
donic laugh, and read in a piercing voice: *Physiology
of Marriage.*

The author fell in love, the devil left him in peace,
for he would have had too difficult a game to play if
he had visited a house occupied by a woman. Several years passed without other torments than those
of love, and the author might well have believed
himself cured of one infirmity by another. But one
evening he happened to be in a certain salon in
Paris, when one of the gentlemen in the circle sitting in front of the fire took the floor and told the
following anecdote in a sepulchral voice:

"A strange thing happened at Ghent while I was
there. A lady, ten years a widow, was lying in
bed, ill with a mortal disease. Her last breath was
awaited by three collateral heirs, who did not leave
her bedside, for fear that she might make a will for
the benefit of the Beguin convent in the city. The
invalid did not speak, was apparently in a sort of
stupor, and death seemed to be gradually taking
possession of her dumb, livid face. Can you not
imagine the three relatives sitting silently by the
bed on a winter's night. There is an old nurse
whose head shakes all the time, and a physician,
anxiously watching the patient who is now in the
last stages of the disease, holds his hat in one hand,
and with the other waves to the mourners as if to
say: ' There is no occasion for any more visits from
me.'—The solemn silence made it possible to hear

the dull swishing sound of a storm of sleet beating upon the shutters. Fearing that the light might hurt the dying woman's eyes, the youngest of the heirs had adjusted a screen to the candle that stood beside the bed, so that the circle of light barely touched the pillow on which the invalid's yellow face stood out like a poor gilded Christ upon a cross of tarnished silver. The flickering beams cast by the blue flame of a crackling fire on the hearth furnished the only light in that dismal room where a drama was drawing near its close. A brand suddenly fell from the fireplace to the floor, as if to give warning that something was about to happen. At the sound, the invalid abruptly sat up in bed and opened both her eyes, which shone as bright as a cat's; everybody gazed at her in amazement. She watched the brand roll; and before anyone thought of preventing the unforeseen movement induced by a sort of delirium, she leaped out of bed, seized the tongs, and threw the burning wood back into the fireplace. Nurse, doctor, relations, all rushed forward, took the dying woman in their arms, and replaced her in the bed; she laid her head on the pillow and only a very few minutes had passed when she died, her eyes, even after her death, still fixed on the plank in the floor which the brand had touched. Countess Van Ostroem had no sooner breathed her last than the three co-heirs glanced suspiciously at one another, and, entirely forgetting their aunt, pointed to the mysterious floor. As they were Belgians, their minds calculated as swiftly as

their eyes moved. It was agreed, by three words
exchanged in undertones, that neither of them should
leave the room. A servant went out to fetch a carpenter. Those collateral hearts beat rapidly when
they stood around that mysterious spot on the floor,
watching a little carpenter's apprentice strike the first
blow with his chisel. The board was cut through.

" ' My aunt moved!' said the youngest of the
heirs.

" ' No, it was an effect of the flickering light,'
replied the eldest, who had one eye on the treasure
and the other on the dead woman.

" The sorrowing kinsfolk found under the very
spot on which the brand had fallen a package artistically encased in a layer of plaster.

" ' Go on!' said the elderly heir.

" The apprentice's chisel thereupon brought to
light a human head, and some remnant of clothing
or other enabled them to identify the count, whom
everybody believed to have died at Java, and whose
loss had been bitterly bewept by his widow."

The man who told this old story was tall and thin,
with brown hair and a tawny eye, and the author
fancied that he could detect a vague resemblance to
the demon who had so tormented him formerly; but
the stranger had no cloven hoof. Suddenly the word
ADULTERY rang in the author's ear; and that alarm-
bell, if we may call it so, aroused anew in his imagination the most melancholy figures of the procession
which used to file by in the wake of those wonder-
working syllables.

After that evening, the phantasmagorical persecution of a work that did not exist began anew; and at no period of the author's life was he ever assailed by so many fallacious ideas on the fatal subject of this book. But he bravely resisted the spirit, although he persisted in connecting the most trivial incidents of life with that unknown work, and, like a custom-house official, probed everything with his mocking figures.

A few days later, the author happened to be in the company of two ladies. The first had been one of the most attractive and brightest women of Napoléon's court. She had reached an exalted social position; the Restoration found her occupying it and dethroned her; she had gone into seclusion. The other was young and lovely, and was at that moment playing the rôle of a woman of fashion. They were friends because, one being forty years old and the other twenty-two, their respective pretensions rarely brought their vanity face to face on the same ground. The author was esteemed of little consequence by one of the ladies, and, the other having divined that fact, they continued in his presence a decidedly outspoken conversation which they had already begun upon the profession of a wife.

"Have you noticed, my dear, that women, as a general rule, love none but fools?"

"What's that you say, duchess? pray, how do you reconcile that observation with their aversion for their husbands?"

"Why, this is tyranny!" said the author to himself. "For Heaven's sake, is this my devil again, in a mob-cap?"

"No, my dear, I am not joking!" replied the duchess, "and I have seen enough to make one shudder for one's self since I have been watching disinterestedly the people whom I used to know. Wit always has a sharp point which wounds one, the man who has much of it is likely to frighten us, and, if he is proud, he will not be jealous, so that he does not make himself agreeable to us in any way. After all, we prefer to lift a man up to us rather than to rise to him. Talent reaps many triumphs which we can share, but the fool gives us pleasure; and we always prefer to hear people say: 'There's a very handsome man!' to having our lovers chosen to the Institute."

"Enough of that, duchess! you have frightened me."

And the young coquette, as she passed in review all the lovers on whom the women of her acquaintance had doted, could not find a single man of intellect among them.

"Why, by my virtue," she said, "their husbands are worth more—"

"Those people are their husbands!" rejoined the duchess, gravely.

"But," queried the author, "do you mean that the misfortune with which the husband is threatened in France is inevitable?"

"Yes," replied the duchess, laughing. "And the

bitter enmity of certain women for those of their sex who are so fortunately unfortunate as to have a passion proves how heavy a burden chastity is to them. Except for her fear of the devil, this one would be Laïs, that one owes her virtue to the withered condition of her heart, another to the absurd way in which her first lover behaved, another—"

The author stayed this torrent of revelations by informing the two ladies of the projected work by which he was haunted; they smiled, and promised abundant advice. The younger gayly furnished one of the most essential prerequisites of the enterprise by saying that she would undertake to prove mathematically that absolutely virtuous women are reasonable creatures.

Upon his return home, the author said to his demon:

"Appear! I am ready. Let us sign the compact!"

The demon appeared no more.

In writing here the biography of his book, the writer is in nowise influenced by fatuous conceit. He narrates facts which may be of service for the history of human thought, and which will doubtless explain the book itself. It may not be without interest to certain anatomists of thought to learn that the mind is feminine in its caprices. So long as the author forbade himself to think of the book he was destined to write, the book stared him in the face everywhere. He found a page of it on a sick-bed, another on the couch in a boudoir. The glances of women as they whirled by him in the giddy waltz flashed thoughts at him; a gesture, a word, caused his scornful brain to teem. But on the day when he said to himself: "This book which haunts me shall be written!" everything vanished; and, like the three Belgians, he picked up a skeleton when he stooped, expecting to grasp a treasure.

A sweet, pale face succeeded the tempting demon; it had engaging manners and good-humor, its remarks lacked the sharpened stings of criticism. It lavished words rather than ideas, and seemed to be afraid of noise. It was, perhaps, the familiar spirit of the honorable deputies who sit in the Centre of the Chamber.

"Is it not better," it said, "to leave things as they are. Are they going so badly? We must believe in marriage as we believe in the immortality of the soul; and you certainly are not writing a book to exalt conjugal bliss. Besides, you will draw your conclusions, doubtless, from countless Parisian households which are merely exceptions. Perhaps you will find husbands disposed to abandon their wives to you; but no son will ever abandon his mother to you. Some people, wounded by the opinions you express, will suspect your morals, calumniate your purposes. In fact, if you would touch for the king's evil, you must be king, or first consul at least."

Although it appeared in the shape most likely to attract the author, Reason was not listened to; for Folly in the distance was shaking Panurge's fool's bauble, and he was determined to seize it; but when he tried to lift it, he found it as heavy as Hercules's

PHYSIOLOGY OF MARRIAGE

17

club; moreover, the curé of Meudon had so embellished it that a young man who prides himself less upon writing a good book than upon being well-gloved really could not touch it.

" Is our work finished?" inquired the younger of the author's two female confederates.

"Alas! madame, will you reward me for all the hatred it may arouse against me?"

She made a gesture, and the author answered her hesitation with an expression of indifference.

" What! you hesitate? publish it, have no fear of the result. We pay much more heed to manner than matter in selecting books to-day."

Although the author does not put himself forward save as the humble secretary of two ladies, he has, while assimilating their ideas, accomplished more than one task. A single one remained to be done, in the matter of marriage,—that of collecting the things which everybody thinks and nobody expresses; but to write such a Study, making use of everybody's wit, would be to run the risk of pleasing nobody. However, perhaps the eclecticism of this Study will save it. Even while jesting, the author has tried to popularize some comforting ideas. He has endeavored on almost every page to arouse unfamiliar sensations in the human mind. While assuming the defence of the most material interests, passing judgment upon them or condemning them, he may, perhaps, have pointed out more than one form of intellectual enjoyment. But the author does not advance the absurd pretension that he has always

2

succeeded in perpetrating jests that are in good taste; he has simply relied upon the great diversity of the human mind to receive as much praise as blame.   The subject is so serious that he has constantly tried to treat it in an anecdotal way, since to-day anecdotes are the passport of all morality and the anti-narcotic of all books.   In this book, which is all analysis and observation, fatigue on the reader's part and a constant reiteration of *I* and *me* by the author were inevitable.   It is one of the greatest misfortunes that can befall a book, and the author did not shut his eyes to it.   Bearing that in mind, he has arranged the divisions of this long Study in such a way as to give the reader breathing spaces.   That system was consecrated by a writer who composed a work upon TASTE, similar to that which the present author proposed to write upon MARRIAGE; a work from which he will venture to borrow a few words to express a thought which is common to them both.   It will be in a way an act of homage to his predecessor, whose death followed so closely upon his success.

   "When I write and speak of myself in the singular, it implies a confidential chat with the reader; he may examine, discuss, doubt, and even laugh; but when I arm myself with the redoubtable WE, I speak as a professor, and the reader must humbly submit."—Brillat-Savarin, Preface to the *Physiology of Taste*.

   December 5, 1829.

PART FIRST

GENERAL CONSIDERATIONS

" We shall speak against absurd laws until they are reformed, and meanwhile we shall submit to them blindly."—Diderot, *Supplement to Bougainville's Voyage.*

FIRST MEDITATION

THE SUBJECT

Physiology, what hast thou to say to me?

Is it thy purpose to prove to us that marriage joins together for life two beings who do not know each other?

That life consists in passion, and that no passion resists marriage?

That marriage is an institution essential to the continuance of societies, but that it is contrary to the laws of nature?

That the rehabilitation of divorce, that admirable palliative for the evils of marriage, will be unanimously demanded?

That, despite all its drawbacks, marriage is the original source of property?

That it offers incalculable pledges of security to governments?

That there is something touching in the association of two beings to endure life's trials?

That there is something ridiculous in decreeing that the same thought shall guide two distinct wills?

That woman is treated like a slave?

That there are no perfectly happy marriages?

That marriage is big with crimes, and that the assassinations that are known are not the worst ones?

That fidelity is impossible, at least to man?

That an expert inquiry, if it could be held, would disclose more trouble than security in the transmission of patrimonial estates?

That the evil caused by adultery is greater than the benefits growing out of marriage?

That the infidelity of woman dates back to the earliest history of societies, and that marriage interrupts the perpetuity of such fraud?

That the laws of love bind two mortals together so firmly that no human law can separate them?

That, while there are marriages recorded on the official registers, there are others contracted by the decrees of nature, by a sweet concordance or by an entire diversity of thought, and by physical conformations; that in that way heaven and earth constantly run counter to each other?

That there are rich husbands of superior mental and physical endowment, whose wives have ugly, undersized, or stupid lovers?

All these questions would furnish material for books at need; but the books are written, and the questions have to be answered again and again.

Physiology, what hast thou to say to me?

Hast thou any novel principles to disclose? Dost thou claim that women should be made common property? Lycurgus and some Greek tribes, Tartars and savages, have tried it.

Or must we confine women? The Ottomans have done it, and to-day they are setting them free again.

Must we find husbands for dowerless girls and exclude them from the right to inherit? English authors and moralists have proved that to be, in conjunction with divorce, the surest way of making marriages happy.

Must we place a little Hagar in every household? No law is needed for that. The article of the Code which establishes the punishment for adulterous wives, no matter where the crime is committed, and the article which provides that a husband shall be punished only in case the concubine is admitted beneath the conjugal roof, tacitly authorize mistresses away from home.

Sanchez wrote a dissertation upon all the penitentiary accompaniments of marriage; he even discussed the legitimacy, the opportuneness of each form of pleasure; he outlined all the moral, religious, and physical duties of the husband and wife; but if that bulky folio of his, entitled *De Matrimonio*, should be reprinted, it would make a dozen octavo volumes.

Myriads of jurisconsults have written myriads of treatises concerning the legal difficulties to which marriage gives birth. There are works, too, upon the judicial congress.*

* A test which the law used to order in ancient times to determine, in the presence of surgeons and matrons, the power or impotence of a husband and wife who sought to have the marriage annulled. It was suppressed in 1667.

Legions of physicians have published legions of books upon marriage in its relations to surgery and medicine.

In the nineteenth century, therefore, the physiology of marriage is either a meaningless compilation, or the work of a fool written for other fools: old priests have taken their golden scales and weighed the faintest scruples; old jurisconsults have put on their spectacles and distinguished all the different species; old physicians have taken the scalpel and passed it over all the sores; old judges have ascended the bench and tried all the causes involving the nullity of marriages; whole generations have passed, uttering their cries of joy or grief; each century has cast its vote into the urn; the Holy Spirit, poets, authors, have recorded everything from Eve to the Trojan war, from Helen to Madame de Maintenon, from the wife of Louis XIV. to Contemporaneous Woman.

Therefore, what hast thou to say to me, Physiology?

Wouldst thou, perchance, exhibit to us pictures drawn with more or less skill to convince us that a man marries:

From ambition,—that is well known;

From kindness of heart,—*bonté*,—to rescue a girl from her mother's tyranny;

From anger,—*colère*,—to disinherit collateral heirs;

From scorn—*dédain*—of an unfaithful mistress;

From weariness—*ennui*—with the delightful life of a bachelor;

From folly,—that is always one reason;

For a wager,—*gageure*,—that was Lord Byron's case;

From honor, like Georges Dandin;

From interest, but that is almost always the reason;

From youth,—*jeunesse*,—on leaving school, like a giddy pate;

From ugliness,—*laideur*,—fearing lest he be unable to find a wife some day;

From machiavelianism, in order to inherit speedily from an old woman;

From necessity, in order to give *our* son a name;

From a sense of obligation, because the maiden was weak;

From passion, in order to be the more certain of a cure;

Because of a quarrel, to put an end to a lawsuit;

From gratitude,—*reconnaissance*,—but that is giving more than you have received;

From virtue,—*sagesse*,—that still happens sometimes to doctrinaires;

Because of the testament of a dead uncle, who burdens his inheritance with a girl to be married;

From custom,—*usage*,—in imitation of his ancestors;

From old age,—*vieillesse*,—to have done with it?

—The x is lacking, and perhaps it is because of its infrequent use as the initial letter of a word that it has been taken to represent *the unknown quantity*.—

From *yatidi*, which is the hour for retiring, and signifies all the physical needs among the Turks;

From zeal, like the Duc de Saint-Aignan, who did not wish to commit a sin?

But these accidents have furnished the themes of thirty thousand comedies and a hundred thousand novels.

For the third and last time, Physiology, what hast thou to say to me?

Here, everything is as trite as the pavements in a street, as commonplace as a cross-road. Marriage is better known than Barabbas of the Passion; all the old ideas that it arouses have been tossed hither and thither in literature since the world has been a world, and there are no valuable opinions or absurd projects which have not gone about in search of an author, a printer, a publisher, and a reader.

Allow me to say to you, in the words of Rabelais, the master of us all:

"Good people, God save you and protect you! Where are you? I cannot see you. Wait till I put on my spectacles. Ah! now I see you. Are you and your wives and your children as well as you could wish? I am glad to hear it."

But it is not for you that I write. Since you have grown-up children, all is said.

"Ah! it is you, most illustrious topers, you, gouty prigs, you, indefatigable sycophants, highly-seasoned darlings, who make merry all day, who have very tractable, amorous, female gossips, and go to *tierce* and *sexte* and *nones*, likewise to vespers and *complines*, aye, and will go forever."

Not to you is the Physiology of Marriage addressed, since you are not married. So may it ever be!

"Ye pack of snails, bigots, hypocrites, whiners, licentious monks, pilgrims, and other such knaves who have disguised yourselves with masks to deceive the world! Back, hounds! away from the quarry! begone, ye bonneted professors! By the devil, are ye still here?"

There is no one left for me, it seems, save kindly souls who like to laugh. Not the weeping creatures who insist upon drowning themselves on all occasions in verse and prose, who play the invalid in odes, in sonnets, in meditations; none of those dreamers, but some of the old-fashioned Pantagruelists who do not scrutinize too closely when it is a question of feasting and bantering, who find something to enjoy in Rabelais's book of the *Pois au Lard, cum Commento*, and the *Dignité des Braguettes*, and who think highly of those excellent books of much worth, easy to follow, bold in attack.

We can hardly laugh at the government any more, my friends, since it has found a way to raise fifteen hundred millions by taxation. The popes, the bishops, the monks and nuns are not yet so rich that one can drink at their houses; but Saint-Michel is coming, who drove the devil out of heaven, and perhaps we shall see the good old times return! So you see there is nothing in France just now at which we can laugh except marriage. Disciples of

Panurge, I wish no readers but you. You know how to take up a book and put it down at the proper time, to take things comfortably, to understand a thing that is half-said, and to extract nourishment from marrow-bones.

Have these people with microscopes, who see only one point, these censors, really said all that there is to be said, passed everything in review? have they, as a court of last resort, declared that it is as impossible to produce a work on marriage as to mend a broken jug?

"Yes, master idiot. Squeeze marriage, and nothing will ever come out except pleasure for bachelors and *ennui* for husbands. That is the never-failing moral. A million of printed pages will contain no other substantial fact."

Well, here is my first proposition: Marriage is a pitched battle, in anticipation of which the husband and wife implore the blessing of Heaven, because to undertake to love each other forever is the rashest of enterprises; the battle very soon begins, and the victory, that is to say, liberty, remains with the more adroit of the two.

Agreed. Where is there any new idea in that?

Very well; I address my remarks to the husbands of yesterday and to-day, to those who, as they leave the church or the mayor's office, conceive the hope of keeping their wives to themselves; to those whom egotism or some indefinable sentiment moves to say at sight of another's misfortunes: "That will never happen to me!"

I address my remarks to those sailors who go to sea after they have seen vessels founder; to those bachelors who, after causing the shipwreck of more than one conjugal virtue, dare to marry. And this is the subject, a subject that is eternally new, eternally old!

A young man, perhaps an old man, in love or not as the case may be, has acquired, by virtue of a contract well and duly executed and recorded at the mayor's office, in heaven, and on the registers of the State, a long-haired girl, with melting black eyes, small feet, slender, taper fingers, ruddy lips, ivory teeth, well-built, emotional, appetizing, and enticing, white as a lily,—running over with the most desirable treasures of beauty: her drooping eyelashes resemble the points of the iron crown; her skin, of a texture as smooth as the corolla of a white camellia, is shaded with the purple of the red camellia; on her virginal complexion the eye fancies that it can see the blossom of a young fruit and the imperceptible down of a many-hued peach; the azure of the veins distils a rich warmth through that delicate network; she asks and gives life; she is all joy and love, all refinement and innocence. She loves her husband, or at least she thinks that she loves him.

The lovelorn husband has said in the depths of his heart: " Those eyes shall see no man but me, those lips shall quiver with love for no man but me, that soft hand shall shed the titillating treasures of sensual enjoyment upon no man but me, that bosom shall heave at the sound of no voice save mine, that sleeping soul awake only at my will; I alone shall run my fingers through those glossy locks; I alone shall lavish dreamy caresses upon that quivering face. I will place Death on guard at my pillow to defend the approach to the nuptial bed against the ravishing stranger; that throne of love shall swim in the insolent knave's blood or in my own. Repose, honor, happiness, paternal ties, the fortune of my children, everything is there; I propose to defend it all as a lioness defends her young. Woe to the man who sets foot in my den!"

Ah! well, undaunted athlete, we commend your purpose. Hitherto no geometer has dared to draw lines of latitude and longitude on the conjugal sea. Old husbands have blushed to note the sand-bars, reefs, breakers, monsoons, currents, and inhospitable coasts which have destroyed their vessels, so ashamed were they of their shipwrecks. The married pilgrims lacked a guide, a compass—this work is destined to supply that lack.

To say nothing of grocers and dry-goods dealers, there are so many people who are engaged, merely as a pastime, in seeking out the secret motives which guide the actions of women, that it is a work of charity to classify for them by titles and chapters all the secret predicaments of married life; a full table of contents will enable them to put their finger on the movements of their wives' hearts, as the table of logarithms gives the product of a multiplication.

Well, what do you think of it? Is it not a novel

undertaking, an undertaking which every school of philosophy has avoided, to attempt to show how a wife can be prevented from deceiving her husband? Is it not the comedy of comedies? Is it not another *speculum vitæ humanæ?* We are not dealing now with those idle questions which we have already dealt with in this Meditation. To-day, in morals, as in the exact sciences, the age demands facts, actual observations. We will furnish them.

Let us begin, then, by looking into the actual state of affairs, by analyzing the forces of each combatant. Before arming our imaginary champion, let us reckon up the number of his foes, let us count the Cossacks who are about to invade his little country.

Let whomsoever will, embark with us, let him laugh who can. Up with the anchor; hoist the sails! You know from what a tiny harbor you set out. That is a great advantage that we have over many books.

As for our whim to laugh while we weep and weep while we laugh, as the divine Rabelais drank while he ate and ate while he drank; as for our hobby of putting Heraclitus and Democritus on the same page, of having no style and of never premeditating our sentences—if any members of the crew should murmur, over the side with the old bonneted professors, the classicists in swaddling-clothes, the romanticists in grave-clothes, and come what may!

All those people will probably rebuke us for resembling those who say with cheerful mien: "I

am going to tell you a story that will make you
laugh!''—The idea of joking when discussing marriage! can you not guess that we look upon it as a
trifling disease to which we are all subject, and that
this book is its monograph?

"But you and your galley, or your work, resemble those postilions who crack their whips loudly
when they start from a posting-house, because their
passengers are Englishmen. You will not have gal-
loped at this pace half a league before you will dis-
mount to adjust a trace or to breathe your nags.
Why blow the trumpet before the victory?''

Why, my dear Pantagruelists, in these days all
you need to do to obtain success is to claim it; and
inasmuch as great works may be, after all, nothing
more than trivial ideas developed at great length, I
fail to see why I should not gather laurels, were it
only to crown all those salt hams which help us to
swallow the dram.—One moment, pilot! Let us not
start until we have given a little definition.

Reader, as you will encounter here and there in
this book, as in the world at large, the words *virtue*
or *virtuous woman*, let us understand that by virtue
we mean the labored facility with which a wife re-
serves her heart for a husband; unless, indeed, the
word be used in a general sense,—a distinction which
we leave to each one's natural sagacity.

SECOND MEDITATION

CONJUGAL STATISTICS

The government has been engaged for about
twenty years in finding out how many acres of
woodland, arable land, vineyards, and fallow land
France contains. Nor has it stopped there: it is
determined to know the number and species of the
animals in the kingdom. The scientists have gone
even further; they have estimated the cords of wood,
the tons of beef, the gallons of wine, the apples, and
the eggs consumed in Paris. But no one has as yet
conceived the idea of ascertaining, either in the name
of conjugal honor, or in the interest of the unmarried,
or for the benefit of good morals and of the perfecti-
bility of human institutions, the number of virtuous
wives. Think of it! the French ministry, when
questioned, can reply that it has so many men under
arms, so many spies, so many civil servants, so
many school children ; but as to virtuous women—
nothing! If a king of France should take it into his
head to seek his august partner among his subjects,
the government could not even give him the gross
number of white lambs from whom he could make

3

his choice; it would have to resort to some sort of
competition for a prize for virtue, which would tend
to cause laughter.

Must we conclude that the ancients were our
masters in morals as well as in political institutions?
History tells us that Ahasuerus, desiring to take a
wife from among the maidens of Persia, selected
Esther, the most virtuous and the fairest.   His ministers must, therefore, have invented some means
or other of skimming the cream off the population.
Unfortunately, the Bible, which is so clear upon all
matrimonial questions, neglects to enlighten us as to
this law of conjugal selection.

Let us try to atone for the silence of the government on this matter by estimating the number of
females in France by exclusion.   At this point, we
claim the attention of all friends of public morals,
and we appoint them judges of our manner of pro-
ceeding.   We will try to be so generous in our estimates that everybody will assent to the result of
this analysis.

The population of France is generally estimated
at thirty millions.

Some naturalists are of the opinion that the women
are more numerous than the men; but, as many
statisticians are of the contrary opinion, we will take
the most probable estimate and assume that there
are fifteen million women.

We will begin by deducting from this total about
nine millions of creatures who, at first blush, seem
to bear a considerable resemblance to woman, but

whom a searching examination has compelled us to reject.

Let us explain ourselves.

Naturalists look upon man simply as the one and only species of the order of bimana, established by Duméril in his *Zoologie Analytique*, page 16; to which order Bory-Saint-Vincent has felt called upon to add the orang-outang species, on the pretext of completing it.

If these zoölogists see in us only a mammifer with thirty-two vertebræ, possessed of a hyoid bone, and having more folds in the hemisphere of the brain than any other animal; if, in their eyes, there are no other differences in that order than those due to climatic influences, which have furnished the nomenclature of fifteen species whose scientific names it is useless to cite, the physiologist must also possess the right to establish his species and sub-species, according to decrees of intelligence and certain moral and financial conditions of existence.

Now, the nine million beings to whom we refer present at first sight all the characteristic attributes of the human species: they have the hyoid bone, the coracoid process, the acromion, and the zygomatic arch; we will therefore allow our friends of the Jardin des Plantes to classify them with the order of bimana; but that we should look upon them as women! that is a claim to which our Physiology will never assent.

To ourselves and to those for whom this book is intended, a woman is a rare variety of the human

species, its principal physiological characteristics
being these:

We owe this species to the especial care which
men have been able to bestow upon its cultivation,
thanks to the power of gold and the moral warmth
of civilization. It is recognizable, as a general rule,
by the whiteness, fine texture, and softness of the
skin. Its natural inclination is to perfect cleanliness.
Its fingers shrink with horror from the touch of any
but soft, yielding, perfumed objects. Like the er-
mine, it dies sometimes from sorrow at seeing its
white tunic soiled. It loves to braid its hair, to
cause it to give forth intoxicating perfumes, to rub
its pink nails, to trim them in the shape of almonds,
to bathe its delicate limbs very frequently. It does
not enjoy the night unless it can recline on the
softest down; during the day it affects a horse-hair
couch; thus the horizontal position is the one which
it preferably assumes. Its voice is of penetrating
sweetness, its movements are graceful. It talks
with wonderful facility. It is not addicted to any
laborious work; and yet, despite its apparent weakness, there are burdens which it can assume and
carry with miraculous ease. It shuns the glare of
the sun and preserves itself by ingenious methods.
Walking fatigues it; does it eat? that is a mystery;
does it share the needs of other species? that is a
problem. Inquisitive to excess, it falls an easy prey
to him who can conceal the most trivial thing from
it, for its mind impels it incessantly to seek the
unknown. To love is its religion: it thinks only to

gratify the beloved being.   To be loved is the aim
of all its acts, to arouse desire, the aim of all its
gestures.   Thus it thinks of naught besides the
means of making a brilliant appearance; it moves
only in a sphere of grace and refinement; for it the
young Indian girl weaves the soft hair of the Thib-
etan goat, Tarare her filmy veils; for it the looms of
Brussels are laden with the purest, finest flax; for
it Visapour disputes possession of sparkling stones
with the bowels of the earth, and Sèvres embel-
lishes its white clay.   Day and night it meditates
new adornments, employs its whole life in having its
dresses starched and its frills ruffled.   It goes about
exhibiting itself in new and splendid garb to strangers whose homage flatters it, whose desires please
it mightily, however indifferent they may be to it.
The hours stolen from self-adornment and from
pleasure, it employs in singing the sweetest airs:
for it France and Italy invent their delicious melodies, and Naples imparts a harmonious soul to the
catgut.   In a word, this species is queen of the
world, and slave of desire.   It dreads marriage,
because marriage eventually spoils the figure; but
it submits to it, because it promises enjoyment.   If
it gives birth to children, it is pure accident, and
when they grow up, it keeps them out of sight.

Are these traits, taken at random from a thousand, found in the creatures to whom we refer,
whose hands are as black as monkeys' paws, and
their skin discolored like the parchment of an old
parliamentary register; whose faces are burned by

the sun and their necks wrinkled like a turkey's; who are clad in rags; whose voices are hoarse, intelligence *nil*, odor unendurable; who think of nothing but the bread-box; who are constantly stooping to the ground; who dig and harrow and thresh and glean and reap, and knead their bread; who peel their hemp; who live in kennels barely covered with straw, with beasts and children and men all tossed in together; to whom, in fact, it matters little whence children rain down upon them? To produce abundantly, in order to devote many poor creatures to toil and want, is their whole task; and if their love be not hard labor like that of the fields, it is at all events a speculation.

Alas! if there are in the world tradeswomen who sit all day between the tallow-candles and the brown sugar, farmers' wives who milk the cows, ill-fated creatures who are used as beasts of burden in factories, or who carry the hod, the hoe, or the basket; if there are, unfortunately, too many beings of the lower orders, to whom mental life, the advantages of education, the blissful tempests of the heart, are an inaccessible paradise, and if nature has ordained that they shall have a coracoid process, a hyoid bone, and thirty-two vertebræ, why, let them remain, so far as the physiologist is concerned, in the orang-outang species! In this place, we deal only with the idle, with them who have the time and the wit to love, with the rich who have acquired property rights in the passions, with the intellects which have obtained a monopoly in chimeras. A murrain on all who do not live by thought! Let us say *raca*, aye, and *racaille**, to whoever is not young, ardent, beautiful, and passionate. That is the public expression of the secret feeling of philanthropists who know how to read or who have a carriage to ride in. In our nine million proscribed women, the tax-collector, the magistrate, the legislator, the priest, doubtless see taxable subjects, culprits, citizens, and immortal souls, respectively; but the man of sentiment, the boudoir philosopher, even while he eats the little loaf made from grain sown and gathered by those creatures, will cast them out, as we do, from the genus Woman. To their comprehension, there are no women save those who can inspire love; no one exists save the creatures invested with the priesthood of the mind by a superior education, in whom idleness has developed the power of the imagination; in a word, there are no human beings save those whose souls dream no less of intellectual enjoyment than of physical pleasure in love.

We must, however, call attention to the fact that these nine millions of female pariahs produce here and there thousands of peasant girls, who, strangely enough, are as pretty as cupids; they go to Paris or some large city, and end by attaining the rank of *comme il faut* women; but, besides these two or three thousand privileged creatures, there are a hundred thousand others who remain in the position of servants or who lead horribly disorderly

* Riffraff.

lives. Nevertheless, we will reckon these village Pompadours in the feminine population.

This initial calculation is based upon the statistical discovery that there are in France eighteen million paupers, ten million persons in moderate circumstances, and two million rich.

There are, then, only six million women in France to whom men of sentiment have given, now give, or will hereafter give, their attention.

Let us subject this social *élite* to a philosophical scrutiny.

We believe, and we have no fear of being controverted, that husbands who have been married twenty years should sleep in peace, without apprehension of the invasion of unholy love and of the scandal of an action for criminal conversation. From these six million women we must deduct about two million wives,—very attractive persons, because, at forty years and more, they have seen the world; but, as they no longer have the power of stirring the masculine heart, they are outside of the question now at issue. If they are unlucky enough not to be sought out for their amiability, *ennui* lays hold of them; they plunge into religion, they become addicted to cats, to little dogs, and other manias which offend nobody but God.

The calculations concerning population, worked out at the Bureau of Longitudes, justify us in deducting from the total number two million little girls, pretty to sketch; they are at the A, B, C of life, and play innocently with other children, not suspecting that

the little *huthbandth*, who make them laugh so
heartily, will make them weep some day.

Now, out of the remaining two million women,
what reasonable man will not sacrifice a hundred
thousand poor girls, deformed, ugly, crotchety, con-
sumptive, sick, blind, crippled, poor although well
educated, all of whom remain unmarried and for
that reason offend none of the holy laws of matri-
mony?

And shall we be denied another hundred thousand
who are Sisters of Sainte-Camille, Sisters of Charity,
nuns, school-teachers, companions, etc.? And we
will include with this sanctified sisterhood the number, very difficult to estimate, of young women who
are too old to play with little boys, and too young as
yet to scatter their wreaths of orange-blossoms.

Finally, from the fifteen hundred thousand souls
which still remain in the bottom of our crucible, we
will subtract five hundred thousand other units whom
we will classify as the daughters of Baal, who afford
pleasure to persons of little refinement of taste.
We will include in this category, without fear that
they will ruin one another, kept women, milliners,
shop-girls, female mercers, actresses, singers, opera-
dancers, *figurantes*, housekeepers, lady's maids, etc.
Most of these creatures arouse many passions, but
it seems to them indecent to inform a notary, a
mayor, a priest, and a multitude of jocose persons,
of the day and the moment when they propose to
give themselves to their lovers. Their system,
which is justly reprobated by an inquisitive society,

has the advantage that it lays them under no obligation to men, to monsieur le maire, or to the law. Inasmuch as these women violate no public oath, they would be entirely out of place in a work devoted exclusively to lawful marriages.

We shall be told that we place a very moderate figure on this category, but it will be counterbalanced by those which connoisseurs may consider estimated at too high a figure. If anyone, from love for a wealthy dowager, wishes to include her in the remaining million, let him deduct her from the allowance made for sisters of charity, ballet-girls, or hunchbacks. We have figured this last category at only five hundred thousand head, because it often happens, as is shown above, that the nine millions of peasants contribute largely to it. We have omitted the working-class and the petty industry class for the same reason: the women of these two sections of society are the product of the efforts made by the nine millions of females of the order bimana to rise toward the higher realms of civilization. Except for this scrupulous accuracy, many persons would look upon this statistical Meditation as a joke.

We had seriously thought of setting apart a small class of a hundred thousand persons as a sort of sinking-fund, to serve as a place of refuge for women who fall into a position midway between the two great divisions, as widows for example; but we preferred to make our estimates more generous.

It is easy to demonstrate the accuracy of our analysis: a single reflection will suffice.

The life of woman is divided into three perfectly distinct epochs: the first begins at the cradle and ends at the age of puberty; the second embraces the time during which a woman belongs to the married state; the third opens at the critical age, a brutal notice given by nature to the passions that their activity must cease. These three divisions of existence, being substantially equal in duration, may fairly be supposed to divide equally a given number of women. Thus, in a total of six millions, we shall find, discarding fractions which scientists may determine at their leisure, about two million girls between one and eighteen, two million women between eighteen and forty, and two million above forty. The caprices of the social state have distributed the two millions of women of marriageable age into three great categories, to wit: those who remain unmarried for the reasons we have pointed out, those whose virtue, or lack of virtue, is of small consequence to husbands, and the million lawful wives with whom we have to do.

You will see, by this accurate scaling down of the female population, that there is, in France, a flock of about a million snow-white lambs, a privileged fold which all the wolves seek to enter. Let us now strain through a fine sieve this million of women whom we have sorted out on the sorting-board.

To reach a juster appreciation of the degree of confidence a man should have in his wife, let us suppose for a moment that all these wives deceive their husbands.

Acting upon this hypothesis, it will be proper to lop off a twentieth of the number for those young wives who are newly married and will be faithful to their vows for a short time, at least.

Another twentieth will be sick. That is a very small proportion to allot to human ills.

Certain passions which are said to destroy man's empire over the female heart, ugliness, grief, pregnancy, claim still another twentieth.

Adultery does not take possession of a married woman's heart as one fires a pistol-shot. Even if a sympathetic feeling gives birth to certain sentiments at first sight, there is always a struggle whose duration constitutes a sort of dead loss in the sum total of conjugal infidelities. It is almost equivalent to insulting modesty in France to represent the women who have not yet abandoned this struggle as forming only a twentieth of the total number; but we will suppose that some sick women retain their lovers even when under the influence of calming potions, and that there are women whose pregnancy makes some crafty bachelors smile. In this way, we shall rescue the modesty of those who are fighting for virtue.

By similar reasoning, we shall not venture to believe that a woman abandoned by her lover finds another *hic et nunc;* but, as the proportion of loss in this case is necessarily smaller than the preceding, we will estimate it at a fortieth.

These reductions will bring our total to eight hundred thousand women, when we come to determine the number of those who violate the conjugal law.

At this moment, who would not choose to be persuaded that these women are virtuous? Are they not the flower of the land? Are they not all blooming, enchanting, dazzling with beauty, youth, life, and love? To believe in their virtue is a sort of social religion, for they are the ornament of the world and the glory of France.

In the bosom of this million, then, we have to seek:

The number of honest women.

The number of virtuous women.

This search and these two categories demand entire Meditations, which will serve as an appendix to this one.

THIRD MEDITATION

OF THE HONEST WOMAN

The preceding Meditation proves that we possess in France a floating mass of a million of women turning to account the privilege of inspiring the passions which a gallant man confesses without shame or conceals with pleasure. Upon this million of women, then, we must turn our Diogenes lantern, in order to find the honest women of the country.

This search leads us to indulge in a digression.

Two well-dressed young men, whose slender bodies and rounded arms resemble a paver's beetle, and whose boots are of fashionable make, meet one morning on the boulevard at the end of the Passage des Panoramas.

"Ah! is it you?"

"Yes, my dear: I look like myself, do I not?"

And they laugh more or less heartily according to the nature of the jest which opens the conversation. When they have examined each other with the crafty curiosity of a gendarme trying to identify a criminal by a description, when they are thoroughly persuaded of the newness of their respective gloves

and waistcoats and of the taste with which their
cravats are tied; when they are practically certain
that neither of them has fallen upon evil days,
one takes the other's arm; and if they start at
the Théâtre des Variétiés, they have not reached
Frascati's before they have asked each other in a
roundabout way a question of which this is a free
translation:

" To whom are we married for the time being?"

As a general rule, it is a charming woman.

Who has ever walked through the streets of Paris
without having his ears greeted by myriads of words,
like bullets on a battle-field, uttered by the passers-by,
and who has not at some time caught one of those
innumerable words frozen in the air, of which Rabelais speaks? But most men walk about Paris as
they eat, as they live, without heed to their surroundings. There are few skilled musicians, few
practised physiognomists, who can tell in what key
those scattered notes are written, from what passion
they proceed. Oh! to wander about Paris! adorable, delightful existence! Sauntering is a science,
it is the gastronomy of the eye. To promenade is
to vegetate, to saunter is to live. The young and
pretty woman, long gazed upon with ardent eyes,
would be much more readily allowed to claim remu-
neration than the cookshop proprietor who should
demand twenty francs from the Limousin whose nostrils, dilated to their fullest extent, inhale nourishing
odors. To saunter is to enjoy, to garner up flashes
of wit, to admire sublime pictures of misery, love,

or joy, graceful or grotesque portraits; it is to plunge one's eyes into the depths of a multitude of lives: for the young man, it is to desire everything, to possess everything; for the old, it is to live the life of the young, to espouse their passions. Now, how many answers has every accomplished saunterer heard to the categorical question at which we paused?

" She is thirty-five, but you would not think she was twenty!" says an effervescent youth with snapping eyes, who, just dismissed from school, is inclined, like Cherubino, to embrace everybody.

" The deuce you say! but we have lawn *peignoirs* and diamond night rings," says a notary's clerk.

" She has a carriage and a box at the Français!" says a soldier.

" For my part," cries another, a little older, with the air of parrying an attack, " she doesn't cost me a sou! When one has a figure like ours— Have you come to that, my respectable friend?"

And the promenader pats his comrade gently on the stomach with the flat of his hand.

" Oh! she loves me!" says another; " you can't imagine how she loves me; but she has married the stupidest fool! Ah! Buffon has described animals with great skill, but the biped denominated husband—"

How pleasant it is to hear that, when one is married !

" Oh! my friend, like an angel !" is the reply to a question discreetly whispered in the ear.

4

" Can you tell me her name, or show her to me?"

" Oh! no, she's an *honest woman!*"

When a student is loved by a waitress at a café, he tells her name with pride, and takes his friends to breakfast at her establishment. If a young man loves a woman whose husband is engaged in trade, dealing in objects of prime necessity, he will reply with a blush: " She's a linen-draper's wife, or a stationer's, or a hosier's, or a mercer's, or a clerk's."

But this avowal of an inferior passion, born and matured amid bales of cloth, loaves of sugar, or flannel waistcoats, is always accompanied by a pompous eulogy of the lady's wealth. The husband alone soils his hand with trade, he is rich, he has handsome furniture; moreover, the inamorata visits her lover; she has a cashmere shawl, a country house, etc.

In short, a young man never lacks excellent arguments to prove that his mistress is to become an honest woman very soon, if she is not one already. This distinction, resulting from the refinement of our manners, has become as indefinable as the line at which good form begins. What is an honest woman, pray?

This subject is too closely connected with the vanity of womankind, with that of their lovers, and even with that of a husband, for us to neglect to lay down at this point some general rules, the result of long observation.

Our million of privileged souls represents an aggregation of persons eligible to the glorious title of

honest woman, but all are not chosen.   The principles governing this choice are found in the following
axioms:

APHORISMS

I

An honest woman is, to all intents and purposes,
married.

II

An honest woman is under forty.

III

A married woman whose favors are purchasable
is not an honest woman.

IV

A married woman who has a carriage of her own
is an honest woman.

V

A woman who does her own cooking is not an
honest woman.

VI

When a man has earned an income of twenty
thousand francs, his wife is an honest woman, whatever the kind of business in which he may have
made his fortune.

VII

A woman who says *lettre d'échange* for *lettre de
change*—bill of exchange,—*souyer* for *soulier*—shoe,

—*pierre de lierre* for *pierre de liais*—freestone,—and who says of a man: "What a *farce** Monsieur So-and-So is!" can never be an honest woman, however rich she may be.

VIII

An honest woman should be so situated pecuniarily that her lover is justified in thinking that she will never be a burden to him in any way.

IX

A woman who lives on the third floor—Rues de Rivoli and de Castiglione excepted—is not an honest woman.

X

A banker's wife is always an honest woman; but a woman who sits in a counting-room can be so only on condition that her husband does a very extended business, and that she does not live over his shop.

XI

The unmarried niece of a bishop, when she lives with him, may pass for an honest woman, because, if she has an intrigue, she is obliged to deceive her uncle.

XII

An honest woman is a woman whose reputation one is afraid of compromising.

XIII

An artist's wife is always an honest woman.

* For *farceur*—droll fellow.

By applying these principles, a man in the department of Ardèche can solve all the difficulties which may arise in connection with this subject.

For a woman to hire a cook, to have received a brilliant education, to have the instinct of coquetry, to have the right to pass whole hours in a boudoir, lying on a couch, and to live the life of the soul, she must have at least six thousand francs a year in the provinces or twenty thousand in Paris. These two minima of fortune will indicate the presumed number of honest women to be found in the million, the raw product of our statistics.

Now, three hundred thousand annuitants, at fifteen hundred francs, represent the sum total of pensions, of interest payable for life and in perpetuity by the Treasury, and the sum total of income from mortgages.

Three hundred thousand landed proprietors, enjoying an income of three thousand five hundred francs from real estate, represent the sum total of territorial fortune.

Two hundred thousand recipients, at fifteen hundred francs, represent the division of the general budget, and of the municipal and departmental budgets, deducting the interest on the debt, the salaries of the clergy, the wages of the heroes at five sous a day and the sums set aside for their linen, arms, provisions, equipment, etc.

Two hundred thousand fortunes made in business, with an average capital of twenty thousand francs, represent all the possible industrial establishments of France.

There we have a million husbands.

But how many small annuitants are there, with only ten, fifty, a hundred, two, three, four, five, or six hundred francs a year in the public funds and elsewhere?

How many landowners are there who do not pay more than five, twenty, a hundred, two hundred, or two hundred and eighty francs in taxes?

Among those who feed on the budget, how many poor quill-drivers are there, whose salary is no more than six hundred francs?

How many tradesmen shall we reckon as doing business wholly on fictitious capital; who, though rich in credit, have not an available sou and resemble sieves through which Pactolus runs? and how many merchants who have only one, two, four, or five thousand francs of real capital? O trade—all hail!

Let us assume that there are more fortunate mortals than there really are, and divide the million into two parts: five hundred thousand households will have from one hundred to three thousand francs a year, and five hundred thousand women will fulfil the conditions precedent to their being entitled to the epithet " honest."

In accordance with the concluding observations of our statistical Meditation, we are justified in deducting a hundred thousand: consequently, we may consider it mathematically demonstrated that there are in France only four hundred thousand women whose possession can be expected to afford men of refined taste the exquisite and distinguished enjoyment which they seek in love.

This is the proper place at which to remind the novices for whose benefit we write that love is not made up simply of a few pleading conversations, of a few nights of pleasure, of a caress more or less judiciously bestowed and of a spark of self-esteem baptized by the name of jealousy. Our four hundred thousand women are not of those of whom one can say: " The loveliest girl on earth gives only what she has."—No, they are richly endowed with treasures which they borrow from our ardent imaginations, they have the art of selling at a high price what they have not, to atone for the staleness of what they give.

Does it afford you more pleasure to kiss a grisette's glove, than to enjoy to the full the five minutes of bliss which all women offer you?

Does the conversation of a tradesman's wife lead you to anticipate boundless enjoyment?

As between you and a woman below you, the joys of self-esteem are for her. You are not in the secret of the happiness you cause.

As between you and a woman above you, in fortune or social position, the titillations of vanity are immeasurable and are shared by both. No man was ever able to raise his mistress to his level; but a woman always places her lover on the same plane with herself.—" I can make princes, and you will never make anything but bastards!'' is a retort sparkling with truth.

If love is the first of passions, it is because it flatters all the rest at once. We love in proportion to the greater or smaller number of chords in our heart which our mistress's fingers touch.

Biren, a goldsmith's son, climbing into the Duchesse de Courlande's bed and assisting her to sign the promise that he should be proclaimed sovereign of the country, as he was of its youthful and pretty ruler, is the type of the happiness which our four hundred thousand women ought to afford their lovers.

To have the right to walk upon all the heads which throng a salon, one must be the lover of one of these chosen few. Now, we all are more or less fond of occupying a throne.

Wherefore it is this resplendent portion of the nation at which are aimed all the assaults of the men to whom education, talent, or wit has given the right to be counted for something in that human fortune upon which the nations pride themselves mightily; and only in this class of women shall we find her whose heart will be defended to the death by *our* husband.

What matters it whether the considerations by which our feminine aristocracy are governed do or do not apply to other social classes? Whatever is true of those women who are so refined in manners, in language, in thought; in whom an excellent education has developed the taste for art, the faculty of feeling, of comparing, of reflecting, who have such an exalted idea of the proprieties and of courtesy, and who govern manners and morals in France— whatever is true of them must be applicable to the women of all nations and of all ranks. The superior man to whom this book is dedicated necessarily possesses a sort of mental vision which enables him to follow the degradation of enlightenment in each class, and to note the lowest point of civilization at which this observation is still true.

Is it not, therefore, of the deepest interest to morality to inquire now as to the number of virtuous women to be found among these adorable creatures? Is not this a marito-national question?

FOURTH MEDITATION

OF THE VIRTUOUS WOMAN

The question to be dealt with is not, perhaps, how many virtuous women there are, but rather, whether an honest woman can remain virtuous.

In order to throw as much light as possible on so important a subject, let us cast a cursory glance at the male population.

From our fifteen millions of men let us deduct, first of all, the nine million individuals of the order of bimana, with thirty-two vertebræ, and let us include only six millions in our physiological analysis. The Marceaus, the Massénas, the Rousseaus, the Diderots, and the Rollins often spring forth without warning from that fermenting social residuum; but, in this work, we are purposely guilty of some inaccuracies. These errors of calculation will rebound with all their weight at the end, and will confirm the terrible results which the mechanism of public passions is about to reveal to us.

From the six millions of privileged men we will deduct three millions of old men and children.

But we shall be told that we deducted four million women in this category.

This difference may seem strange at first sight, but it is easily justified.

The average age at which women are married is twenty years, and at forty they cease to belong to love.

Now, a youth of seventeen makes wicked gashes in the parchment of marriage-contracts, especially in the oldest ones, say the *chroniques scandaleuses*.

Again, a man of fifty-two is more redoubtable at that age than he has ever been. At that attractive period of existence, he makes use of an experience dearly acquired and of all the fortune he probably has. The passions under whose lash he writhes being the last, he is pitiless and strong, like the man swept away by the current, who seizes a flexible green willow-branch of the new growth of the year.

XIV

Physically, a man is a man longer than a woman is a woman.

With respect to marriage, then, the difference in duration between the amorous life of man and that of woman is fifteen years. That term is equivalent to three-fourths of the time during which a wife's infidelities can make a husband miserable. But the rest of the deduction to be made from our total number of men presents a difference of only one-sixth at most, if we compare it with the deduction already made from the mass of women.

Great is the modesty of our estimates. As for

our reasons, they are based upon such commonplace evidence that we have presented them only for the sake of being exact and to forestall any criticism.

It is proved, therefore, to the satisfaction of every philosopher, however inexpert a calculator he may be, that we have in France a floating bulk of three millions of men between the ages of seventeen and fifty-two, all very much alive, well supplied with teeth, determined to bite, biting freely, and asking only to march forward sturdily on the road to paradise.

The observations heretofore made justify us in setting aside from this mass a million husbands. Let us assume for a moment that they are always satisfied and happy, like our model husband, and that they content themselves with conjugal love.

Our residue of two millions of bachelors do not need five sous a year to make love;

It is sufficient for a man to have a sure foot and a keen eye to unhang a husband's portrait;

It is not necessary that he have a handsome face, nor even that he be well-built;

Provided that a man have wit, a distinguished face and shrewdness, women will never ask him whence he comes, but whither he expects to go;

The fascinations of youth are the only luggage of love;

A coat made by Buisson, a pair of gloves bought at Boivin's, fashionable boots for which the maker fears he may never be paid, and a well-tied cravat, are enough to make a man king of a salon;

And lastly, do not soldiers, although the doting fondness for shoulder-straps and epaulets has in a great measure subsided, do not soldiers form by themselves a redoubtable legion of celibates?—To say nothing of Eginhard, since he was a private secretary, did not a newspaper state not long ago that a princess of Germany had bequeathed her fortune to a simple lieutenant of cuirassiers of the Garde Impériale?

But the village notary in the heart of Gascony who draws only thirty-six deeds a year sends his son to study law in Paris; the hatter wishes his son to be a notary; the solicitor destines his for the magistracy; the magistrate wishes to be a minister in order to endow his children with peerages. At no time in the world's history has there been such a consuming thirst for education. To-day it is not wit that scours the streets, but talent. From all the chinks of our social structure grow brilliant-hued flowers, like those that bloom in the spring on ruined walls; even from the vaulted walls of cellars, pale tufts of grass spring forth, which will grow green in the faint light which penetrates there from the sun of education. Since this tremendous development of thought, since this equal distribution of fructifying light, superiority is almost unknown, because each man represents the mass of education of his generation. We are surrounded by living encyclopædias, who walk and think and act and seek to perpetuate their influence. Hence the terrible collisions of rising ambitions and delirious passions: we need other worlds; we need hives ready to receive all these swarms, and, above all things, we need multitudes of pretty women.

But the diseases by which a man is afflicted do not cause any diminution in the aggregate of man's passions. To our shame, be it said, a woman is never so fondly attached to us as when we are out of health!

At that thought, all the epigrams directed against the little sex—for it is very old-fashioned to say the fair sex—should shed their sharp points and change to madrigals! All men should reflect that woman's only virtue is to love, and that all women are prodigiously virtuous, and with that thought close the book and their meditation.

Ah! do you remember that dismal, hopeless moment when, alone and suffering, reviling all mankind, especially your friends, feeble, discouraged, dwelling upon death, your head resting on a warm pillow as you lay on a coarse, rough sheet which hurt your skin, you allowed your staring eyes to wander over the green wall-paper of your silent room? do you remember, I say, seeing her open your door noiselessly and show her fair young head, framed in golden curls and a dainty hat, like a star in a tempestuous sky, smiling, running to your side, half sorrowful, half happy?

"How did you manage it? what did you tell your husband?" you ask.

A husband!—Ah! here we are once more, back in the middle of our subject.

XV

Morally, man is man more frequently and longer than woman is woman.

We must consider, however, that among these two million celibates there are many poor devils in whom the ever-present consciousness of their misery and the persistent toil to which they are doomed extinguish love;

That they have not all attended school, and that there are many mechanics, many servants,—the Duc de Gèvres, who was very ugly and short, as he was walking in the park at Versailles, noticed several valets of commanding stature, and said to his fellows: "Just see how we train those knaves, and how they imitate us!"—many building contractors, many manufacturers who think of nothing but money, many shop-clerks;

That there are men more stupid and really uglier than God made them;

That there are some whose characters are like chestnuts without pulp;

That the clergy are chaste as a general rule;

That there are men so placed that they can never enter the brilliant sphere in which honest women move, it may be for lack of a coat, or of a showman to introduce them, or from shyness.

But let us leave it to each individual to add to the number of exceptions according to his own experience,—for the aim of a book should be, before everything, to encourage thought,—and let us cut off at a stroke one-half of the total, leaving only a million of hearts worthy to offer their homage to honest women: that is, practically speaking, the number of our superior men of all varieties. Women do not love men of wit alone; but, once again, let us give virtue fair play.

Now, if we listen to our amiable celibates, we shall find that each of them narrates a multitude of adventures all of which gravely compromise honest women. We display much moderation and self-restraint in estimating only three adventures per celibate; but, although some count them by scores, there are so many who have confined themselves to two or three passions, or even to a single one, that we have, as in making up our statistics, adopted a system of averages. Now, if we multiply the number of celibates by the number of adventures, we shall obtain three million of the latter; and we have only four hundred thousand honest women to stand in the breach!

If the God of mercy and indulgence who dwells above the worlds does not make a second scouring of the human race, it is probably because of the small success of the first.

Behold, then, what a nation really is! we have sifted a society, and this is the result!

XVI

Morals are the hypocrisy of nations; hypocrisy varies in the degree of perfection it attains.

5

XVII

Virtue may perhaps be called the courtesy of the heart.

Physical love is a need like hunger, with the difference that man always eats, whereas in love his appetite is neither as constant nor as regular as in the matter of nourishment.

A bit of bread and a pitcher of water satisfy the hunger of all mankind; but our civilization has invented gastronomy.

Love has its bit of bread, but it also has that art of loving which we call coquetry, a delicious word which exists only in France, where the science was born.

Is it not enough to make all husbands shudder if they happen to think that man is so possessed by the inborn necessity of variety in his diet, that in all the uncivilized countries which travelers have visited they have found spirituous liquors and ragouts?

But hunger is not so violent as love; the caprices of the heart are much more numerous, more inciting, more refined in their frenzy than the caprices of gastronomy; and all that poets and events have disclosed to us of the nature of human love arms our celibates with a terrible power; they are the ravening lions of the Gospel seeking victims to devour.

At this point, let everyone question his conscience, invoke his memory, and ask himself if he ever met a man who confined himself to the love of a single woman!

How, alas! are we to solve to the honor of all nations the problem resulting from three million ardent passions, which have only four hundred thousand women to feed upon? Shall we distribute them in the ratio of four passions to a woman, and conclude that honest women may very well have established, by instinct and unconsciously, a sort of system of rotation between the celibates and themselves, like that invented by the presidents of the king's courts, by means of which their counsellors passed through all the chambers in succession, one after another, within a certain number of years?

A pitiful way of solving the difficulty.

Or shall we suppose that certain honest women proceed, in dividing up the celibates, like the lion in the fable?—What! can it be that at least one-half of our altars are whited sepulchres?

For the honor of French women are we to suppose that in times of peace other countries, principally England, Germany, and Russia, export a considerable number of their honest women? But the European nations will claim to balance matters by asserting that France exports a certain number of pretty women.

Morality and religion suffer so much by such calculations, that an honest man, in his desire to absolve married women, would find some consolation in believing that dowagers and young girls count for something in this general corruption, or, better still, that the celibates lie.

But what are we trying to estimate? Think of our husbands, almost all of whom, to the shame of good morals be it said, behave like celibates, and plume themselves, under the rose, upon their secret adventures.

Oh! in that case, old Corneille would say, we believe that every married man, if he cares at all for his wife in respect to her honor, should look for a nail and a cord, *fœnum habet in cornu.*

However, we must seek, lantern in hand, the virtuous women of France among these four hundred thousand honest women, and nowhere else !— By our conjugal statistics, we have excluded only those to whom society really pays no heed. Is it not true that, in France, *respectable people, comme il faut people,* number hardly three million souls, to wit: our million of celibates, five hundred thousand honest women, five hundred thousand husbands, and a million dowagers, children and young girls?

Are you astonished, now, by Boileau's famous lines? Those lines indicate that the poet had shrewdly studied the reflections mathematically developed before your eyes in these depressing meditations, and that his idea is not hyperbolical.

However, there are virtuous women.

Yes, those who have never been tempted, and those who die in their first childbed, assuming that they were virgins when their husbands married them;

And those who are as ugly as Kaïfakatadary in the *Thousand and One Nights;*

And those whom Mirabeau calls the *cucumber fairies,* and who are composed of atoms exactly similar to those of the roots of the strawberry-plant and the water-lily; but let us not trust them!

We confess, too, to the credit of the age, that, since the restoration of morality and religion, and in these present days, we meet a few scattered women, so moral and religious, so devoted to their duties, so upright, so straitlaced, so stiff, so virtuous, so—that the devil dares not so much as look at them; they are flanked by rosaries, books of hours, and confessors—Hush!

We will not try to count the women who are virtuous from stupidity, for it is admitted that in love all women have wit.

It is not impossible, however, that there may be, in some corner, young, pretty, and virtuous women whose existence the world does not suspect.

But do not give the name of virtuous woman to her who, struggling against an involuntary passion, has granted no favors to a lover whom it drives her to despair to idolize as she does. That is the most deadly insult that can be offered an amorous husband. What remains to him of his wife? A nameless thing, an inanimate corpse. In the midst of pleasures his wife resembles the guest warned by Borgia at the dinner-table that certain dishes are poisoned; he is no longer hungry, nibbles with the ends of his teeth, or makes a pretence of eating.

He regrets the repast which he left to attend the
wicked cardinal's, and longs for the moment when,
the feast being at an end, he can leave the table.

What is the result of these reflections upon female
virtue? It is this; but the last two maxims were
furnished us by an eclectic philosopher of the eigh-
teenth century:

XVIII

A virtuous woman has in her heart one fibre more
or less than other women: she is either stupid or
sublime.

XIX

Female virtue may be a question of temperament.

XX

The most virtuous women have in them a something which is never chaste.

XXI

" That an intelligent man should have doubts of
his mistress is conceivable; but of his wife!—that
would be far too stupid."

XXII

" Men would be too unfortunate if, in the presence
of women, they remembered anything at all of what
they know by heart."

The number of rare women who, like the virgins
in the parable, have known enough to keep their
lamps lighted, will always be too small in the eyes

of those who stand up for virtue and worthy sentiments; but we must deduct them from the sum total
of honest women, and that comforting deduction
renders the peril of husbands even greater, the
scandal more shocking, and makes the darker stain
upon the remaining lawful wives.

What husband can sleep tranquilly now beside his
young and pretty wife, having learned that three
celibates, at least, are lying in wait for her? that,
even though they have not as yet committed any
depredations on his little property, they are gloating
over his bride as a prey to which they are justly
entitled, and which will fall to them sooner or later,
whether by stratagem, by force, by conquest, or by
consent? and it is impossible that they should not
some day be triumphant in that struggle!

Horrifying conclusion!

At this point, purists in morality, the *collets montés**
in short, will perhaps accuse us of presenting conclusions that are too depressing by far; they will take
up the cudgels in defence, either of honest women
or of celibates; but we have held one last observation in reserve for their benefit.

Increase at will the number of honest women and
diminish the number of celibates—you will always
find in the end more gallant adventures than honest
women; you will always find an enormous mass
of celibates reduced by our moral code to three
classes of crimes.

If they remain chaste, their health will be affected

* The opposite of *décolletes.*

by the intensely trying irritation which assails them, they will nullify nature's sublime purposes, and will diet on milk and die of consumption in the mountains of Switzerland.

If they succumb to their legitimate temptations, they will either compromise honest women, and in that case we shall come back to the subject of this book, or else they will lower themselves by a disgusting commerce with the five hundred thousand women whom we mentioned in the last category of the first Meditation, and, in this last event, how many opportunities there are likely to be for them to go to Switzerland to drink milk and die!

Have you never been impressed as we have by a defect in the organization of our social structure, which, when we have pointed it out, will serve as a moral proof of our latest conclusions?

The average age at which man marries is thirty years; the average age at which his passions, his most violent cravings for sexual enjoyment develop, is twenty years. Now, during the ten best years of his life, during the green season when his beauty, his youth, and his wit make him more threatening to husbands than at any other period of his existence, he is left without means of satisfying *lawfully* the need of loving which fills his whole being. That period representing one-sixth of human life, we must conclude that at least one-sixth, and that sixth the most virile, of our total number of men constantly maintain an attitude as exhausting to them as it is dangerous to society

"Why not let them marry?" some devout soul will exclaim.

But what judicious father would care to marry his son at twenty?

Do not we all know the risk of such premature unions? It would seem that marriage must be a state directly opposed to the natural impulses, since it demands a peculiar maturity of the reasoning power. Everybody knows that Rousseau says: "We must all pass through a certain period of libertinage, at one time or another. It is a bad leaven, which ferments sooner or later."

Now, what mother of a family would expose her daughter's happiness to the risks of this fermentation when it has not taken place?

However, what is the need of advancing arguments in support of a fact under whose influence all societies exist? Is there not in every country, as we have shown, a vast number of men who lead the most virtuous lives outside of celibacy and marriage?

"Cannot these men," my devout interlocutor will say, "live continently like priests?"

Assuredly, madame.

We will observe, however, that the vow of chastity is one of the most notable deviations from the natural order necessitated by society; that continence is the great point in the priest's profession; that he must be chaste, just as the doctor is insensible to physical ills, as the notary and solicitor are insensible to the misery which displays its sores to them, as the soldier is insensible to the death which encompasses him on the battle-field. We must not conclude from the fact that the necessities of civilization ossify certain fibres of the heart and form calluses upon certain membranes whose function it is to reason—we must not conclude, we say, from this, that all men are required to undergo this exceptional, partial death of the heart. If so, it would simply impel the human race to commit moral suicide in an execrable form.

But suppose that there appears in a salon, with the most Jansenistic tendencies imaginable, a young man of twenty-eight who has preserved his robe of innocence with the utmost care and who is as chaste as the heather-cock upon which epicures feast—can you not at this distance see the most austerely virtuous woman paying him some very bitter compliments upon his courage, the most rigid magistrate who ever sat upon a bench shaking his head and smiling, and all the ladies hiding themselves so that he cannot hear their laughter? If the abnormally heroic victim leaves the salon, what a deluge of ridicule rains upon his innocent head! What insults! What is considered more shameful in France than impotence, than cold-bloodedness, than the absence of all passion, than imbecility?

The only king of France who would not choke with laughter would, perhaps, be Louis XIII.; but, as for his rake of a father, he would have been quite likely to banish such a milksop, either as being no Frenchman, or as setting a dangerous example.

Strange anomaly! A young man is equally blamed if he passes his life *in holy ground*, to make use of an expression in vogue among bachelors. Can it be, perchance, for the benefit of honest women that prefects of police and mayors have from time immemorial ordered public passions not to begin until nightfall and to cease at eleven o'clock in the evening?

Where, pray, would you have our army of celibates work off their humors? And who is being deceived here? as Figaro asks. Is it the governing powers or the governed? Is the social structure like those little boys who stuff their ears at the play in order not to hear the musket-shots? Is it afraid to probe its wounds? Or is it a recognized fact that this disease is incurable and that we must e'en let things go? But there is a question of legislation here, for it is impossible to evade the material and social dilemma which results from this balance-sheet of virtue in the matter of marriage. It does not behoove us to settle this difficulty; however, let us suppose for a moment, that in order to preserve so many families, so many women, so many virtuous girls, society finds itself compelled to give to certain licensed hearts the right to satisfy the needs of celibates: should not our laws in that case incorporate as a guild these female Deciuses who sacrifice themselves for the republic and form with their bodies a rampart for honest women? Legislators have been exceedingly short-sighted to disdain hitherto to regulate the social standing of courtesans.

XXIII

A courtesan is an institution if she is a necessity.

This question bristles with so many *ifs* and *buts*, that we bequeath it to posterity; we must leave something for it to do. Moreover, its appearance in this work is altogether accidental; for sensibility is more fully developed to-day than at any other time; there has never before been so much morality, because people have never felt so keenly that pleasure comes from the heart. Now, what man of sentiment, what celibate, in presence of four hundred thousand young and pretty women embellished with all the splendors of fortune and charms of mind, rich with the treasures of coquetry and lavish dispensers of happiness,—what man, we say, would prefer to go— Nonsense!

Let us note down here, for our future legislators, in clear and concise form, the result of the experience of recent years.

XXIV

In the social order, the inevitable abuses are really laws of nature in accordance with which man should draft his civil and political laws.

XXV

"Adultery is bankruptcy," says Chamfort, " with this difference, that the bankrupt's victim is the one who is disgraced."

In France, the laws concerning adultery and bank-ruptcy need extensive modifications. Are they too mild? are they wrong in principle? *Caveant consules!*

Well, O courageous athlete, who have taken to yourself the little apostrophe which our first Meditation addresses to men burdened with a wife, what say you? Let us hope that this glance at the question may not make you tremble, that you are not one of those men whose spinal column burns and whose nervous fluid congeals at the sight of a precipice or a boa-constrictor! Ah! my friend, he who has land has war on his hands. The men who covet your money are more numerous than those who covet your wife.

After all, husbands are at liberty to take these trifles for serious calculations, or these serious calculations for trifles. The most beautiful things in life are life's illusions. The most respectable things are our most futile beliefs. How many people there are whose principles are only prejudices, and who, not having enough force to conceive happiness and virtue for themselves, accept happiness and virtue ready-made at the hands of legislators!

We therefore address our remarks only to these *Manfreds*, who, from having lifted too many dresses, are inclined to lift all veils at those moments when a sort of moral spleen torments them. For them the question is boldly stated now, and we know the extent of the evil.

It remains for us to inquire as to the mischances which may be encountered in every man's marriage, and may tend to make him less strong in the battle from which our champion should come forth a victor.

FIFTH MEDITATION

OF THE PREDESTINED

Predestined signifies destined in advance to good or evil fortune. Theology has taken possession of the word and always employs it to designate the blessed; we give to that term a meaning fatal to our elect, of whom one may say the opposite of what is said in the Gospel: " Many are called and many chosen."

Experience has shown that there are certain classes of men more subject than others to certain misfortunes: for instance, Gascons are given to exaggeration, Parisians are vain; as we see that apoplexy attacks short-necked people, anthrax—a species of pest—preferably pounces upon butchers, gout upon the rich, good health upon the poor, deafness upon kings, paralysis upon government officials, so it has been noticed that certain classes of husbands are more especially addicted to illegitimate passions. These husbands and their wives forestall the celibates. They form an aristocracy of another sort. If any reader should find himself in one of these aristocratic classes, he will have, let us hope, sufficient presence of mind—he or his wife—to recall

instanter the favorite axiom of Lhomond's Latin
Grammar: "There is no rule without an exception."
A friend of the family may venture to quote this line:

"Present company always excepted."

And then each of them will be entitled secretly to
believe himself or herself an exception. But our
duty, our interest in husbands, and our desire to
preserve a multitude of young and pretty women
from the misfortunes which a lover brings in his
train, compel us to designate those classes of husbands who should be particularly on their guard.

In this enumeration will appear, first of all, the
husbands whom their business, offices, or functions
compel to be absent from home at certain hours and
for a considerable part of the day. They shall bear
the banner of the Brotherhood.

Among them we shall mention particularly the
magistrates, removable and irremovable, who are
obliged to remain at the Palais during a great part
of the day; other functionaries sometimes find a
way to leave their desks; but a judge or a king's
attorney, seated on the lilies, must, if occasion requires it, die during the session. His battle-field is
there.

It is the same with deputies and peers who discuss
proposed laws, ministers who work with the king,
heads of departments who work with ministers,
soldiers in the field, and the corporal on patrol, as
is proved by Lafleur's letter in the *Sentimental
Journey*.

After the men who are obliged to be absent from home at stated hours, come the men whose grave and momentous occupations do not leave them a moment to be amiable; their foreheads are always careworn, their conversation is rarely cheerful.

At the head of these *incornifistibulées** troops we will place those bankers whose labors consist in handling millions, and whose heads are so filled with calculations that the figures end by piercing their skulls and rise in columns of addition above their foreheads.

These millionaires, heedless, as a general rule, of the sacred laws of marriage and the care demanded by the tender flower which they have to cultivate, never think of watering it, of protecting it from heat or cold. They seem hardly to know that a woman's happiness has been entrusted to them; if they ever remember it, it is at table, when they see opposite them a richly-dressed woman, or when the coquette, dreading their brutal greeting, comes, as lovely as Venus, to draw upon their strong-box. Oh! and then sometimes, at night, they remember somewhat boisterously the rights specified in Article 213 of the Civil Code, and their wives acknowledge them; but, like the heavy duties which the laws impose upon merchandise from abroad, they submit to them and pay them, by virtue of this axiom: " There is no pleasure without a little pain."

Scientific men, who pass whole months gnawing the bones of an antediluvian animal, calculating the

---

* A Rabelaisian term, signifying introduced, or brought upon the scene.

6

laws of nature or spying into its secrets; the Greeks and Romans who dine on a thought of Tacitus, sup on a phrase of Thucydides, whose lives are spent dusting library shelves, always on the watch for a note or a papyrus, are all among the predestined. Nothing that takes place about them makes any impression on them, so great is their absorption or ecstasy; if their evil destiny should be consummated in broad daylight, they would hardly see it. Happy! Oh! a thousand times happy they! Example: Beau-zée, returning home after a meeting of the Academy, surprises his wife with a German. " Didn't I tell you, madame, that it was necessary that I shall go!" cried the stranger.—" Oh! monsieur, do at least say: ' that I should go!' " rejoined the academician.

Next in order, lyre in hand, come divers poets, all of whose animal forces abandon the entresol to occupy the upper floors. Being better able to be-stride Pegasus than the gossip Peter's mare, they rarely marry, accustomed as they are to vent their frenzy, at intervals, on wandering or imaginary Chlorises.

And the men whose noses are besmeared with snuff;

And those who have the misfortune to be born with chronic catarrh;

And sailors who smoke or chew;

And the men whose sour, bilious temperament always makes them look as if they had just eaten a sour apple;

And the men who have some cynical habits, some

absurd practices in private life, and who, in spite of everything, maintain an air of uncleanliness;

And the husbands who obtain the degrading epithet "henpecked;"

And, lastly, the old men who marry young women;

All these people are predestined *par excellence*.

There is one remaining class of the predestined, whose unhappy fate is almost certain. We refer to those restless, annoying men, prying and tyrannical, who have strange ideas of their own concerning domestic domination, who openly think ill of women, and who have no more comprehension of life than cockchafers have of natural history. When such men marry, their household resembles a wasp which flutters and beats against a window-pane after a boy has cut off its head. To predestined mortals of that class this book will be incomprehensible. We do not write for those imbeciles, walking statues, who resemble cathedral carvings, any more than we write for the old machines at Marly which can no longer furnish water for the fountains in the groves at Versailles without being threatened with sudden destruction.

I rarely visit the fashionable salons to observe the conjugal anomalies that abound there, that my memory does not recall a spectacle which I enjoyed in my youth.

In 1819, I occupied a cottage in the centre of the delightful valley of Isle-Adam. My hermitage was near the park of Cassan, the most charming retreat, most delicious to the eye, most bewitching to the

traveller, and the coolest in summer of all those that
luxury and art have created. That green and shady
rustic abode is the work of a farmer-general of the
good old times, one Bergeret, a man famous for his
originality, who, among other antics worthy of
Heliogabalus, went to the Opéra with gold powder on
his hair, illuminated his park for his own benefit,
and gave sumptuous fêtes for himself. This bourgeois Sardanapalus had returned from Italy with
such passionate admiration for the scenery of that
beautiful country, that, in a frenzy of fanaticism,
he spent four or five millions in copying in his own
park the views he had in his portfolio. The most
delightful contrasts of foliage, the rarest trees, the
long valleys, the most picturesque points of view, the
Borromean Isles floating upon transparent, capricious
waters, are so many radiating lines all of which
bring their optical treasures to a single centre, an
Isola Bella, whence the enraptured eye contemplates
each detail at its will, an island in whose bosom a
little house lies hidden beneath the plumes of cente-
nary willows, an island with a border of irises, reeds,
and flowers which resemble an emerald in a rich
setting.   It is as if one were a thousand leagues
away. The sickliest, the most dejected, the thin-
nest of those of our men of genius who are not in
good health would die there of corpulence and con-
tentment in a fortnight, overwhelmed with the suc-
culent treasures of a vegetative life. The man who
then possessed that Eden, and who was indifferent
to its charms, had fallen in love with a great monkey,

in default of wife or child. He had formerly been loved by an empress, it was said, so perhaps he had had enough of the human species. A beautiful wooden lantern, supported by a carved column, formed the mischievous creature's habitation, and as he was kept chained and was rarely petted by his master, who spent more time in Paris than on his estate, he had acquired a very bad reputation. I remember to have seen him, in the presence of ladies, become almost as insolent as a man. His owner was obliged to kill him, his vicious propensities increased so rapidly. One morning, as I was sitting under a lovely flowering tulip-tree, busily doing nothing, but inhaling the voluptuous perfumes which a number of tall poplars confined within that brilliant enclosure, enjoying the silence of the woods, listening to the rippling of the water and the rustling of the leaves, admiring the irregular patches of blue between the pearl-gray and golden clouds over my head, sauntering, it may be, in my future life, I heard some stupid lout or other, arrived from Paris the night before, playing the violin with the frantic zeal of an idler. I would not wish for my bitterest enemy the unspeakable annoyance of an impression entirely out of tune with the harmonies of nature. If the notes of Roland's horn had reached my ears, borne upon the air from afar, perhaps—but a shrieking piece of catgut which pretends to convey human ideas and phrases to your mind!—This Amphion, who was pacing up and down the dining-room, ended by seating himself on a window-sill, directly opposite

the monkey. Perhaps he was in search of an audience. Suddenly I saw the beast climb down softly
from his little cage, stand erect on his hind legs, throwing back his head like a swimmer, and folding his arms
across his breast as Spartacus in chains might have
done, or Catiline listening to Cicero. The banker,
called by a soft voice whose silvery tone awoke the
echoes of a boudoir well known to me, laid the violin
on the window-sill, and fled as a swallow flies to
overtake his mate, swiftly, in a horizontal line.
The great monkey, whose chain was quite long,
walked to the window and gravely took up the
violin. I do not know whether you have ever had,
as I have, the pleasure of seeing a monkey trying to
learn music, but, at this moment, when I no longer
laugh as I used to do in those careless days, I never
think of my monkey without a smile. The half-
man began by pawing the instrument and smelling
it, as if it were an apple which he was about to
taste. His nasal breathing probably caused the reso-
nant wood to give forth a low note, and thereupon
the orang-outang shook his head, turned around
and back again, raised the violin and lowered it,
held it at arm's length and brandished it, put it to
his ear, laid it down and took it up again with a
rapidity of movement peculiar to those animals. He
mutely questioned the silent wood with purposeless
sagacity, in which there was something indefinably
marvellous and incomplete. At last, he tried, in the
most amusing way, to place the violin under his
chin, holding the neck in one hand; but, like a

spoiled child, he soon wearied of a study which demanded a skill that it would take too long to acquire, and he pulled at the strings, but succeeded in producing only discordant sounds. Then he lost his temper, tossed the violin on the window-sill, and, seizing the bow, began to move it violently back and forth, as a mason saws a stone. As this last attempt succeeded only in fatiguing his delicate ears still more, he took the bow in both hands and struck the inoffensive instrument, source of pleasure and harmony, again and again. It seemed to me as if I were watching a schoolboy who had a prostrate comrade under him, and was regaling him with a volley of hurried but well-directed blows, to chastise him for some dastardly act. The violin being tried and condemned, the monkey sat down on the ruins and amused himself with stupid satisfaction, by twisting the pale hairs of the broken bow.

Never since that day has my attention been called to the household of one of the predestined, that I have not compared the majority of husbands to that orang-outang trying to play the violin.

Love is the most harmonious of all melodies, and the sentiment of love is born in us. Woman is a delicious instrument of pleasure, but we must learn to know her quivering strings, study her position, her timid keyboard, her changing and capricious fingering. How many orang—men I mean—marry without knowing what a woman is! How many predestined men have treated them as the monkey at Cassan treated his violin! They have broken hearts which they did not comprehend, as they have spurned and trodden upon the jewel whose secret was unknown to them. Children all their lives, they take their leave of life empty-handed, having vegetated simply, talking of love and pleasure, of dissipation and virtue, as slaves talk of liberty. Almost all have married in utter ignorance of women and of love. They have begun by bursting open the door of a strange house, and they expect to be greeted with open arms in the salon! But the most ordinary performer knows that there is an indescribable sort of friendship between himself and his instrument, whether it be of wood or of ivory. He knows, by experience, that it has taken him years to establish that mysterious connection between an inert substance and himself. He did not divine its resources and its caprices, its defects and its virtues, at the first stroke. His instrument does not become his soul, is not a source of melody until after long study; they do not succeed in knowing each other like two friends until after the most skilfully-devised questionings.

Can a man become acquainted with woman and learn how to decipher that marvellous score, by remaining through life in a crouching posture like a seminarist in his cell? Can a man whose business it is to think for others, to judge others, to govern others, to steal others' money, to support, to wound, to cure others—in a word, can all our predestined husbands employ their time in studying woman? They sell their time—how can they give it in the

THE BANKER'S AUDIENCE

This Amphion, who was pacing up and down the dining-room, ended by seating himself on a window-sill, directly opposite the monkey.

cause of happiness? Money is their god. One cannot serve two masters at once. Thus the world is full of young women who drag themselves about, pale and weak, sickly and suffering. Some are afflicted with inflammations of more or less severity, others never throw off the heavy yoke of nervous attacks of greater or less violence. The husbands of all such women are ignorant and predestined. They have brought misfortune on their own heads with the pains which an artistic husband would have displayed in bringing to maturity the tardy but delicious flowers of pleasure. The time which an ignorant husband passes in compassing his own ruin is precisely the time which a clever husband knows enough to employ in paving the way for his happiness.

XXVI

Never begin marriage with a rape.

In the preceding Meditations, we have indicated the extent of the disease with the disrespectful audacity of surgeons who develop boldly the false tissues beneath which a shameful wound is hidden. Public virtue, laid upon the dissecting-table in our amphitheatre, has not left even its dead body under the scalpel. Lover or husband, you have smiled or shuddered at the disease, have you not? We take a malicious joy in placing this immense social burden on the conscience of the predestined. Harlequin, trying to ascertain whether his horse can accustom himself to doing without food, is no more laughable than the men who wish to find happiness at home and neglect to cultivate it with all the care which it demands. The errors of wives are so many indict-ments against the egotism, the heedlessness, and the imbecility of husbands.

Now, it is for you yourself, dear reader, who have often rebuked your own crime in another, it is for you to hold the balance even. One of the scales is heavily loaded, be careful what you put in the other! Estimate the number of predestined who may be found in the total number of husbands, and reflect: you will find out where the trouble lies.

Let us try to go a little deeper into the causes of this conjugal malady.

The word *love*, applied to the reproduction of the species, is the most odious blasphemy that modern manners have taught. Nature, by exalting us above beasts by the divine gift of thought, has made us apt to feel sensations and sentiments, cravings and passions. This double nature makes man an animal and a lover. The distinction will throw light upon the social problem with which we are dealing.

Marriage may be considered, politically, civilly, and morally, as a law, as a contract, as an institution: in the first view, it means reproduction of the spe-cies; in the second, it means transmission of prop-erty; in the third, it is a guaranty, the provisions of which are of interest to all men: they have a father and a mother, they will have children. Mar-riage, then, should be the object of general respect. Society has never been able to consider any but these prominent features, which, from its stand-point, control the conjugal question.

Most men, when they marry, have in view only reproduction, property, or children; but neither re-production nor property nor children constitute happiness. The *Increase and Multiply* does not im-ply love. To ask a girl whom you have seen four-teen times in a fortnight to love you in the name of the law, the king, and justice, is an absurdity worthy of the majority of the predestined!

Love means concert of desire and sentiment, happiness in wedlock results from a perfect under-standing between the hearts of the husband and wife. Hence it follows that, in order to be happy, a man is obliged to submit to certain rules of honor and delicacy. After having availed himself of the social law which consecrates physical desire, he must obey the secret laws of nature which cause the sentiments to bloom. If he stakes his happi-ness on being loved, he must love sincerely himself: nothing can resist a genuine passion.

But to be passionate means to desire always. Can one always desire his wife?

Yes.

It is as absurd to assert that it is impossible always to love the same woman, as to say that a famous artist needs several violins to execute a piece of music and to produce an enchanting melody.

Love is the poesy of the senses. It comprises the destiny of all that is great in man and of all that proceeds from his thought. Either it is sublime or it is not. When it exists, it exists forever, and constantly increases. That is the Love which the ancients represented as the Son of the Earth and the Sky.

Literature revolves about seven situations; music expresses everything with seven notes; painting has but seven colors; like those three arts, love may be said to be composed of seven principles; we bequeath the search for them to the next century.

If poetry, music, and painting have infinite methods of expression, the pleasures of love should be capable of even more; for in the three arts which assist us, perhaps fruitlessly, to seek the truth by analogy, man is left alone with his imagination, whereas love is the union of two bodies and two hearts. If the three principal methods of expressing thought require preliminary study by those whom nature has created poets, musicians, or painters, does it not seem reasonable that it is necessary to become initiated into the secrets of pleasure in order to be happy? All men feel the need of reproduction, just as all men are hungry or thirsty; but they do not all have a calling to be lovers and epicures. Our present civilization has proved that taste is a science, and that it is given to only certain privileged individuals to know how to eat and drink. Pleasure, considered as an art, awaits its physiologist. It is sufficient for us to have demonstrated that nothing but ignorance of the principles which go to make up happiness is responsible for the misfortunes which await all the predestined.

It is with the greatest diffidence that we venture to hazard the publication of a few aphorisms which may give birth to this new art, as plaster created geology; and we commend them to the meditations of philosophers, young unmarried men, and the pre-destined.

CONJUGAL CATECHISM

XXVII

Marriage is a science.

XXVIII

No man should marry until he has studied anatomy and dissected at least one woman.

XXIX

The fate of a young couple depends on the first night.

XXX

The woman who is deprived of her free will can never gain credit for making a sacrifice.

XXXI

In love, aside from all questions of the heart, woman is like a lyre which gives up its secrets only to him who can play skilfully upon it.

XXXII

In the absence of any feeling of repulsion, there is in the heart of every woman a sentiment which tends to proscribe sooner or later pleasure unattended by passion.

XXXIII

A husband's self-interest, fully as much as his honor, demands that he shall never indulge in a pleasure for which he has not been cunning enough to arouse a desire on his wife's part.

XXXIV

Pleasure being born of the conjunction of sensations and a sentiment, we may boldly assert that pleasures are a species of material ideas.

XXXV

As ideas are capable of an infinite number of combinations, it should be the same with pleasures.

XXXVI

In the life of man, there are not two moments of exactly the same pleasure, just as there are never two leaves exactly alike on the same tree.

XXXVII

If it is true that there are differences between one moment of pleasure and another, a man can always be happy with the same woman.

XXXVIII

To detect shrewdly the fine gradations of pleasure, to develop them, to give them a new form, an original expression, constitutes the genius of a husband.

XXXIX

Between two beings who do not love each other, this genius is libertinage; but the caresses over which love presides are never prurient.

XL

The most chaste wife may also be the most pleasure-loving.

XLI

The most virtuous woman may be immodest unwittingly.

XLII

When a man and woman are united by pleasure, all social conventions are in abeyance. That situation conceals a reef on which many vessels go to pieces. A husband is lost if he once forgets that there is such a thing as modesty independent of veils. Conjugal love should never put the bandage over the eyes or remove it except at the proper moment.

XLIII

Power does not consist in striking hard or often, but in striking true.

XLIV

To give birth to a desire, to nourish it, develop it, mature it, lash it, satisfy it, is a whole poem in itself.

XLV

The proper sequence of pleasures is from the distich to the quatrain, from the quatrain to the sonnet, from the sonnet to the ballad, from the ballad to the ode, from the ode to the cantata, from the cantata to the dithyramb. The husband who begins with the dithyramb is an idiot.

XLVI

Each night should have its bill of fare.

XLVII

Marriage is compelled to contend constantly with a monster which devours everything—habit.

XLVIII

If a husband has not the power to distinguish between the enjoyments of two consecutive nights, he has married too soon.

XLIX

It is easier to be a lover than a husband, for the reason that it is more difficult to be bright and entertaining every day than to say pretty things from time to time.

L

A husband should never go to sleep first or wake last.

LI

The man who enters his wife's dressing-room is either a philosopher or a fool.

LII

The husband who leaves nothing to be desired is a lost man.

LIII

The married woman is a slave whom one must have the art to place upon a throne.

LIV

A man cannot flatter himself that he knows his wife and that he makes her happy until he sees her frequently at his knees.

It was to our whole ignorant army of predestined husbands, to our legions of catarrhal subjects, smokers, snuff-takers, old men, grumblers, etc., that Sterne addressed the letter in *Tristram Shandy*, written by Walter Shandy to his brother Toby, when the latter proposed to marry the widow Wadman.

As the famous instructions which the most original of English authors has laid down in that letter will, with due allowances, supplement our observations upon the proper way to behave with women, we will give it here, word for word, for the predestined to reflect upon, begging them to ponder it well as one of the most solid masterpieces of the human mind.

LETTER FROM MR. SHANDY TO CAPTAIN TOBY SHANDY

" My Dear Brother Toby:

" What I am going to say to thee is upon the nature of women, and of love-making to them; and perhaps it is as well for thee, though not so well for me, that thou hast occasion for a letter of instructions upon that head, and that I am able to write it to thee.

" Had it been the good pleasure of Him who disposes of our lots, and thou no sufferer by the knowledge, I had been well content that thou should'st have dipped the pen this moment into the ink instead of myself; but that not being the case, Mrs. Shandy being now close beside me preparing for bed, I have thrown together, without order and just as they have come into my mind, such hints and documents as I deem may be of use to thee, intending in this to give thee a token of my love; not doubting, my dear Toby, of the manner in which it will be accepted.

" In the first place, with regard to all which concerns religion in the affair, though I perceive, from a glow in my cheek, that I blush as I begin to speak to thee upon the subject, as well knowing, notwithstanding thy unaffected secrecy, how few of its offices thou neglectest, yet I would remind thee of one—during the continuance of thy courtship—in a particular manner, which I would not have omitted; and that is, never to go forth upon the enterprise, whether it be in the morning or in the afternoon, without first recommending thyself to the protection of Almighty God, that He may defend thee from the evil one.

" Shave the whole top of thy crown clean once, at least, every four or five days, but oftener, if convenient; lest in taking off thy wig before her, through absence of mind, she should be able to discover how much has been cut away by Time: how much by Trim.

" 'Twere better to keep ideas of baldness out of her fancy.

" Always carry it in thy mind and act upon it as a sure maxim, Toby:

" ' That women are timid;' and 'tis well they are, else there would be no dealing with them.

" Let not thy breeches be too tight, or hang too loose about thy thighs, like the trunk-hose of our ancestors.

" A just medium prevents all conclusions.

" Whatever thou hast to say, be it more or less, forget not to utter it in a low, soft tone of voice; silence, and whatever approaches it, weaves dreams of midnight secrecy into the brain; for this cause, if thou canst help it, never throw down the tongs and poker.

"Avoid all kinds of pleasantry and facetiousness in thy discourse with her, and do whatever lies in thy power at the same time to keep from her all books and writings which tend thereto: there are some devotional tracts which, if thou canst entice her to read over, it will be well; but suffer her not to look into Rabelais or Scarron or Don Quixote.

" They are all books which excite laughter; and thou knowest, dear Toby, that there is no passion so serious as lust.

" Stick a pin in the bosom of thy shirt before thou enterest her parlor.

"And if thou art permitted to sit upon the same sofa with her, and she gives thee occasion to lay thy hand upon hers, beware of taking it; thou canst not lay thy hand upon hers, but she will find the temper of thine. Leave that, and as many other things as thou canst, quite undetermined; by so doing thou wilt have her curiosity on thy side; and if she is not conquered by that, and thy *ass* continues still kicking, which there is great reason to suppose, thou must begin with

first losing a few ounces of blood below the ears, according
to the practice of the ancient Scythians, who cured the most
intemperate fits of the appetite by that means.

"Avicenna, after this, is for having the part anointed with
the syrup of hellebore, using proper evacuations and purges;
and I believe rightly. But thou must eat little or no goat's
flesh, nor red deer; nor even foal's flesh by any means; and
carefully abstain, that is as much as thou canst, from pea-
cocks, cranes, coots, didappers, and water-hens.

"As for thy drink, I need not tell thee it must be the infu-
sion of *Vervain* and the herb *Hanea*, of which Ælian relates
such effects; but if thy stomach palls with it, discontinue it
from time to time, taking cucumbers, melons, purslain, water-
lilies, woodbine, and lettuce in the stead of them.

" There is nothing further for thee which occurs to me at
present.

" Unless the breaking out of a fresh war. So wishing
everything, dear Toby, for the best,

" I rest thy affectionate brother,

" WALTER SHANDY."

Under existing circumstances, Sterne himself would
undoubtedly expunge from his letter the article upon
the *ass ;* and, far from advising one of the predestined
to be bled, he would change the cucumber and lettuce diet for one eminently substantial. He urged
economy in order to be prepared for magical profu-
sion in time of war, imitating therein the admirable
English government, which has two hundred ships
in time of peace, but whose dockyards can furnish
twice that number when it becomes necessary to
sweep the seas and swallow up the whole navy of
a hostile power.

When a man belongs to the small number of those

whom a liberal education admits to good standing in the domain of thought, he ought always, before marrying, to consult his powers, both physical and mental. To contend advantageously with the storms which so many temptations are preparing to raise in his wife's heart, a husband should have, in addition to the science of pleasure and a fortune which enables him to avoid all sections of the predestined, robust health, exquisite tact, a fair supply of wit, enough good sense not to make his superiority apparent except at opportune seasons, and, lastly, an extremely keen sight and delicate sense of hearing.

If he had a handsome face, a fine figure, a masculine air, and should fall short of what those external qualities promised, he would be relegated to the predestined. So that an ugly husband, whose face is full of expression, would be, when his wife had once forgotten his ugliness, in the most favorable position to combat the genius of evil.

He will study—and this point is overlooked in Sterne's letter—to remain always inodorous, in order to give no cause for disgust. Therefore he will be very moderate in his use of perfumery, which always subjects beauty to insulting suspicions.

He must study his behavior, sift his speech as if he were a courtier of the most inconstant of women. It was for his benefit that a certain philosopher made the following reflection :

" Many a woman has made herself miserable for life, has ruined herself, degraded herself for a man whom she ceased to love because he removed his coat awkwardly, cut one of his nails badly, wore his stockings wrong side out, or had an awkward way of unfastening a button.''

One of his most important duties will be to conceal from his wife the real state of his fortune, in order to be able to gratify such fancies and caprices as she may have, as the open-handed celibate does.

Finally,—and this is a difficult thing, a thing which requires superhuman courage,—he must wield the most absolute power over the *ass* of which Sterne speaks. It must be made as submissive as a serf of the thirteenth century to his lord; it must obey, hold its peace, go forward and halt at the slightest nod.

Even when armed with all these advantages, a husband can hardly enter the lists with any hope of success. Like all the others, he runs the risk of being simply his wife's responsible publisher, so to speak.

"What's that!" we hear some excellent narrow-minded people exclaim, whose horizon ends at their noses; "must we take so much trouble about loving, pray? and is it necessary to go to school as a preparation for domestic happiness? Does the government propose to endow a professorship in Love for us, as it recently established a professorship of International Law?''

This is our reply:

These multifold rules, so difficult to deduce, these minute observations, these conclusions which vary with varying temperaments, pre-exist, so to speak, in the hearts of those who are born for love, as the sentiment of taste and an indefinable facility for putting ideas together are found in the minds of the poet, the painter, or the musician. Men who are conscious of fatigue from attempting to put in practice the precepts set forth in this Meditation are naturally predestined, just as the man who cannot detect the connection between two different ideas is an imbecile. In truth, love has its great unknown heroes, as war has its Napoléons, as poetry has its André Cheniers, and philosophy its Descartes.

This last remark contains the germ of a reply to the question which all men have asked for a long time: Why are happy marriages so rare?

This moral phenomenon is of infrequent occurrence, for the reason that there are few men of genius. An enduring passion is a sublime drama played by two actors equal in talent, a drama in which the desires are incidents, the sentiments are climaxes, and in which the most trivial thought causes a change of scene. Now, how can we expect to find often, in this flock of bimana which we call a nation, a man and a woman who possess in the same degree the genius of love, when talented men are so few and far between in the other sciences, to succeed in which one has only to have an understanding with himself?

Thus far we have contented ourselves with foreshadowing the obstacles, in a certain sense physical, which a husband and wife have to overcome in order to be happy; but what would happen if we were obliged to unfold the terrifying tableau of the moral obligations born of differences in disposition? Let us pause! the man who is adroit enough to guide the temperament will certainly be master of the heart.

We will suppose that our model husband fulfils these first conditions required to defend his wife advantageously from assailants. We will assume that he falls within none of the predestined classes which we have passed in review. Let us, in a word, admit that he is thoroughly imbued with all our maxims; that he is a master of that admirable science of which we have noted some of the precepts, that he has married with full knowledge, that he knows his wife, that he is beloved by her; and let us continue our enumeration of all the general causes which may change for the worse the critical position to which we will lead him for the instruction of mankind.

SIXTH MEDITATION

OF BOARDING-SCHOOLS

If you have married a young woman whose education was acquired at a boarding-school, there are thirty chances against your being happy in addition to all those we have enumerated heretofore, and you resemble to the life a man who has thrust his hand into a hornet's nest.

In that case, immediately after the wedding ceremony, and without allowing yourself to be deceived by the innocent ignorance, the artless graces, the modest bearing of your wife, you must ponder and follow the axioms and precepts which we shall discuss at length in the second part of this book. You will even carry out the rigorous directions of the third part, adopting on the spot a system of active surveillance, and displaying a paternal solicitude every hour in the day, for on the very day after your marriage, on the day before, perhaps, *there will be danger in the house.*

For, remember the secret and thoroughly-digested information which schoolboys acquire *de natura rerum,*—concerning the nature of things. Did Lapeyrouse, Cook, or Captain Parry ever display such ardor in their expeditions toward the poles as collegians display in their expeditions toward the prohibited shores of the ocean of pleasure?

As girls are more crafty, cleverer, and more inquisitive than boys, their clandestine meetings, their conversations, which all the exertions of the matrons are powerless to prevent, are guided by a genius a thousand times more fiendish than that of the other sex. What man has ever heard the reflections and vicious comments of these young girls? They alone know the games wherein honor is lost in anticipation, the essays at pleasure, the gropings after forbidden joys, the imitations of happiness, which we may compare to the larceny by overgreedy children of dessert placed under lock and key. A girl may leave her boarding-school a virgin, but not chaste. She will have discussed more than once in secret conventicle the momentous question of lovers, and corruption will necessarily have gained a foothold in her heart or her mind, be it said without antithesis.

Let us assume, however, that your wife has taken no part in these virginal frolics, in this premature mischief. Will she be the better for having had no deliberative voice in the secret councils of the *big girls?* No. She will have formed friendships with other maidens of her own age, and we shall be very modest in our estimate if we give her two or three intimate friends. Are you certain that, when your wife has left the boarding-school, her young friends will not be admitted to those conferences wherein an attempt is made to become acquainted in advance, by analogy, at least, with the game of the doves? However, her friends will marry; then you will have four wives to be watching instead of one, four characters to fathom, and you will be at the mercy of four husbands and a dozen bachelors, as to whose lives, habits, and principles you are entirely ignorant, when our meditations will have shown you that you will find it necessary some day to turn your attention to people whom you married, without suspecting it, when you married your wife. No one but Satan could ever have conceived the idea of a boarding-school for girls in the midst of a large city!—Madame Campan had the grace to establish her famous institution at Ecouen. That wise precaution proves that she was no ordinary woman. There her young ladies did not see the museum of the streets, composed of monstrous, grotesque images and of obscene remarks attributable to the pencil of the evil spirit. They had not constantly before their eyes the spectacle of human infirmities displayed by every curbstone in France, nor did treacherous literary closets vomit upon them in secret the poison of incendiary books filled with harmful information. Nowhere but at Ecouen could that accomplished teacher preserve a young woman pure and intact, if such a thing be possible anywhere. Perhaps you would expect to have no difficulty in preventing your wife from seeing her boarding-school friends? nonsense! she will meet them at the ball, at the play, on the street, in society; and how many favors two women can do each other! But we will consider this new cause of alarm in its proper time and place.

Nor is this all: if your mother-in-law placed her daughter at a boarding-school, do you fancy that she did it in her daughter's interest? A girl of twelve or fifteen is a terrible Argus; and if your mother-in-law wanted no Argus in her house, I begin to suspect that your worthy mother-in-law belongs to the most suspicious class of our honest women. On every occasion, therefore, she will either be a fatal exemplar or a dangerous adviser for her daughter.

Let us stop here!—the mother-in-law demands an entire Meditation to herself.

And so, whichever way you turn, the nuptial bed, if your wife has been at a boarding-school, is equally strewn with thorns.

Before the Revolution, some aristocratic families sent their girls to a convent. This example was followed by great numbers of people who imagined that if they placed their daughters where the daughters of a great nobleman were, they would acquire their style and manners. This error, born of pride, was, in the first place, fatal to domestic happiness; and, secondly, convents had all the inconveniences of boarding-schools. Idleness prevails in them to a more deplorable extent. The cloistral gratings inflame the imagination. Solitude is one of the devil's most cherished domains; and one can hardly believe what havoc the most commonplace phenomena of life will sometimes cause in the hearts of those dreamy, ignorant, unoccupied girls.

Some, by virtue of having caressed chimeras, give occasion for curious mistakes. Others, having formed an exaggerated idea of conjugal happiness, say to themselves, when they belong to a husband: " What! is this all it amounts to!"—From every point of view, the incomplete information which young girls educated in common acquire has all the perils of ignorance and all the disadvantages of knowledge.

A girl brought up at home by a mother, or by a virtuous, bigoted, amiable, or sour-tempered old aunt; a girl whose feet have never crossed the paternal threshold unless surrounded by chaperons, whose laborious childhood has been exhausted by useless tasks, to whom, in fact, everything is unknown, even the *spectacle de Séraphin,* is one of the treasures one encounters here and there in society, like the wild-flowers encompassed by such a wilderness of brambles that mortal eyes have never been able to descry them. The man who, having possession of so sweet and pure a flower, allows it to be cultivated by others, deserves his disaster a thousand times over. He is a monster or an idiot.

This will be a convenient time to inquire whether there is any possible method of marrying safely and thus postponing indefinitely the precautions which will be presented as a whole in the second and third parts; but is it not abundantly proved that it is easier to read the *Ecole des Femmes* in a tightly-closed oven than to ascertain the disposition, the habits, and the mental qualities of a young unmarried woman?

Do not most men take a wife precisely as they would buy consols on the Bourse?

And if, in the preceding Meditation, we have succeeded in proving to you that the majority of men are utterly heedless of their own honor in the matter of marriage, is it reasonable to believe that we shall find many men rich enough, clever enough, observant enough, to waste, like Burchell in the *Vicar of Wakefield*, one or two years of their life in watching and trying to fathom the girls whom they propose to marry, when they pay so little attention to them after they have possessed them during the period which the English call the *honeymoon*—a period whose influence we shall very soon discuss?

Meanwhile, as we have meditated long upon this important subject, we will remark that there are certain methods of choosing with some prospect of success, even if the choice be made hastily.

For example, it is beyond question that the probabilities will be in your favor:

1. If you have selected a young woman whose temperament resembles that of the women of Louisiana or the Carolinas.

To obtain accurate information concerning a young woman's temperament, you must adopt, with the lady's maids, the system mentioned by Gil Blas and employed by statesmen in order to unearth conspiracies and to ascertain how ministers passed the night.

2. If you should select a young woman who, while not ugly, is not in the class of pretty women.

We look upon it as an incontrovertible principle, that, if one wishes to be as nearly happy as possible in his home life, great sweetness of disposition and exceeding plainness of face, united in a woman, are two indispensable elements of success.

But if you wish to know the truth, open Rousseau; for no question of public morals can be suggested which he has not anticipated, and of which he has not indicated the scope.   Read:

" Among peoples who have morals, girls are lax, and women stern.   The opposite is true of those peoples who have no morals."

If we adopt the principle laid down in that profound and true remark, it will follow that there would not be so many unhappy marriages if men should marry their mistresses.   The education of girls, therefore, should undergo very considerable modifications in France.   Heretofore, French laws and French morals, when it was a matter of preventing a misdemeanor or a crime, have favored the crime.   In truth, the fault committed by an unmarried girl is hardly a misdemeanor if you compare it to that committed by the married woman.   Is there not, therefore, incomparably less danger in giving girls their liberty than in giving wives theirs? The idea of taking a girl on trial will make more serious-minded men reflect than thoughtless men laugh.   The customs of Germany, Switzerland, England, and the United States give unmarried girls

privileges which would seem in France to signify
the overthrow of all morality; and yet it is certain
that in those countries marriages are less unhappy
than in France.

"When a woman has given herself absolutely to
a lover, she must have known him well. The gift
of her esteem and her confidence must necessarily
have preceded the gift of her heart."

Perhaps those words, resplendent with truth, illumined the dungeon in whose depths Mirabeau
wrote them, and the pregnant observation contained
in them, although attributable to the most violent
of his passions, dominates none the less the social
problem we are considering. In truth, a marriage
cemented under the auspices of the religious inter-
examination which love implies, and under the empire of the disenchantment which follows possession,
should be the most indissoluble of all unions.

In that case, a woman no longer has a right to
reproach her husband on account of the law by
virtue of which she belongs to him. She can no
longer find in that forced submission a reason for
giving herself to a lover, when, later, she has in her
own heart an accomplice whose sophistries seduce
her, asking her twenty times an hour why, having
given herself against her will to a man whom she
did not love, she should not give herself willingly to
a man whom she does love. A woman is no longer
at liberty to complain of those defects which are
inseparable from human nature, she has submitted
to its tyranny, espoused its caprices in advance.

Many young girls will be disappointed in their hopes of love!—But will it not be an inestimable blessing to them not to be the companions of men whom they would be justified in despising?

Some alarmists will exclaim that such a change in our moral code would seem to justify terribly dissolute lives; that laws or custom, which controls laws, cannot, after all, consecrate scandal and immorality; and that, if inevitable evils exist, society certainly should not give them its sanction.

It is easy to reply, first of all, that the system proposed tends to prevent those evils which have hitherto been regarded as inevitable; but, however inaccurate our statistical calculations may be, they have always pointed to the existence of a great social sore, and our moralists, it seems, would prefer the greater evil to the lesser, would choose that the principle on which society rests should be violated rather than that unmarried girls should be given more or less liberty; that mothers of families should lead dissolute lives, thereby corrupting the sources of public education and making at least four persons unhappy, rather than that a young girl should go astray, although she compromises only herself, and, at the worst, a child. Let the virtue of ten virgins be destroyed rather than that sanctity of morals, that crown of honor which the mother of a family should wear. There is something indefinably imposing and sacred in the picture presented by a young girl abandoned by her seducer: violated oaths, betrayed confidence, and, over the ruins of

8

the most unresisting virtue, innocence in tears, doubting everything in her doubt of a father's love for his child. The unfortunate creature is innocent still; she may become a faithful wife, a loving mother; and even though the past be dark with clouds, the future is as blue as a cloudless sky. Shall we find these soft colors in the sombre pictures of illegitimate amours? In the one case, the woman is a victim; in the other, a criminal. Where is there any hope for the adulterous wife? even if God forgive her sin, the most exemplary life will not efface its living fruit. If James I. was Rizzio's son, Mary Stuart's crime endured as long as her ill-fated royal house, and the downfall of the Stuarts was just.

But does the emancipation of unmarried girls really threaten so many dangers?

It is very easy to accuse a young woman of allowing herself to be deceived by the desire to escape at any hazard from the unmarried state; but that is true only in the present condition of our morals. To-day, a young woman knows nothing of seduction or its snares, she relies on her weakness alone; and her treacherous imagination, studying the convenient maxims of fashionable society and governed by desires which everything tends to augment, is all the more blind as a guide because *a young girl rarely confides to another* the secret thoughts of her first love.

If she were free, an education exempt from prejudices would arm her against the love of the first comer. She would be, like everybody else, much stronger against known perils than against those whose extent is concealed. Moreover, with regard to being her own mistress, will a girl be less so under her mother's watchful eye? And must we reckon as of no account that modesty and that shrinking which nature has implanted in a maiden's heart for no other purpose than to preserve her from the misfortune of belonging to a man who does not love her? Indeed, where will you find a girl with so little genius for reflection as not to divine that the most immoral man wishes his wife to be a woman of principle, just as masters wish their servants to be perfect ; so that, for her, virtue is the richest and most productive of all commerce?

After all, what is the question here? For whose benefit do you think that we are arguing this matter? For five or six hundred thousand maidens at most, armed with their instinctive repugnances and with the high valuation which they put upon themselves: they know how to defend themselves as well as how to sell themselves. The eighteen millions of men and women whom we have excluded from consideration almost all marry in accordance with the system which we are trying to introduce into our customs; and, as for the intermediate classes, by which our poor bimana are separated from the privileged mortals who march at the head of a nation, the number of foundlings whom those semi-well-to-do classes abandon to misery has constantly increased since the peace, if we may believe Monsieur Benoiston de Châteauneuf, one of the most courageous of the scholars who have devoted themselves

to the useful but arid field of statistical investigation.
You will realize how deep-seated is the cancer for
which we offer a remedy, if you reflect upon the
multiplicity of natural children which statistics reveal, and upon the misfortunes which our calculations lead us to suspect in the first society. But it
is difficult to enlarge here upon all the benefits which
would result from the emancipation of girls. When
we come to observe the circumstances which accompany marriage as our system of morals has conceived
it, judicious minds will be able to appreciate the full
worth of the system of education and liberty which
we demand for girls in the name of nature and common sense. The prejudice which exists in France
concerning the virginity of brides is the most idiotic
of all our remaining prejudices. The Orientals take
their wives without worrying about the past, and
shut them up in order to be more certain of the
future; the French place their girls in a species of
seraglio protected by mothers, by prejudices, by
religious ideas; and they give the utmost liberty to
their wives, worrying much more about the past
than about the future. It would only be necessary,
therefore, for us to take a new departure in morals.
Perhaps we might then succeed in imparting to marital fidelity all the spice and relish which women find
to-day in acts of infidelity.

But this discussion would carry us too far from our
subject, if we should be led into examining in all its
details this extensive moral amelioration which the
France of the twentieth century will undoubtedly

demand; for morals are reformed very slowly! In order to secure the most trifling change, the boldest idea of the last age must have become the most commonplace idea of the present age. And so it is a sort of coquetry which has led us to touch lightly upon this question, perhaps to show that it has not escaped our attention, perhaps to bequeath still another task to posterity; and, if we have counted aright, this is the third; the first concerns courtesans, and the second is the physiology of pleasure.

"When there are ten, we will make a cross."

In the present condition of our morals and of our imperfect civilization, there is one problem which is temporarily insoluble and which renders any dissertation on the art of choosing a wife superfluous; we commend it, with all the rest, to the meditations of philosophers.

PROBLEM

It has not yet been determined whether a woman is impelled to become unfaithful because it seems impossible for her to make the change, rather than because of the liberty she enjoys in that respect.

Again, as in this work we seize a man the moment he has married, if he has fallen in with a woman of sanguine temperament, of a vivid imagination, of a nervous constitution, or of an indolent disposition, his plight will be all the more serious.

A man would be in still greater danger if his wife drank nothing but water—see the Meditation entitled

Conjugal Hygiene;—but if she had any musical talent, or if she were likely to take cold too easily, he would have reason to tremble every day; for it is a well-known fact that songstresses are at least as passionate as women whose mucous systems are very delicate.

Lastly, the peril would become even more threatening if your wife were under seventeen; or again, if her complexion were pale and sallow, for such women are almost always artificial.

But we do not wish to anticipate the terrors which will be aroused in husbands by all the symptoms of unhappiness to come, which they may detect in the characters of their wives. This digression has already led us too far away from boarding-schools, where so many disasters are hatched, from which young girls come forth incapable of appreciating the painful sacrifices by which the honorable man, who does them the honor to marry them, has attained opulence; young girls, impatient for the joys of luxurious living, ignorant of our laws, ignorant of our manners, grasping with avidity the empire which their beauty gives them, and ready to abandon the truthful accents of the heart for the buzzing of flattery.

May this Meditation leave in the memory of all those who read it, even though they open the book absent-mindedly or to keep themselves in countenance, a profound aversion for young women educated at a boarding-school; then will the public interest have been richly served.

SEVENTH MEDITATION

OF THE HONEYMOON

If our earlier Meditations prove that it is almost impossible for a married woman to remain virtuous in France, our classification of celibates and predestined husbands, our remarks concerning the education of girls, and our rapid examination of the difficulties attendant upon the choice of a wife explain this national fragility to a certain extent. Thus, after frankly pointing out the lurking disease by which the social state is afflicted, we have sought the causes thereof in the imperfection of the laws, in the inconsistency of our morals, in our lack of wit, in the contradictions of our customs. A single fact remains to be discussed : the way in which the disease is taken.

We are met by that question, first of all, as we approach the momentous questions suggested by the honeymoon; and, just as we shall find therein the starting-point of all conjugal phenomena, so it will offer us a resplendent link in the chain formed by our observations, our axioms, our problems, which we have purposely scattered here and there amid the wise nonsense contained in our chattering

Meditations. The honeymoon will be, so to speak, the apogee of the analysis which we must attempt to make before bringing our two imaginary champions face to face.

This expression, *honeymoon*, is an Anglicism which will find its way into all languages, it so gracefully describes the fleeting nuptial season, during which life is all sweetness and enchantment; it will endure, as all errors and illusions endure, for it is the most hateful of all falsehoods. Although it appears as a nymph crowned with fresh flowers, caressing as a siren, it is in reality unhappiness, pure and simple; and unhappiness arrives, as a general rule, during the billing and cooing.

The husband and wife whose destiny it is to love each other all their lives, know nothing of the honeymoon; so far as they are concerned, it does not exist, or rather it exists all the time: they are like the immortals, who know naught of death. But that happiness is outside of our book; and for our readers, marriage is under the influence of two moons, the honeymoon and the April moon. The latter ends with a revolution which changes it to a crescent; and when it shines upon a household it shines for eternity.

How can the honeymoon cast light upon two beings who are not supposed to love each other?

How does it set when it has once risen?

Have all couples their honeymoon?

Let us proceed to answer these three questions in order.

The admirable education which we bestow upon our girls and the prudent customs under whose guidance men marry will be found to bear all their fruit in this discussion. Let us examine the circumstances by which the least unhappy marriages are preceded and accompanied.

Our system of morals develops in the girl whom you take for your wife a naturally excessive curiosity; but, as French mothers pride themselves upon putting their daughters into the fire every day without allowing them to be burned, that curiosity is unlimited.

Profound ignorance of the mysteries of marriage conceals from that creature, who is as naïve as she is cunning, all knowledge of the perils by which it is attended, and, marriage being constantly represented to her as a period of tyranny and liberty, of enjoyment and sovereignty, her desires are inflamed by the longing to satisfy all the interests of life: to her mind, to marry is to be summoned from non-existence to life.

If she has within her the craving for happiness, religion, morality, the law and her mother have told her a thousand times that that happiness can come only from you.

Obedience is still a necessity to her, if it be not a virtue; for she expects everything from you: in the first place, society affirms the slavery of woman, but she does not even form in her own mind a desire to free herself, for she feels that she is weak, timid, and ignorant.

Unless by reason of an error attributable to chance, or of a repugnance which it would be unpardonable in you not to have divined, she will certainly try to please you; she does not know you.

And, lastly, to facilitate your great triumph, you take her at the moment when nature is energetically soliciting the pleasures of which you are the dispenser. Like Saint Peter, you hold the keys of Paradise.

I ask any reasonable creature if a demon would display so much solicitude in collecting about an angel whom he had sworn to ruin, the elements of that angel's destruction as good morals display in plotting the destruction of a husband?—Are you not surrounded with flatterers, like a king?

Abandoned with all her ignorance and all her desires to a man, who, even though he be in love, cannot and should not appreciate her instinctive, secret delicacy, will not the young girl be shamefully passive, submissive, and complaisant during all the time that her youthful imagination will persuade her to wait for pleasure or happiness until a to-morrow which never arrives?

In this abnormal situation, where social laws and the laws of nature are at odds, a young girl obeys, abandons herself, suffers, and is silent through self-interest. Her obedience is a speculation; her complaisance, a hope; her devotion, a sort of vocation of which you avail yourself ; and her silence is generosity. She will be the victim of your caprices so long as she fails to understand them; she will suffer because of your character and disposition until she has studied them; she will sacrifice herself without love, because she believes in the semblance of passion which the first moment of possession arouses in you: she will cease to be silent on the day when she realizes the uselessness of her sacrifices.

Then comes a morning when all the misunderstandings which have presided over that union spring up like branches that have bent for a moment beneath a weight that is gradually lightened. You have mistaken for love the negative existence of a young girl waiting in expectation of happiness, who flew to meet your desires in the hope that you would do the same to hers, and who dared not complain of the secret unhappiness for which she blamed herself first of all. What man would not be the dupe of a fraud prepared so long beforehand,—a fraud of which a young girl is at the same time an innocent victim and a guilty accomplice? One must needs be a God to escape the fascination with which you are encompassed by nature and society. Is not everything about you and within you a pitfall? for, in order to be happy, must you not defend yourself against the impetuous cravings of your senses? Where is that powerful barrier to hold them in check that is raised by the feeble hand of a young woman whom you wish to please because you do not yet possess her? Therefore you have ordered your troops to parade and march past when there was no one at the windows; you have discharged fireworks whose charred frames alone were left when your guest appeared to look at them. Your wife, in face of the pleasures of marriage, was like a Red Indian at the Opéra: the instructor is exhausted by the time the savage begins to understand.

LVI

The moment when the hearts of a husband and wife can reach an understanding is as fleeting as a lightning-flash, and it does not return when it has fled.

This first attempt at life *à deux*, during which a woman is encouraged by the hope of happiness, by the still novel sentiment of her duties as a wife, by the desire to please, and by the virtue which is so persuasive when it exhibits love and duty in perfect accord, is called the honeymoon. How can it last long between two beings who associate themselves together for life without knowing each other perfectly? If there is one thing which should astonish us, it is this—that the lamentable absurdities accumulated around the nuptial bed by our system of morals are the cause of so few deadly hatreds!

But that the virtuous man's existence is as a placid brook, and the prodigal's as a mountain torrent; that the child whose imprudent hands have plucked all the roses along his path, finds only thorns on his return; that the man whose wild youth has squandered a million cannot enjoy during his life the forty thousand francs a year which that million would have given him—all these truths are

trite from the standpoint of morality, but are of
novel impression from the standpoint of the conduct of the majority of men. Therein you may
see the true image of all honeymoons; it is their
history, it is the fact and not the cause.

But that men endowed with considerable reasoning
power by a superior education, accustomed to take
part in deep-laid plans in order to make themselves
a name in politics or in literature, in the arts, in
business or in private life—that such men all marry
with the intention of being happy, of governing a
wife by love or by force, and all fall into the same
snare, become idiots after enjoying a certain amount
of happiness for a certain time—that is a problem
the solution of which rests in the unexplored depths
of the human heart rather than in the physical
truths, so to speak, by which we have already tried
to explain some of these phenomena. The dangerous search for secret laws which almost all men are
certain to violate unwittingly at this critical period
offers sufficient prospect of glory to him who should
fail in the undertaking, to induce us to make the
venture. So let us try.

In spite of all that fools have to say concerning
the difficulty they find in describing love, it has
principles as infallible as those of geometry; but as
every individual modifies them at his will, we accuse
love of caprices properly attributable to our innumerable natures. If we were permitted to see only
the many varied effects of light without perceiving
the principles which govern it, many minds would

refuse to believe in the course of the sun, and that there was but one. So the blind can cry as loud as they choose; I pride myself, like Socrates, although not as wise as he, upon knowing naught of anything but love; and I propose to try and deduce some of its precepts, in order to save married or unmarried men the trouble of digging in their own brains—they would strike bottom too soon.

Now, all our preceding observations may be resolved into a single proposition which may be considered as the last term, or the first if you choose, of this secret theory of love, which would bore you sadly if we did not have done with it very soon. This proposition may be stated thus:

LVII

Between two beings susceptible of love, the duration of the passion is proportioned to the original resistance of the woman, or to such obstacles as the hazards of society place in the way of your happiness.

If your desire is left unsatisfied but one day, your love will last, perhaps, three nights. Where must we seek the causes for this law? I do not know. If we choose to look about us, we shall find abundant proofs of it: in the vegetable kingdom, the plants which take the longest time to grow are those which are promised the longest life; in the moral world, the works composed yesterday die tomorrow; in the physical world, the womb which disregards the laws of gestation produces dead fruit. In every kingdom, a work destined to live long is long in hatching. A long future requires a long past. If love be a child, passion is a man. This general law, which controls nature, mankind, and the sentiments, is precisely the one which all marriages disregard, as we have proved. To it we owe the amorous fables of the Middle Ages: the Amadises, the Lancelots, the Tristans of the fabliaux, whose constancy naturally seems apocryphal to us, are the allegories of that national mythology which our imitation of Greek literature killed in its first bloom. The graceful figures outlined by the imagination of the troubadours emphasized this truth.

LVIII

We become durably attached to things only in proportion to the care, the labor, the desires they have cost us.

All that our meditations have disclosed concerning this primordial law of love reduces itself to the following axiom, which is its principle and its consequence at the same time.

LIX

In everything, we receive only in proportion to what we give.

This last principle is so self-evident that we will not try to prove it. We will simply add to it a single observation which seems to us of some importance.

The man who said: "Everything is true and everything is false," proclaimed a fact which the human mind, being naturally sophistical, interprets to suit itself, for it really seems that human affairs have as many different faces as there are minds to consider them. This is that fact:

There is not in all creation a single law which is not counterbalanced by a contrary law: life is everywhere regulated by the equilibrium of two opposing forces. So, in the subject we are now considering, in love, it is certain that if you give too much you will receive too little. The mother who reveals all her affection for her children creates ingratitude in them, ingratitude being due, perhaps, to one's consciousness of the impossibility of paying his debt. The woman who loves more than she is loved will necessarily be tyrannized over. Durable love is the love which holds the forces of two beings always in equilibrium. Now, this equilibrium can always be established: the one of the two who loves the more must remain in the sphere of the one who loves the less. And is it not, after all, the sweetest sacrifice that a loving heart can make, seeing how readily love adapts itself to that inequality?

What a glow of admiration warms the heart of the philosopher when he discovers that there is probably but a single principle in the world, as there is but a single God, and that our ideas and our affections are governed by the same laws that cause the planets to move, the flowers to bloom, and the universe to live!

Perhaps we must seek in this metaphysics of love the reasons for the following proposition, which casts a most brilliant light on the question of honeymoons and April moons:

THEOREM

Man goes from aversion to love; but when he began by loving and has arrived at aversion, he never returns to love.

In certain human organisms the sentiments are as incomplete as thought can ever be in a sterile imagination. Thus, just as the mind is endowed with the power of readily grasping the relations that exist between things without drawing conclusions therefrom; with the power of grasping each such relation separately without combining them; with the power to see, to compare, and to express; so the heart may acquire an imperfect conception of the sentiments. Talent, in love as in every other art, consists in the conjunction of the power to conceive and the power to execute. The world is full of people who can sing an air without the ritornello, who have fourths of ideas and fourths of sentiments, and who can no more adjust the movements of their affections than their minds. They are, in a word, incomplete beings. Unite a well-equipped intellect with an imperfect intellect and you pave the way for disaster; for equilibrium must be maintained in everything.

We leave to boudoir philosophers and back-shop pundits the pleasure of seeking out the thousand

9

and one means whereby dispositions, minds, social positions, and fortune succeed in destroying the equilibrium; and we proceed to examine the last cause which influences the setting of the honeymoon and the rising of the April moon.

There is a principle in life more powerful than life itself. It is a movement whose rapidity proceeds from an unknown impulsion. Man is no more in the secret of this circumvolution than the earth is acquainted with the causes of its rotation. This indefinable something, which I will venture to call the current of life, carries away our most cherished thoughts, wears out the will of the majority of men, and draws us all in its wake in spite of ourselves. For instance, a man of excellent sense, who will never fail to pay his notes, if he is a business man, having succeeded in avoiding death, or—and perhaps it is the more cruel fate!—disease, by carefully following a simple, daily treatment, is well and duly nailed between four boards, after saying to himself every evening: " Oh! I will not forget my pastilles to-morrow!"—How are we to explain this strange fascination which dominates all the affairs of life? Is it lack of energy? men of most powerful will are subject to it; is it lack of memory? men who possess that faculty in the highest degree are subject to it.

This fact, which everyone may have noticed in his neighbor, is one of the causes which exclude most husbands from the honeymoon. The wisest man, although he may have avoided all the reefs we have heretofore pointed out, sometimes fails to avoid the snares which he has thus laid for himself.

I have noticed that man conducts himself in the matter of marriage and its perils in very much the same way as in the matter of wigs; and perhaps we may take the following phases of the mind with reference to wigs as a formula of human life:

FIRST PERIOD.—Shall I ever have white hair?

SECOND PERIOD.—At all events, if I do have white hair, I will never wear a wig: God! what an ugly thing a wig is!

Some morning you hear a youthful voice which love has caused to vibrate more frequently than it has extinguished it, exclaim:

" My, you have a white hair!"

THIRD PERIOD.—Why not have a well-made wig which would deceive people completely? There is a sort of merit in fooling everybody; and then a wig keeps one warm, it prevents colds, etc.

FOURTH PERIOD.—The wig is so cunningly adjusted that you deceive all those people who do not know you.

The wig is a constant source of preoccupation, and self-love makes you a daily rival of the most skilful hair-dressers.

FIFTH PERIOD.—The wig neglected.—God! how tiresome it is to have to uncover your head every night and curl it like a poodle-dog every morning!

SIXTH PERIOD.—A few white hairs can be seen under the wig; it moves on your head, and the careful observer can detect a white line on the back of

your neck in marked contrast to the darker shades
of the wig, which is pushed out of place by your
coat-collar.

SEVENTH PERIOD.—The wig looks like dog's-
grass, and—pardon the expression—you laugh at
your wig!

" Monsieur," said one of the most powerful female
intellects who have condescended to enlighten me
as to some of the obscurest passages of my book,
" what do you mean by this talk about a wig?"

" Madame," I replied, " when a man becomes
indifferent on the subject of his wig, he is—he is—
what your husband probably is not."

" Why, my husband is not—" She reflected.—
" He is not—amiable; he is not—in very good
health; he is not—of an even disposition; he is
not—"

" In that case, madame, he would be indifferent
about his wig."

We looked at each other, she with well-feigned
dignity, I with an imperceptible smile.

" I see," said I, " that one must treat with extreme respect the ears of the little sex, for they are
their only chaste possession."

I assumed the attitude of a man who has an important revelation to make, and my fair companion
lowered her eyes as if she suspected that she would
have occasion to blush during my discourse.

" To-day, madame, a minister would not be
hanged, as formerly, for a *yes* or a *no ;* a Château-
briand would hardly torture Françoise de Foix, and

we no longer wear long swords at our sides, ready
to resent an insult. Now, in an age when civilization has made such rapid progress, when the most
difficult science is taught in twenty-four lessons,
everything is certain to follow this impulse toward
perfection. So we can no longer speak the virile,
harsh, vulgar language of our ancestors. The age
in which such fine and gorgeous tissues are woven,
such dainty furniture manufactured, and such superb
porcelains, is naturally the age of periphrases and
circumlocutions. We must try, therefore, to coin
some new word to replace the comical expression
used by Molière; since, as a contemporary author
has said, that great man's language is too free for
women who deem gauze too thick for their clothing.
Now, society folk are as well aware as scholars of
the innate fondness of the Greeks for mysteries.
That poetic nation imparted a fabulous tinge to the
ancient traditions of its history. At the bidding of
its rhapsodists, who were poets and novelists combined, kings became gods, and their gallant adventures were transformed into immortal allegories.
According to Monsieur Chompré, certificated advo-
cate, classical author of the *Mythological Dictionary*,
the labyrinth was 'an enclosed space planted with
trees, with a number of buildings so arranged that
when a young man had once entered he could not
find the way out.' Here and there a clump of
flowering shrubs appeared, but in the midst of a
multitude of paths which crossed and recrossed in
all directions and presented no distinguishing marks;

among the thorns and brambles and rocks, the victim had to fight an animal called the Minotaur. Now, madame, if you will do me the honor to remember that the Minotaur was, of all horned beasts, the one which mythology represents as the most dangerous; that, in order to protect themselves from his depredations, the Athenians had agreed to turn over to him fifty virgins every year, you will not fall into the excellent Monsieur de Chompré's error, and see in the labyrinth nothing more significant than an English garden; and you will discover in that ingenious fable a delicate allegory, or, to speak more accurately, a faithful and awe-inspiring picture of the dangers of marriage. The paintings recently discovered at Herculaneum fully confirm this opinion. Indeed, scholars had long believed, according to some authors, that the Minotaur was half-man, half-bull; but the fifth illustration of the old pictures at Herculaneum represents that allegorical monster with a man's body entire, and only the head of a bull; and, to remove all possibility of doubt as to its identity, it lies prostrate at Theseus's feet. Well, madame, why should we not ask mythology to come to the assistance of the hypocrisy which is so prevalent among us and prevents us from laughing as our fathers laughed? For instance, when a young lady in society has not succeeded very well in spreading the veil behind which an honest woman conceals her behavior, at a time when our ancestors would have explained the whole thing bluntly by a single word, you, like a multitude of lovely creatures who deal in eloquent reticence, content yourself with saying: 'Ah! yes, she is very pleasant, but—' '—But what?'—' But she is often very *inconsistent.*' I have long sought the meaning of that last word, madame, and especially the name of the rhetorical figure whereby you make it express the opposite of what it means; my meditations have been vain. Vert-Vert was the last man who used our ancestors' word, and he addressed himself, unfortunately, to innocent nuns, whose infidelities in nowise assailed the honor of men. When a wife is *inconsistent,* the husband, according to my theory, is *minotaurized.* If he be a lady's man, if he enjoys a certain consideration,—and many husbands really deserve to be pitied,—then, in speaking of him, you say, in a sweet little voice: ' M. A.—is a very estimable man, his wife is quite pretty, but they say he isn't happy at home.'—And so, madame, the estimable man who is unhappy at home, the man who has an *inconsistent* wife, and the minotaurized husband, are simply husbands after Molière's fashion. Well, O goddess of modern taste, does it seem to you that these expressions are of a sufficiently chaste transparency?"

" Oh! *mon Dieu!* " she said, with a smile, " if the thing is there, what matters it whether it is expressed in two syllables or a hundred?"

She bestowed a satirical little courtesy on me and disappeared, going, doubtless, to join the countesses of prefaces and all the metaphorical creatures so often used by romancers in discovering or composing ancient manuscripts.

As for you, less numerous but more real mortals who read these words, if there be some among you who make common cause with my conjugal champion, I warn you that you will not become unhappy at home all at once. A man attains that conjugal temperature by insensible degrees. Indeed, many husbands have been unhappy at home all their lives without knowing it. This domestic revolution always takes place in accordance with certain rules; for the revolutions of the honeymoon are as certain as the phases of the heavenly moon and apply to all households. Have we not proved that moral nature, like physical nature, has its own laws?

Your young wife, as we have said before, will never take a lover without serious reflections. When the honeymoon begins to wane, you have developed the sentiment of pleasure in her rather than satisfied it; you have opened the book of life for her, and she forms a wonderfully accurate conception, from the prosaic tone of your facile love, of the poetry certain to result from the perfect accord of hearts and desires. Like the timid bird, still frightened by the rattle of musketry which has ceased, she puts her head out of the nest, looks about her, and sees the world; and, as she knows the keyword of the charade you have acted, she instinctively feels the emptiness of your languishing passion. She divines that only with a lover can she exercise anew the delightful prerogative of free-will in love.

You have been drying green-wood for a future fire.

There is no woman living, not even the most virtuous of women, who, in the situation in which you both are, does not deem herself worthy of a grand passion, who has not dreamed of it, and who does not believe herself to be very inflammable; for the self-esteem is always interested in exaggerating the prowess of a vanquished enemy.

" If the trade of honest woman were nothing worse than hazardous, I wouldn't mind," said an old lady to me; " but it's a terrible bore, and I never met a virtuous woman who did not think that she was deceiving somebody."

Thereupon—and even before any lover appears— a woman discusses with herself, so to speak, the legality of possessing him; she undergoes an internal combat waged by duty, law, religion, and the secret cravings of a nature which knows no rein save that which it imposes on itself. Thereupon begins an entirely new order of things for you; it is the first warning which nature, that kindly and indulgent mother, gives to all creatures who have to incur danger. Nature has hung a bell around the neck of the Minotaur, as it has placed one in the tail of that horrible serpent, the terror of travellers. Thereupon, what we call the *first symptoms* declare themselves in your wife; and woe to the man who has not learned how to treat them! those who, upon reading these pages, remember to have seen them manifesting themselves heretofore by their firesides, may turn to the conclusion of this work; they will find consolation there.

This situation, in which a man and wife remain for a longer or shorter time as the case may be, will be the starting-point of our work, as it is the end of our general observations. A man of ordinary intelligence should be able to detect the mysterious indications, the imperceptible signs, and the involuntary revelations which escape a woman at this crisis, for the following Meditation will, at the utmost, point out the most prominent features to neophytes in the sublime science of marriage.

EIGHTH MEDITATION

OF THE FIRST SYMPTOMS

When your wife has reached the critical period at which we left her, you yourself are the victim of a sweet sense of absolute security. You have seen the sun so many times that you begin to believe that it can shine for everybody at the same time. You no longer give to your wife's every act that close attention to which the first flaming outburst of your passion impelled you.

This indolence prevents many husbands from detecting the symptoms by which their wives announce the first tempest; and this disposition of mind has caused the minotaurization of more husbands than opportunity, cabs, couches, and private apartments. This feeling of indifference to danger is in a certain sense caused and justified by the apparent calm which surrounds you. The conspiracy against you formed by our million of starving bachelors seems to be progressing without hindrance. Although all these coxcombs are naturally enemies and not one of them knows another, a sort of instinct has given them the countersign.

Two persons marry—the Minotaur's satellites young and old, generally have the courtesy to leave them entirely to themselves at first. They look upon the husband as a workman whose duty it is to grind down, polish, cut, and mount the diamond which will pass from hand to hand, to be some day the object of general admiration. So that the aspect of a young couple very much in love always rejoices those celibates who have been denominated *roués;* they are very careful not to interfere with the work by which society is certain to profit; they know, too, that heavy showers last but a short time; so they hold themselves aloof, keeping close watch, with incredible cunning, for the moment when the husband and wife begin to grow weary of the seventh heaven.

The skill with which celibates detect the moment when the north wind begins to blow in a household can be compared only to the heedless nonchalance of husbands for whom the April moon is rising. Even in love-making, there is a period of maturity for which one must be willing to wait. The great man is he who considers all that circumstances may bring to pass. Those men of fifty-two, whom we have mentioned as being so dangerous, understand very well, for example, that a man who offers himself as a woman's lover and is repulsed with scorn, will be received with open arms three months later. But it is true, generally speaking, that married people display the same artlessness in betraying their coldness as in manifesting their love.

In the days when you and madame were wandering together through the enchanting fields of the seventh heaven,—a period of longer or shorter duration according to the character and disposition of the parties, as the preceding Meditation demonstrates,—you went little or not at all into society. Happy in your home, if you went abroad, it was only as a party of two, to the play or to the country, after the manner of lovers. The moment that you reappeared in the world, separately or together, the moment that you were observed to be assiduous attendants at balls, parties, at all those vain amusements which have been invented as remedies for emptiness of the heart, the bachelors divined that your wife came thither in search of distraction; therefore she was tired of her husband, of her married life.

Thereupon the bachelor knows that half of his task is done. You are on the point of being minotaurized, and your wife is in a fair way to become *inconsistent ;* which means that she will, on the contrary, be very consistent in her conduct, that she will reason it out with amazing perspicacity, and that you will see only the flame. From that moment, she will, so far as appearances go, fail in none of her duties, and will strive the more earnestly to wear the colors of virtue, the more entirely she parts with its substance. Crébillon said:

"Alas !
Should one inherit from those he assassinates !"

You will never have seen her more anxious to

please you. She will try to make up to you for the secret wound which she contemplates inflicting upon your conjugal happiness, by little caresses which lead you to believe that her love is everlasting; thence the proverb: "Happy as a fool." But, according to the varying dispositions of different women, they either despise their husbands, for the very reason that they are successful in deceiving them, or hate them if they are thwarted by them, or lapse into a state of indifference with respect to them which is a thousand times worse than hatred.

In this state of affairs, the first symptom in the woman is extreme eccentricity. A woman longs to flee from herself, to escape from her home, but not so eagerly as in the case of a wife who is utterly unhappy. She dresses with great care, in order, she will say, to flatter your self-esteem by attracting all eyes at parties and festivities.

When she has returned to her tiresome fireside, you will notice sometimes that she is gloomy and pensive; then she will suddenly begin to laugh and prattle as if to banish her thoughts, or will assume the solemn expression of a German marching to battle. Such frequent changes of mood always indicate the terrible hesitation we have described.

There are women who read novels in order to feed their imaginations on the cleverly presented and always diversified picture of a thwarted love which finally triumphs, or to accustom themselves, in thought, to the perils of an intrigue.

She will profess the most exalted esteem for you. She will tell you that she loves you as one loves a brother; that that unemotional affection is the only genuine, the only lasting variety, and that the only purpose of marriage is to establish it forever between a husband and wife.

She will very shrewdly argue that she has only certain duties to perform, and that she can demand to be allowed to exercise certain rights.

She views with an indifference which you alone can appreciate all the details of conjugal happiness. It may be that that form of happiness has never been particularly pleasing to her, and, moreover, it is always at hand; she knows all about it, she has analyzed it; and how many trivial but appalling proofs will then combine to convince a clever husband that that fragile creature argues and discusses, instead of being swept away by the fury of passion!

LX

The more one criticises, the less one loves.

In this mood she gives vent to jocose sallies at which you are the first to laugh, and to reflections which surprise you by their depth; to it are attributable the sudden changes and the caprices of a wavering mind. Sometimes she will suddenly become extremely affectionate, as if she repented of her thoughts and her projects ; sometimes she is sullen and undecipherable; in a word, she exemplifies the *varium et mutabile semper femina*, a fact which we have hitherto been foolish enough to attribute to the female constitution. Diderot, in his eagerness to explain these almost atmospheric variations in woman, went so far as to attribute them to what he calls the *wild beast* in her; but you will never observe these frequent anomalies in a happy wife.

These symptoms, light as vapor, resemble those clouds which are barely distinguishable against the deep blue of the sky, and which are known as storm-flowers. Soon the colors take on a deeper shade.

Amid this solemn meditation, which, as Madame de Staël expresses it, tends to impart more poesy to life, some wives, in whom virtuous mothers, from a sense of duty, from sentiment, from selfish scheming, or from hypocrisy, have inculcated principles not easily uprooted, take the absorbing ideas by which they are assailed for suggestions of the devil; and in that event you will see them running regularly to mass, to all the services, even vespers. This false devotion begins with pretty prayer-books superbly bound, with the aid of which these dear sinners strive in vain to fulfil the duties imposed by religion, but abandoned for the pleasures of marriage.

At this point, let us set forth a principle, and engrave it in letters of fire on your memory.

When a woman suddenly resumes religious duties heretofore abandoned, that new mode of life is always a cloak for some motive of great importance to the husband's happiness. In at least seventy-nine

AN EARLY REPROOF

"Oh! mon Dieu, *my dear,"* said Madame de la Vallière to her husband, *" how badly you carry your sword! Monsieur de Richelieu has a way of making it hang straight at his side which you should try to imitate ; it is the very best form."*

wives out of one hundred, this return to God proves that they have been *inconsistent* or are about to become so.

But a more unmistakable, more decisive symptom, which every husband will recognize, unless he is an idiot, is this:

In the days when you were both plunged in the deceptive joys of the honeymoon, your wife, like a veritable lover, constantly complied with your wishes. Happy in her ability to display a desire to please, which you both took for love, she would have been glad to have you ask her to walk on the edge of a gutter, and she would instantly have flitted over the housetops, agile as a squirrel. In a word, she experienced an ineffable delight in sacrificing to you that *ego* which made her different from you. She had identified herself with your nature, obeying the craving of the heart: *Una caro.*

All these praiseworthy impulses of a day gradually fade away. Annoyed to find her will blotted out, your wife will try now to rehabilitate it by means of a system developed slowly but with an energy that increases from day to day.

It is the system of *the married woman's dignity.* Its first effect is to import a certain reserve into your pleasure, and a certain lukewarmness of which you are the sole judge.

According to the greater or less violence of your sensual passion, you will have divined, during your honeymoon, more or less of the twenty-two varieties of pleasure invented long ago in Greece by

10

twenty-two varieties of courtesan especially employed in the cultivation of these delicate branches of the same art. Your young wife, ignorant and innocent, inquisitive, and overflowing with hope, will have taken a few courses in that science, as rare as it is unfamiliar, which we earnestly commend to the future author of the *Physiology of Pleasure*.

And then on a winter's morning, like the flocks of birds which dread the cold of the northern climes, they all fly away together, as by common consent; the *Fellatrix*, fertile in coquetries which deceive desire in order to prolong its frenzied paroxysms; the *Tractatrix*, coming from the perfumed Orient, where the pleasures which cause blissful dreams are held in honor; the *Subagitatrix*, daughter of great Greece; the *Leman*, with her soft, enticing caresses; the *Corinthian*, who could at need replace them all; and the alluring *Phicidisseuse*, with her wanton, all-consuming teeth, the enamel of which seems endowed with intelligence. A single one, it may be, has remained with you; but one night the brilliant and fiery *Propœtida* spreads her white wings and flies away with downcast eyes, showing you for the last time, like the angel disappearing from Abraham's sight, in Rembrandt's picture, the enchanting treasures of which she herself knows naught, and which it was given to none but you to gaze upon with enraptured eye, to touch with caressing hand.

Deprived of all those varying shades of pleasure, of all those caprices of the heart, of those arrows of Love, you are reduced to the most commonplace

methods of loving, to the primitive, guileless conduct of Hymenæus, the placid homage which the
artless Adam paid to our common mother, and
which doubtless suggested to the Serpent the idea
of tempting her. But so complete a system is not
of common occurrence. Most couples are too good
Christians to adopt the customs of pagan Greece.
So we have among the *last symptoms* the appearance in the peaceful marriage-bed of those brazen-
faced Pleasures, who are generally the daughters
of an illegitimate passion. In due time and at the
proper place, we shall discuss this fascinating symptom more fully: at this point, it may be said to be
confined to conjugal indifference, perhaps to a repugnance which you alone are in a position to
appreciate.

At the same time that she ennobles thus by her
dignity the objects sought to be attained by marriage, your wife declares that she is entitled to have
her own opinions and you yours.—"When she
marries, a woman makes no agreement to abdicate
her reason," she will say. "Are women really
slaves? Human laws may have put chains upon
the body, but the mind! ah! God has placed it too
near Himself for tyrants to put their hands upon it."

Such ideas naturally proceed either from your
having allowed her to obtain information too liber-
ally or from reflections which you have permitted
her to make. A whole Meditation has been devoted
to *Domestic Education*.

Then your wife begins to speak of " My bedroom,

my bed, my apartment." To many of your questions she will reply: "Why, my dear, that doesn't concern you!" Or: "Men have their part in the management of a house, and women theirs." Or else, making sport of those men who meddle in housekeeping, she will declare that "men understand nothing about some things."

The number of things you do not understand will increase every day.

Some fine morning you will see in your little church two altars where you had provided only one. Your wife's altar and yours will be distinct, and that distinction will constantly extend, always by virtue of the theory of the wife's dignity.

Next will come the following ideas, which will be inculcated in you in spite of yourself, by virtue of a *live force*, very ancient and little known. The power of steam, of horses, of men, and of water are goodly inventions; but nature has provided woman with a moral power to which they are not to be compared: we will call it the *power of the rattle*. It consists in an unending flow of sound, in so exact a repetition of the same words, so regular a rotation of the same ideas, that you will at last admit their truth in order to obtain relief from the discussion. For instance, the power of the rattle will prove to you:

That you are very fortunate to have a wife of such merit;

That she did you too much honor in marrying you;

That women often see things more clearly than men.

That you should take your wife's advice in everything and almost always follow it;

That you should *respect* the mother of your children, honor her, and have confidence in her;

That the surest way to avoid being deceived is to rely upon your wife's delicacy of sentiment, because, according to certain old-fashioned ideas which we have weakly allowed to gain credence, it is impossible for a man to avoid being minotaurized;

That a lawful wife is a man's best friend;

That a wife is mistress in her own house, queen in her own salon, etc.

Those husbands who attempt to offer a sturdy resistance to these conquests of the wife's dignity over the power of man fall into the category of the predestined.

At first, there are quarrels which give them a tyrannical aspect in the eyes of their wives. A husband's tyranny is always an unanswerable excuse for a wife's *inconsistency*. And then, in these trivial disputes, they are never at a loss to satisfy their own families, ours, and all the world, even ourselves, that we are in the wrong. If, in order to promote peace, or through love, you acknowledge the rights of woman, you give your wife an advantage by which she will profit forever. A husband, like a government, should never admit that he is in the wrong. Your power will be at once overwhelmed by the occult theory of the wife's dignity;

all will be lost; from that time on, she will advance
from concession to concession until she has turned
you out of *her* bed.

If your wife be shrewd, clever, malicious, as she
has all her time at her disposal to meditate a sarcasm, she will hold you up to ridicule during the
momentary clash of your opinions. The day on
which she makes sport of you will see the end of
your happiness. Your power will expire. A wife
who has laughed at her husband can love him no
more. A man should be, in the eyes of the loving
woman, a being full of strength and grandeur, and
always imposing. A family cannot exist without
despotism. Nations, ponder that fact!

Now, the difficult question as to the conduct a
man should adopt under circumstances of such gravity—a momentous question in the politics of marriage—is the subject of our second and third books.
That breviary of marital machiavelianism will teach
you how to become proficient in that airy spirit,
lacework mind, as Napoléon called it. You will
learn how a man can display a heart of steel, can
accept this petty domestic warfare, and that he
can never abandon the control of his will without
endangering his happiness. Indeed, if you should
abdicate your powers, your wife would cease to esteem you for the very reason that you would seem
to her devoid of force of character; you would no
longer be a *man* in her eyes.

But the moment has not yet arrived to develop
the theories and the principles whereby a man can

reconcile suavity of manners with acerbity of measures; let it suffice us for the moment to divine the importance of the future, and let us proceed.

At this fatal period, you will see that she will adroitly establish her right to be alone.

You were but now her god, her idol. But she has attained that degree of devotion which enables her to detect holes in the saints' robes.

"Oh! *mon Dieu*, my dear," said Madame de la Vallière to her husband, "how badly you carry your sword! Monsieur de Richelieu has a way of making it hang straight at his side which you should try to imitate; it is the very best form."

"My dear, no one could find a cleverer way to remind me that we have been married five months!" said the duke, and the retort made his fortune under Louis XV.

She will study your character to find weapons to use against you. That study, most repugnant to love, will betray itself by the innumerable little traps which she will set with the purpose of inducing you to be harsh with her, to scold her; for, when a woman has no excuse for minotaurizing her husband, she tries to manufacture one.

Perhaps she will begin her dinner without waiting for you.

If you are driving through a town together, she will point out certain things which you did not see; she will sing before you without fear; she will interrupt you, sometimes she will not answer you, and she will prove to you in twenty different ways that in her association with you she continues to enjoy all her faculties and her common-sense.

She will try to destroy, absolutely, your influence in the management of the house, and will try to become sole mistress of your wealth. At first, this struggle will offer a means of distraction for her empty or too violently agitated heart; then, too, she will find in your opposition a new ground for ridicule. She will have all the consecrated expressions on her lips, and we give way so quickly, in France, to the ironical smile of another person!

From time to time, headaches and nervous spasms will appear; but those symptoms will have a Meditation to themselves.

In society she will speak of you without blushing, and will look at you with perfect self-confidence.

She will begin to find fault with your slightest actions because they are in conflict with her ideas or her secret purposes.

She will not be so solicitous with regard to everything that concerns you; she will not even know whether you have everything that you need. You will cease to be her standard of comparison.

In imitation of Louis XIV., who carried to his mistresses the bunches of orange-blossoms which the head-gardener at Versailles placed on his table every morning, Monsieur de Vivonne gave his wife a bouquet of rare flowers nearly every day during their early married life. One evening he found the bouquet lying on a table, and not, as usual, in a vase filled with water.

" Oho!" he said, " if I am not a fool, I very soon shall be."

You are away from home for a week, and you receive no letter at all, or one of which three pages are blank.—Symptom.

You come home astride a valuable horse to which you are much attached, and your wife, between two kisses, expresses concern about the horse and his hay.—Symptom.

To these suggestions you will now be able to add others. It is our purpose throughout this book to paint in fresco, and to leave the miniatures for you. These symptoms, concealed behind the incidents of daily life, vary indefinitely according to the individual characters. One man will discover a symptom in his wife's way of putting on a shawl, while another will need to receive a fillip on his heart to detect his helpmeet's indifference.

On a fine spring morning, on the day following a ball, or on the eve of a trip to the country, this stage of affairs reaches its final phase. Your wife is bored to death, and legitimate happiness no longer has any attraction for her. Her passions, her imagination, and, perhaps, the whim of nature demand a lover. However, she dares not as yet embark upon an intrigue, the details and consequences of which terrify her. You are still of some account; you weigh in the balance, albeit very little. The lover, on his side, appears bedecked with all the charms of novelty, all the fascinations of mystery. The storm which has arisen in your wife's heart becomes more real and more

dangerous than before in presence of the enemy. Ere
long, the more dangers and risks there are to be run,
the more she burns to hurl herself into that blissful
abyss of fears and joys, of anguish and rapture. Her
imagination kindles and crackles. Her future takes
on a romantic and mysterious tinge in her eyes. Her
heart finds that life has already taken a new turn in
this discussion, of such solemn importance to wives.
Everything within her is in commotion, stirred and
shaken to the lowest depths. She sees three times
more than before, and judges the future by the present. The few pleasures which you have lavished
upon her plead against you; for she is agitated less
by the enjoyment she has had than by that to
which she looks forward; her imagination pictures
happiness as much more intense with this lover
with whom the law forbids her to consort, than with
you; in short, she finds enjoyment in her terrors,
terror in her enjoyment. And then she loves this
imminent danger, this sword of Damocles suspended
above her head by yourself, preferring the delirious
agony of passion to the conjugal inanity which is
worse than death, to the indifference which is not
so much a sentiment as absence of all sentiment.

Young man, who have, perhaps, to go to the
Ministry of Finance to summarize details, to make
statements at the Bank, or to make a report at
the Bourse or a speech in the Chamber; who repeated fervently in concert with so many others in
our first Meditation the oath to defend your happiness and honor while defending your wife—how can

you oppose these desires which are so natural in her?—for, to these creatures of passion, to live is to feel; the moment that they cease to feel, they are dead. The law by virtue of which you follow your appointed path produces this involuntary minotaurism in her. "It is a sequence of the laws of motion!" said D'Alembert. — Very good; where are your means of defence?—where?

Alas! if your wife has not as yet actually kissed the Serpent's apple, the Serpent is before her; you sleep, we are awake, and our book begins.

Without examining into the question how many of the five hundred thousand husbands with whom this work is concerned have remained in the ranks of the predestined; how many have made bad marriages; how many have begun badly with their wives; and without attempting to ascertain whether few or many of this numerous flock can satisfy the conditions demanded for contending against the impending danger, we propose to expound in the second and third parts of this work the methods of fighting the Minotaur and of preserving the virtue of wives intact. But if fatality, the devil, celibacy, opportunity, are bent upon your destruction, perhaps you will find some consolation in being able to grasp the thread of all the intrigues, in looking on at the battles which are fought in all households. Many people are so happily constituted that when their place is pointed out to them and the why and the wherefore duly explained, they scratch their heads, rub their hands, stamp with their feet, and are satisfied.

NINTH MEDITATION

EPILOGUE

True to our promise, we have deduced in this first part the general causes which lead all marriages to the critical stage we have just described; and while tracing these conjugal prolegomena, we have indicated the means of avoiding disaster by pointing out the errors by which it is engendered.

But these first considerations would surely be incomplete if, after trying to throw some light upon the inconsequence of our ideas, our manners, and our laws, with relation to a question which involves the whole life of almost all human beings, we should omit to try to point out in a short peroration the political causes of this social infirmity. After laying bare the hidden vices of the institution, we should proceed philosophically to inquire why and how our moral system has made it vicious.

The system of law and morality which governs women and marriage in France to-day is the fruit of ancient beliefs and traditions, which are no longer in consonance with the everlasting principles of reason and justice developed by the great revolution of 1789.

France has been shaken to her lowest depths by three great upheavals: the conquest by the Romans, Christianity, and the invasion of the Franks. Each of these three left a profound impression on the soil, in the laws, in the morals, and in the spirit of the nation.

Greece, having one foot in Europe and the other in Asia, was influenced by its ardent climate in the choice of its conjugal institutions; it received them from the Orient, whither its philosophers, its legislators, and its poets went to study the veiled antiquities of Egypt and Chaldæa. The absolute seclusion of women, made compulsory by the burning sun of Asia, was the dominant influence in the laws of Greece and Ionia. The wife was confided to the marbles of the gynæceum. As the fatherland was circumscribed by the boundaries of a single town, a territory of small extent, the courtesans, who were connected by so many bonds with religion and the arts, sufficed to satisfy the first passions of the small number of young men, especially as their strength was largely spent in the violent gymnastic exercises demanded by the military art of those heroic days.

At the outset of her imperial career, Rome, having sought in Greece the principles of legislation adapted to the Italian climate, placed upon the married woman's brow the seal of absolute servitude. The Senate realized the importance of virtue in a republic, it secured a rigid observance of the moral law by an extreme development of the power of the father and husband. The dependence of woman was written everywhere.   Oriental seclusion became a duty, a moral obligation, a virtue.   Hence the temples erected to Modesty, and the temples consecrated to the sanctity of marriage; hence the censors, the institution of dowries, the sumptuary laws, the respect for matrons, and all the provisions of the Roman law. So it was that three attempts to ravish, whether successful or unsuccessful, were so many revolutions; and the appearance of women on the political stage was a momentous event, solemnized by decrees!   Those illustrious Roman women, doomed to be wives and mothers and nothing more, passed their lives in retirement, engaged in rearing masters for the world.   Rome had no prostitutes, because the youth were fully employed by the never-ending wars.   Although dissolute living came at last, it came only with the despotism of the emperors; and even then the prejudices established by the former code of morals were so full of life that Rome never saw women on the stage.   These facts are not out of place in this rapid sketch of marriage in France.

The Gauls being subdued, the Romans imposed their laws on the vanquished; but they were powerless to destroy the profound respect our ancestors entertained for women, or those ancient superstitions which represented them as the immediate mouthpieces of divinity.   However, the Roman laws finally prevailed, to the exclusion of all others, in this country, formerly called the country of *written law*, which was synonymous with *Gallia togata*, and their conjugal systems obtained more or less vogue in the *land of customs*.

But, during this struggle between laws and customs, the Franks invaded Gaul, to which they gave the pleasant name of France. Those warriors from the North brought with them the system of love-making born in their far western country, where the mingling of sexes in a frigid climate does not demand the plurality of wives and the jealous precautions of the Orient. Far away, in their own homes, those almost deified creatures infused warmth into private life by the eloquence of their sentiments. The benumbed senses required a variety of energetic and delicate methods of treatment, the diversified action, the spurring of the thought, and the chimerical barriers erected by coquetry; a system, some of whose principles have been elaborated in this first part of this book, and one eminently adapted to the temperate climate of France.

To the Orient, therefore, passion and its delirium, long, flowing locks and harems, amorous divinities, pomp, poesy, and monuments. To the Occident, the emancipation of women, the sovereign power of their golden locks, love-making, fairies, sorceresses; profound mental ecstasies, the sweet emotion of melancholy, and enduring love.

These two systems, starting from opposite ends of the globe, met and fought in France; in France, where a portion of the country, Languedoc, was attacted by the oriental beliefs, while the other portion, Languedoil, was the home of those traditions which attribute magical power to woman. In Languedoil, love demands a certain amount of mystery; in Languedoc, to see is to love.

At the height of this struggle, Christianity triumphed in France; it was preached by women and it declared the divinity of a woman who, under the name of Notre-Dame, took the place of many an idol in the hollows of the ancient Druidical oaks in the forests of Bretagne, Vendée, and the Ardennes.

While the religion of Christ, which is before all else a code of morals and politics, gave a soul to all human beings, proclaimed their equality before God, and strengthened by these principles the chivalrous doctrines of the North, this advantage was balanced by the residence of the sovereign pontiff at Rome, of which he declared himself the inheritor, by the universal use of the Latin language, which became the language of Europe in the Middle Ages, and by the strong interest which monks and scriveners and lawyers had in assisting the triumph of the codes found by a soldier at the pillage of Amalfi.

Thus the two principles of the servitude and the sovereignty of woman remained face to face, both enriched with new weapons.

The Salic Law, a legal mistake, caused the triumph of the principle of civil and political servitude, but without destroying the power which custom gave to women, for the craze for chivalry with which all Europe was affected upheld the cause of custom against law.

II

Such was the origin of the strange phenomenon presented ever since by our national character and our legislation; for, since that period, which seems to the philosophical mind that studies French history the eve of the Revolution, France has been the victim of so many convulsions; Feudalism, the Crusades, the Reformation, the struggle between royalty and the aristocracy, despotism and priestcraft have held her so tightly in their claws, that woman has been constantly exposed to the strange contradictions born of the conflict of the three principal events which we have sketched. Could woman, her political education and her marriage, be considered when Feudalism was endangering the throne, when the Reformation threatened both, and when, between the priesthood and the Empire, the people were forgotten? As Madame Necker expressed it, throughout those great events women were like the cotton-wool in which porcelain is packed: although they counted as nothing, everything would have been shattered without them.

The married woman then presented the spectacle in France of an enslaved queen, of a slave who was at the same time free and a prisoner; the contradictions caused by the struggle of the two principles manifested themselves in the social order, where they gave rise to myriads of anomalies. As but little was known of woman physically, any symptom of disease in her was looked upon as a prodigy, as witchcraft, or as the most extreme manifestation of an evil nature. Those creatures, who were treated by the laws like spendthrift children and placed under guardianship, were deified by the customs of the country. Like the emperor's freedmen, they decided the fate of crowns, battles, fortunes, *coups d'État*, crimes, virtues, by the mere flash of their eyes, and still they possessed nothing, not even themselves. They were equally happy and unhappy. Armed with their very weakness, and strong in their instinct, they rushed forth from the sphere to which the laws sought to confine them, showing themselves all-powerful for evil, powerless for good; without merit for their compulsory virtue, without excuse for their vices; accused of ignorance, but with no opportunity for education; not wholly mothers nor wholly wives. Having abundant leisure to hatch passions and develop them, they adopted the Frankish system of coquetry, whereas they should have remained, like Roman women, within the walls of their castles, rearing warriors. As neither system was definitively enjoined by legislation, individuals followed their own inclinations, and Marion Delormes were as numerous as Cornelias, vices as virtues. They were creatures as incomplete as the laws which governed them: looked upon by some as intermediate beings between man and the animal, as malignant beasts upon whom the laws could not impose too many shackles; and whom nature had created, with so many other beasts, to serve the pleasure of men; looked upon by others as exiled angels, as the only source of love and happiness, as the only creatures who responded to man's sentiments, and for whose sufferings one could atone by idolatry. How could the unity which was lacking in political institutions be expected to exist in manners?

Woman, therefore, was what circumstances and man made her, instead of being what climate and institutions should have made her; sold, married against her will by virtue of the Roman paternal power, at the same time that she was subjected to the marital despotism which demanded her seclusion, she found herself solicited to take the only reprisal which the law left open to her. Thereupon she became dissolute when men ceased to be deeply absorbed by intestine wars, for the same reason that she remained virtuous amid civil commotions. Every intelligent man can supply the shading for this picture; we seek the lessons taught by events and not their poetic side.

The Revolution was too intent upon levelling and building anew, had too many enemies, and perhaps was too near the deplorable days of the Regency and Louis XV. to undertake to determine what place woman should occupy in the social order.

The remarkable men who built the immortal monument of our codes were almost all old-fashioned legists impressed with the importance of the Roman laws; and, moreover, they were not founding political institutions. Sons of the Revolution, they believed with it that the law of divorce, carefully restricted, and the provision for obtaining the consent of parents, were sufficient ameliorations. These new institutions seemed very far-reaching when compared with memories of the old order of things.

The question of the triumph of these two principles, which have been much weakened by so many momentous events and by the march of enlightenment, still remains to be treated to-day by judicious legislators. The past contains information which should bear fruit in the future. Shall the eloquence of past deeds be wasted upon us?

The development of the oriental system required eunuchs and harems; the bastard manners of France caused the plague-spot of courtesans and the still deeper one of our marriages: to make use of the words of a contemporary, the Orient sacrifices man and justice to paternity; France, women and chastity. Neither the Orient nor France has attained the goal which these institutions presumably had in view: happiness. In the East, a man is no more sure of being loved by the inmates of his harem, than a husband in France is sure of being the father of his children; and marriage is not worth all that it costs. It is time that we should cease to make sacrifices to that institution, and should invest sufficient capital to produce a greater amount of happiness in our social structure, making our morals and our institutions conform to our climate.

Constitutional government, a happy blending of two extreme political systems, despotism and democracy, seems to indicate the necessity of blending in like manner the two conjugal systems which have hitherto been constantly in collision in France. The liberty which we have boldly demanded for young women will remedy the multitude of evils whose source we have indicated, while laying bare the absurdities resulting from their slavery. Let us give back to our young women the passions, the coquetries, love and its terrors, love and its joys, and the fascinating procession of the Franks. In life's springtime no fault is beyond repair, Hymen will come forth from the tests to which he has been subjected, armed with confidence, disarmed of hatred, and love will be justified by advantageous comparisons.

In this overturn of our moral system, the shameful curse of public prostitutes will die of inanition. At the moment above all others when man possesses the innocence and timidity of youth, it does not destroy his happiness to be called upon to combat powerful and genuine passions. The heart is happy in its efforts, to whatever end they may be directed; provided that it acts and moves, it does not object to putting forth its powers against itself. In this observation, which anybody might have made for himself, there is a secret of legislation, of tranquillity and happiness. And then, to-day, studies have taken on such a development that the most impetuous of Mirabeaus to come can bury his energies in a passion or in the sciences. How many young men have been saved from debauchery by persistent toil combined with the dawning obstacles of a first pure love. Indeed, what young girl does not desire to prolong the delicious infancy of the sentiments, is not proud to be known, and does not oppose the intoxicating fears of her bashfulness, her modest, secret compromises with herself, to the youthful desires of a lover as inexperienced as she? The gallantry of the Franks and its attendant pleasures will thereupon become the rich appanage of youth, and those relations of heart, mind, disposition, habits, character, and fortune which lead to the happy equilibrium requisite for the happiness of the husband and wife will be naturally established. This system would rest upon foundations much broader and more liberal, if girls were made subject to a wisely regulated scheme of exheredation; or if, to compel men to let their choice fall only upon those whose virtues, characters, or talents offered pledges of happiness, they were married, as in the United States, without dowries.

The system adopted by the Romans can then be applied, without inconvenience, to married women who have abused their liberty before marriage. Being entrusted exclusively with the early education of their children, the most important of all a mother's duties, busily employed in establishing and maintaining that happiness of every moment which is so admirably described in the fourth book of *Julie*, they will be in their homes, like the Roman matrons of old, living images of Providence, which makes itself manifest everywhere, but allows itself to be seen nowhere. Then the laws concerning the infidelity of married women should be made exceedingly severe. They should inflict dishonor and infamy rather than harsh and coercive penalties. France has seen women paraded through the streets on asses for the alleged crime of witchcraft, and more than one innocent creature has died of shame. Therein lies the secret of future legislation concerning marriage. The daughters of Milet cured themselves of the disease of marriage by death; the Senate condemns suicides to be drawn naked on a hurdle, and maidens condemn themselves for life.

Women and marriage will never be looked upon with respect in France without the radical change in our morals for which we pray. This profound thought inspires the two noblest productions of an immortal genius. *Emile* and *La Nouvelle Héloïse* are simply two eloquent arguments in favor of this system. That voice will ring through the ages because it divined the real moving causes of the laws and morals of centuries to come. Even in making children cling to their mothers' breasts, Jean-Jacques rendered an immense service to virtue; but the age in which he lived was too deeply corrupted to understand the exalted lessons which those two poems taught; it is true, also, that the philosopher was vanquished by the poet, and that, while leaving in Julie's heart after marriage some vestiges of her first love, he was seduced by a poetic situation more touching than the truth which he wished to develop, but less useful.

But, if marriage in France is simply one huge contract wherein all men tacitly join in order to give more savor to the passions, more curiosity, more mystery to love, more piquancy to women; and if a woman is a parlor ornament, a dressmaker's manikin, a fashion-plate, rather than a being whose functions in political life may be co-ordinate with the prosperity of a nation, with the glory of one's fatherland; rather than a creature whose labors will bear comparison in point of utility with those of men—why, then, I agree that this whole theory, these long arguments, must disappear in face of such a momentous destiny!

But we have compressed the dregs of past events sufficiently to extract a drop of philosophy therefrom, we have sacrificed enough to the dominant passion of the present age for the *historical;* let us now bring our eyes to bear upon present-day morals. Let us resume the cap and bells and the fool's bauble of which Rabelais formerly made a sceptre, and let us pursue our analysis, taking care not to give a jest more weight than it should have, or to treat grave matters more jestingly than their gravity demands.

SECOND PART

OF THE MEANS OF DEFENCE, WITHIN AND WITHOUT

> " To be or not to be,
> That is the question."
>
> —Shakespeare, *Hamlet.*

TENTH MEDITATION

A TREATISE ON MARITAL POLICY

When a man arrives at the position at which the first part of this book supposes him to have arrived, we will assume that the idea that his wife is possessed by another still has the power to make his heart beat faster, and that his passion will be rekindled, whether by self-love, egotism, or self-interest; for, if he no longer cared for his wife, he would be the lowest of men save one, and would deserve his fate.

In that long and critical period, it is very hard for a husband to avoid making mistakes; for most men are even less acquainted with the art of managing a wife than with that of selecting her judiciously. However, marital policy consists mainly in the constant application of three principles which should be the guide of your conduct. The first is never to believe what a woman says; the second, always to seek the spirit of her acts without stopping at the letter; and the third, not to forget that a woman is never such a chatterbox as when she is silent, and never acts more energetically than when she is at rest.

Thenceforth you are like a horseman mounted on an ill-tempered beast, who should keep his eyes fixed between the creature's ears on pain of being unhorsed.

But the art depends much less upon knowledge of the principles than upon the manner of applying them: to reveal them to ignoramuses is like leaving a razor where a monkey can find it. So that the first and most vital of your duties is a constant dissimulation, which almost all husbands fail to practise. Upon detecting a minotaurish symptom somewhat too pronounced in their wives, most men manifest at once insulting suspicions. Their dispositions assume an acrimonious tinge which betrays itself in their speech or their manners; and dread appears in their hearts like a gas-jet under a glass globe—it lights up their faces as luminously as it explains their conduct.

Now, a woman who has the advantage over you of twelve hours in the day to reflect and to watch you, reads your suspicions written on your brow the instant that they appear there. She will never forgive that gratuitous insult. In such a case, there is no remedy; it is all over: the very next day, if there is an opportunity, she will take her place among the *inconsistent* wives.

You should, therefore, in view of the respective situations of the two belligerent parties, begin by pretending that you still have the same boundless confidence in your wife which you formerly had in her. If you seek to keep up the deception by honeyed words, you are lost; she will not believe you, for she has a policy of her own just as you have yours. Now, your actions should be marked by no less good humor than finesse, in order to implant in her mind, without her knowledge, that precious feeling of security which invites her to wag her ears and relieves you from the necessity of using curb and spur except when they would naturally be required.

But how dare we compare a horse, the most guileless of creatures, to a being whom the convulsive movements of her mind and the affections of her organs render at times more prudent than Fra Paolo the Servite, the most redoubtable adviser of the Ten in Venice; more deceiving than a king; more cunning than Louis XI.; more profound than Machiavelli; as sophistical as Hobbes; as delicate a satirist as Voltaire; more easy of access than Mamolin's fiancée, and distrustful of nobody in the whole world but you?

So that it is most essential that you combine with this dissimulation, thanks to which the mechanism that governs your conduct will be as invisible as that of the universe, absolute self-control. The diplomatic imperturbability so vaunted by Monsieur de Talleyrand will be the least of your qualities; his exquisite courtesy, his charming manners, will attend upon your every word. At this point, your instructor expressly forbids the use of the hunting-crop if you wish to succeed in managing your pretty Andalusian mare.

LXI

If a man beats his mistress, it is simply a wound; but if he beats his wife!—it is suicide.

How can we conceive a government without a sheriff's posse, action without force, power disarmed? That is the problem which we shall try to solve in our future Meditations. But there are two more preliminary observations to be submitted to you. They will place before you two other theories which will enter into the application of all the mechanical methods of which we propose to suggest the employment. A living example will enliven these dry and arid dissertations; it will be like laying aside the book, to work in the fields.

On a certain lovely morning in January, 1822, I was walking along the boulevards from the peaceful neighborhood of the Marais to the fashionable regions of the Chaussée-d'Antin, observing for the first time, not without a philosophical satisfaction, the strangely varying types of faces and the successive changes in costume which make each portion of the boulevards, from Rue du Pas-de-la-Mule to the Madeleine, a world in itself, and that whole section of Paris a sample-book of manners. Having as yet no idea of the affairs of life, and hardly suspecting that I should some day have the assurance to set myself up as a legislator on the subject of marriage, I was on my way to breakfast with one of my college friends who had, perhaps too early in life, burdened himself with a wife and two children. As my former professor in mathematics lived but a short distance from my friend's house, I had made up my mind to call upon the worthy mathematician before abandoning my stomach to the epicurean feast of friendship. I easily found my way to a study, where everything was covered with a dust that bore witness to the scholar's honorable preoccupation. A surprise was in store for me. I espied a pretty young woman seated on the arm of a chair as if she were riding an English horse; she greeted me with the conventional smile reserved by hostesses for persons whom they do not know, but she did not disguise the sullen air which darkened her face on my arrival so quickly that I did not realize the untimeliness of my visit. My master, intent upon some equation, I presume, had not yet raised his head; thereupon I waved my right hand toward the young woman, like a fish moving his fin, and withdrew on tiptoe, bestowing upon her a mysterious smile which could be translated only thus: " I certainly will not be the man to prevent you from making him unfaithful to Urania." She replied with one of those movements of the head whose grace and vivacity are beyond description.

" Why, you're not going, my dear friend!" cried the geometrician. " This is my wife!"

I bowed again!—O Coulon! That you had been there to applaud the only one of your pupils who understood your use of the word *anacreontic* as applied to a courtesy! The effect must have been very penetrating; for Madame the Professoress, as

12

the Germans say, blushed and rose hurriedly, as if
to leave the room, honoring me with a slight nod
which seemed to say: "Adorable!"—Her husband
stopped her, saying:

"Stay, my girl. It is one of my pupils."

The young woman held her face toward the scholar,
as a bird, perched upon a branch, stretches out its
neck for a seed.

"It isn't possible!" said her husband, with a sigh;
"and I will prove it by A plus B."

"Oh! monsieur, no more of that, I beg you!"
she replied, winking at him and pointing to me.

If it had been an algebraic sign, my master would
have understood that glance, but it was Chinese to
him; and he continued:

"See, my girl, I leave it to you; we have ten
thousand francs a year—"

At those words, I walked toward the door, as if I
were suddenly seized with a passion for certain
framed water-colors which I began to examine.
My discretion was rewarded by an eloquent glance.
Alas! she did not know that I was qualified for the
part of Sharp Ears, in *Fortunio*, who hears the truffles grow.

"The general principles of economy," said my
master, "provide that no more than two-tenths of
the income shall be expended in house-rent and servants' wages; now, our apartment and our servants
together cost two thousand francs. I give you
twelve hundred francs for your clothes."—He
dwelt upon every syllable in that sentence.—

"Your table costs four thousand francs," he continued; "our children require at least five hundred; and I spend only eight hundred for myself. Laundry, fuel, and light amount to about a thousand francs; that leaves, as you see, only six hundred francs, which has never been sufficient for unforeseen expenses. To buy the diamond cross, we should have to take three thousand francs from our principal; now, when we have once opened that path, my dear love, there will be no excuse for not leaving this Paris of which you are so fond, for we shall very soon be compelled to go into the country to restore our fortune. The children will cost more and more all the time! Come, be reasonable!"

"I have no choice," she said, "but you will be the only man in Paris who gives his wife no New Year's present!"

And she fled like a schoolboy who has just finished a penitential task. My master shook his head in token of satisfaction. When he saw that the door was closed, he rubbed his hands. We talked of the war in Spain, and I went on to Rue de Provence, no more thinking that I had just received the first instalment of a great lesson in conjugal affairs than I thought of the taking of Constantinople by General Diebitsch. I reached my host's house just as he and his wife were taking their seats at the table after waiting for me until the expiration of the half-hour allowed by the canonical etiquette of gastronomy. It was, I believe, as she was opening a pâté de foie gras, that my pretty hostess said to her husband, with a meditative air:

"Alexandre, if you were a very good boy, you would give me that pair of diamond ear-rings that we saw at Fossin's."

"You see what it is to be married!" said my old schoolfellow, jestingly, as he took from his purse three one-thousand-franc notes, which he waved before his wife's sparkling eyes. "I can no more resist the pleasure of offering them to you," he added, "than you that of accepting them. To-day is the anniversary of the day I first saw you! perhaps the diamonds will remind you of it!"

"Bad boy!" she exclaimed, with a bewitching smile.

She thrust two fingers into the waist of her dress, and, removing a bunch of violets, threw them with childish mischief in my friend's face. Alexandre tossed her the price of the diamonds, exclaiming:

"I saw the flowers."

I shall never forget the eager, greedy gesture with which, like a cat placing her spotted paw on a mouse, the little woman seized the three bank-notes, folded them, flushing with joy, and put them in the place of the violets which lately perfumed her bosom. I could not avoid thinking of my professor of mathematics. I saw then no other difference between him and his pupil than the difference between an economical man and an extravagant one, having no suspicion that that one of the two who seemed to be the better economist was really much the worse.

The breakfast came to an end amid an atmosphere of high good-humor. We were soon installed in a small salon, newly decorated, in front of a fire which tingled the fibres gently, consoled them for the cold without, and made them swell and glow as in spring; I felt in duty bound to compliment the amorous couple in conventional terms on the furnishing of that little oratory.

"It's a pity that it all costs so much!" said my friend; "but the nest must be worthy of the bird! Deuce take it, do you mean to compliment me on hangings that aren't paid for? You remind me, while my food is digesting, that I still owe two thousand francs to a villain of an upholsterer."

At those words, the mistress of the house made an inventory with her eyes of that lovely boudoir; and her radiant face became thoughtful. Alexandre took my hand and led me to a window.

"Do you happen to have a thousand crowns you could lend me?" he said, in an undertone. "I have only ten or twelve thousand a year, and this year—"

"Alexandre!" cried the dear creature, interrupting her husband, as she ran to where we stood, and held out the three notes, "Alexandre, I see that it is a piece of foolishness."

"Why do you interfere?" he replied, "keep your money."

"But, my love, I am ruining you! I ought to have known that you love me too much for me to allow myself to tell you all my wishes."

"Keep it, my darling, it is lawful prize. Pshaw! I will play this winter, and win that amount easily enough!"

"Play!" she cried, with a horrified expression. "Alexandre, take back the notes! Monsieur, I insist upon it."

"No, no," replied my friend, pushing away a dainty little white hand; "aren't you going to Madame de ——'s ball on Thursday?"

"I will think about what you ask me," I said to my comrade.

And I made my escape, saluting his wife; but I saw clearly enough, from the scene which was in progress, that my anacreontic reverences would produce little effect there.

"He must be mad," I thought, as I went away, "to talk about a thousand crowns to a law-student!"

Five days later, I found myself at Madame de ——'s, whose balls were becoming fashionable. Among the resplendent dancers in the quadrilles, I spied my friend's wife and the mathematician's. Madame Alexandre wore a bewitching costume, but it consisted of a few flowers and some white muslin, nothing more. She wore a small cross à la Jeannette attached to a black velvet ribbon, which heightened the whiteness of her perfumed flesh, and long delicate gold pears embellished her ears. On the neck of Madame the Professoress gleamed a superb diamond cross.

"That is very amusing!" I observed to an individual who had not as yet read a word in the great book of the world or deciphered a single woman's heart.

That individual was myself. My desire to dance with those two attractive women was due simply to the fact that I had in mind a topic of conversation which emboldened my bashfulness.

"Well, madame, so you got your cross?" I said to the first.

"Ah! but I well earned it!" she replied, with an indefinable smile.

"What! no diamonds?" I said to my friend's wife.

"Ah!" she replied, "I enjoyed them during a whole breakfast! But, as you see, I convinced Alexandre at last."

"He must have yielded readily to persuasion?"

She glanced at me with an expression of triumph.

It was eight years later that that scene, hitherto without significance to me, suddenly rose in my memory; and by the light of the candles, by the flashing of the jewels, I distinctly saw its moral bearing. Yes, woman has a horror of being convinced; when she is convinced, she feels a sort of fascination in it and remains in the rôle which nature assigns her. In her view, she grants a favor when she allows herself to be won over; but exact reasoning irritates her and drives her to despair; in order to guide her, one must know how to use the power which she so often abuses: sensibility. In his wife, therefore, not in himself, a husband will find all the elements of his despotism; as in the case of the diamond ear-rings, she must be brought to oppose herself. To know how to offer jewels in such a way as to secure their return, is a secret which applies to the most trivial details of life.

Let us pass on now to the second observation.

He who can administer an estate of one toman can administer one of a hundred thousand, says an Indian proverb; and I improve upon Asiatic wisdom by saying: He who can govern one woman can govern a nation. There is, in truth, considerable analogy between these two forms of government. The policy of a husband should be substantially the same as that of a king; for do we not see kings seeking to divert the minds of their people in order to steal their liberty; throwing food at their heads for a single day to make them forget the destitution of a year; preaching to them on the sin of stealing, while in the act of robbing them; and saying to them: "It seems to me that if I were of the people I should be virtuous?"

England will furnish us with a precedent for the management of their households by husbands. They who have eyes must have noticed that, when the government of that country becomes settled, the Whigs are very rarely in power. A long Tory administration always succeeds the ephemeral existence of a Whig cabinet. The orators of the National party resemble rats who wear out their teeth gnawing through a worm-eaten panel and see the hole they have made filled up just as they obtain a smell of the nuts and bacon stored in the royal battery. The wife is the Whig of your government.

In the situation in which we have left her she will naturally aspire to the conquest of more privileges than one. Close your eyes to her scheming, allow her to expend her strength in climbing half of the steps leading to your throne; and when she thinks that she has her hand on the sceptre, push her backward, very gently and with infinite grace, crying: " Bravo!" and permitting her to hope for a speedy triumph. The craft of this system will complement whatever methods you may choose to select in our arsenal for the subjugation of your wife.

Such are the general principles which a husband should observe if he wishes to avoid mistakes in his little kingdom.

And now, despite the minority of the Council of Mâcon,—Montesquieu, who perhaps had a revelation of the constitutional régime, says somewhere or other that common-sense is always with the minority in public assemblies,—we will make a distinction between the body and mind of woman, and we will begin by examining the methods of making one's self master of her mental organization. The action of the mind is, whatever one may say, nobler than that of the body, and we will give precedence to knowledge over gastronomy, to education over hygiene.

ELEVENTH MEDITATION

DOMESTIC EDUCATION

To educate our wives or not to educate them, that
is the question. Of all the questions we have discussed, this is the only one which presents two ex-
tremes with no mean. Knowledge and ignorance
—these are the two irreconcilable terms of this
problem. We fancy that we can see Louis XVIII.
poised between these two abysses, reckoning up
the felicities of the thirteenth century and the mis-
eries of the nineteenth. Seated at the centre of the
lever, which he was so expert in depressing by his
own weight, he contemplates at one end the fanati-
cal ignorance of a lay-brother, the apathy of a serf,
the gleaming hoofs of a knight-banneret's horses;
he fancies that he hears the cry: "France and
Montjoie-Saint-Denis!"—but he turns and smiles as
he spies the vainglorious air of a manufacturer, a
captain in the National Guard; the sumptuous coupé
of a note-broker; the simple costume of a peer of
France, turned journalist, who has entered his son
at the Ecole Polytechnique; the priceless fabrics,
the newspapers and the steamboats; and he drinks

his coffee from a Sèvres cup at the bottom of which
still gleams an N. surmounted by a crown.

"Back, civilization! back, thought!" is your cry.
You should have a horror of education in women, for
the reason so thoroughly appreciated in Spain, that
it is easier to govern a nation of fools than a nation
of scholars.   A brutish nation is happy: if it is not
inspired by the sentiment of liberty, neither is it
disturbed by its unrest and its storms; it lives as
the polyps live; like them, it may be cut into several
fragments; each fragment is a complete, vegetative
nation, ready to be governed by the first blind man
armed with the pastoral staff.

To what are we to attribute this human marvel?
To ignorance: through ignorance alone can despotism be maintained, for it requires darkness and
silence.   Now, happiness at home, as in politics, is
negative happiness.   The affection of the subject
people for the king of an absolute monarchy is perhaps less unnatural than the loyalty of a wife to her
husband when love no longer exists between them;
and we know that love has at this moment one foot
on your window-sill.   It is incumbent on you, therefore, to put in practice the salutary, rigorous methods
whereby Metternich prolongs his *status quo ;* but we
advise you to apply them with even more craft and
affability than he displays, for your wife is more
cunning than the whole German nation, and as fond
of pleasure as the Italians.

You will endeavor, therefore, to postpone as long
as possible the fatal moment when your wife shall

ask you for a book. That will be an easy matter. First of all, utter in a disdainful tone the epithet *blue-stocking;* and, at her request, you can explain to her the ridicule heaped upon pedantic women among our neighbors.

Then you must remind her again and again that the most attractive and cleverest women in the world are found in Paris, where women never read;

That women are like people of quality, who, according to Mascarillo, know everything without ever having learned anything;

That a woman, while dancing or playing cards, and without appearing to listen, should be able to cull from the conversation of men of talent sentences ready-made, of the sort with which fools establish a reputation for wit in Paris;

That in this country decisive judgments upon men and things are passed from hand to hand; and that the authoritative tone in which a woman criticises an author, demolishes a book, expresses contempt for a picture, has more weight than a decree of court;

That women are beautiful mirrors, whose nature it is to reflect the most brilliant ideas;

That natural wit is everything, and that one is much better informed as to what one learns in society than as to what one reads in books;

That reading ends by making the eyes less bright, etc.

The idea of leaving a woman at liberty to read the books which the nature of her mind would lead

her to select! Why, it is like dropping a spark in
a powder-magazine; it is worse than that, it teaches
your wife to do without you, to live in an imaginary
world, in a paradise. For what do women read?
Passionate books, Jean-Jacques's *Confessions*, novels,
and all the compositions that act most powerfully
upon their sensibilities. They care nothing for
reason or for ripe fruit. Have you ever reflected
upon the phenomena produced by this poetic course
of reading?

Novels, indeed all books, depict objects and sentiments in colors vastly more brilliant than those
presented by nature. This species of fascination
is due not so much to each author to desire to appear
perfect in his way by affecting refined and exquisite
ideas, as to an indefinable process of our intelligence. It is a part of man's destiny to refine whatever he carries into the treasury of his mind.
What figures, what monuments are not improved
by decoration? The reader's mind assists in this
conspiracy against the true, by the profound silence
with which it enjoys the treat, by the fire of conception, or by the purity with which the images are
reflected in its understanding. Who has not, while
reading Rousseau's *Confessions*, imagined Madame
de Warens as being prettier than she really was?
One would say that our minds linger lovingly upon
forms of which we have caught glimpses under
fairer skies; they accept the creations of another
mind only as wings upon which to dart through
space; they impart still greater perfection to the

most delicate feature by fancying it their own; and the description which is most poetic in its images suggests images even purer. To read is, in a certain sense, to assist in creating. Are these mysteries of the transubstantiation of ideas due to the instructive consciousness of a calling more exalted than our present duties? Are they the memory of a former vanished life? What could it have been, then, if its last remaining vestiges afford us such keen delight?

While reading novels and dramas, therefore, a woman, being far more susceptible than we to mental excitement, must experience a most intoxicating, blissful sense of enjoyment. She creates for herself an ideal existence, beside which everything fades into insignificance; she loses no time in trying to make that voluptuous life a reality, to transport the source of that magical existence into herself. Involuntarily she passes from the spirit to the letter, from the mind to the senses.

And you are innocent enough to believe that the manners and sentiments of a man like yourself, who, as a general rule, dress and undress, etc., before your wife, will contend successfully with the sentiments expressed in these books, and in presence of their artificial lovers in whose costumes the fair reader sees neither rent nor stain?—Poor fool! too late, alas! to her own undoing and yours, your wife will learn by experience that the *heroes* of poetry are as rare in real life as the Apollos of sculpture.

Many husbands will be at a loss how to prevent their wives from reading, and there are some who will go so far as to claim that reading has this advantage, that they know at all events what their wives are about when they are reading. In the first place, you will see in the next Meditation how a sedentary life tends to make a woman pugnacious; but have you never fallen in with one of those unpoetical creatures who succeed in petrifying their poor companions by reducing life to its most mechanical form? Study these great men in their conversations, learn by heart the admirable arguments whereby they condemn poetry and the pleasures of the imagination.

But if, after all your efforts, your wife should persist in wishing to read, instantly place at her disposal the largest possible number of books, from her little one's *Primer* to *René*, a more dangerous book for you in her hands than *Thérèse Philosophe*. You can inspire her with a deathly disgust for reading by giving her tiresome books; plunge her into utter idiocy with *Marie Alacoque*, the *Brosse de Pénitence*, or with the ballads that were in vogue in Louis XV.'s time; but you will find farther on in this book the means of employing your wife's time so fully that reading of any sort will be impossible.

And, first of all, note the vast resources which the education of woman has furnished you for diverting your wife from her ephemeral taste for knowledge. See with what marvellous stupidity girls have helped to produce the results of the instruction which has been forced upon them in France; we hand them over to maids, to companions, to governesses who have twenty falsehoods of coquetry and false shame to teach them for one noble and true idea. Girls are brought up as slaves and accustom themselves to the idea that they came into the world to imitate their grandmothers, and to tend canaries, collect herbs, water little Bengal rose-bushes, fill in embroidery patterns, or make stiff cravats. And so, although a little girl of ten may be more cunning than a youth of twenty, she is shy and awkward. She will be afraid of a spider, will talk nonsense, will think about dresses, talk about fashions, and lack courage to be a watchful mother or a chaste wife.

This is the course that she has followed: she has been taught to paint roses, to embroider neckerchiefs so that she can earn eight sous a day. She will have learned the history of France in Ragois, chronology in *Citizen Chantreau's Tables,* and her young imagination will have been left free to riot in geography; all with a view of introducing her to nothing that threatens danger to her heart; but at the same time her mother, her teacher have never tired of repeating that a woman's whole science consists in her skill in arranging the fig-leaf worn by our mother Eve. She has heard nothing for fifteen years, said Diderot, but: "My child, your fig-leaf is out of place; my child, your fig-leaf is all right; my child, wouldn't it look better so?"

13

Confine your wife, therefore, to this noble and exalted sphere of knowledge. If, perchance, she should desire a library, buy her Florian, Malte-Brun, the *Cabinet des Feés*, the *Thousand and One Nights*, Redouté's *Roses*, the *Customs of China*, Madame Knip's *Pigeons*, the great work on Egypt, etc. In a word, follow the witty advice of that princess who, on being informed of an *émeute* occasioned by the high price of bread, inquired: "Why don't they eat cake?"

Perhaps your wife will reproach you some evening for being cross and not speaking; perhaps she will tell you that you are very amusing when you have made a pun; but that is a very trifling drawback to our system: and, moreover, suppose that the education of women in France is the most diverting of absurdities, and that your marital obscurantism has resulted in placing a doll in your arms, what does it matter to you? As you lack courage to undertake a nobler task, is it not better to lead your wife into a perfectly safe conjugal rut than to take the risk of setting her to climb the steep precipices of love? No matter if she be a mother, you are not exactly desirous to have Gracchi for children, but to be really *pater quem nuptiæ demonstrant;* now, to assist you in realizing that desire, we must make of this book an arsenal wherein every man can select, in accordance with his wife's character or his own, the armor best adapted to fight the redoubtable genius of evil always ready to spring to life in a wife's heart; and, inasmuch as the ignorant are the fiercest foes of the education of women, this Meditation will be a breviary for most husbands.

A woman who has received a man's education possesses, in very truth, the most resplendent capabilities and those that are most fertile in happiness for herself and her husband; but such a woman is as rare as happiness itself; now, you should, if you do not possess such a woman for your wife, confine your wife, in the name of your common felicity, to the sphere of ideas in which she was born, for we must bear in mind, too, that one moment of pride on her part may be your ruin, by placing on the throne a slave who will be tempted at the outset to abuse her power.

After all, in following the system laid down in this Meditation, a man of superior mind may avoid difficulty by putting his thoughts into small coin when he wishes to be understood by his wife, assuming that the man of superior mind aforesaid has been guilty of the folly of marrying one of these poor creatures, instead of taking to wife a girl whose mind and heart he had thoroughly tested.

Our purpose in this last matrimonial observation is not to urge all *superior men* to seek *superior women*, and we do not propose to allow anyone to interpret our principles after the manner of Madame de Staël, who tried in the most barefaced way to make a match with Napoléon. Those two would have made a very unhappy family; and Josephine was a far more accomplished spouse than that nineteenth-century virago.

In fine, when we extol these exceptional maidens, so happily reared by chance, so perfectly formed by nature, and with refined minds which can endure the rough contact with the great mind of what we call a *man*, we refer to those rare and noble creatures whose model Goethe has given us in the person of Claire in *Egmont;* we are thinking of those wives who seek no other glory than that of playing well their part; adapting themselves with wondrous suppleness to the pleasures and desires of those whom nature has given them for masters, rising from circle to circle in the boundless spheres of their imagination, stooping to the simple task of amusing them like children; understanding the caprices of those intensely agitated minds, their slightest words and their vaguest glances; happy in their silence, happy in their prolixity; divining, in short, that the pleasures, the ideas, and the morals of a Lord Byron should not be those of a hatter. But let us pause; this digression will carry us too far from our subject: we are discussing marriage, not love.

TWELFTH MEDITATION

HYGIENE OF MARRIAGE

It is the purpose of this Meditation to call to your attention a new means of defence whereby you may reduce your wife's will to a condition of hopeless prostration. We refer to the reaction upon the mind caused by physical vicissitudes and by the judicious deterioration of a skilfully-managed diet.

This great philosophical question of conjugal medicine will be welcome to all those gouty, impotent, catarrhal subjects and the legion of old men whom we aroused from their apathy by our article concerning predestined husbands; but it will interest principally those husbands who have the presumption to enter the labyrinths of a machiavelian policy worthy of that great king of France who tried to ensure the welfare of the nation at the expense of a few feudal heads. Here the question is the same. It is still a matter of the amputation or emasculation of a few members for the greater welfare of the majority.

Do you seriously believe that a bachelor restricted in his diet to the herb *hanea*, cucumbers, purslain, and applications of leeches to the ear, recommended

by Sterne, would be in first-rate condition to carry
your wife's honor by assault? Suppose that some
diplomatist had been adroit enough to apply a flax-
seed poultice to Napoléon's cranium, or to administer
an injection of honey every morning, do you believe
that Napoléon, Napoléon the Great, would have conquered Italy? Was Napoléon, or was he not, a victim to the horrible tortures of strangury during the
Russian campaign?—That is one of the questions
whose solution has embarrassed the whole world.
Is it not certain that cooling applications, baths,
douches, etc., produce great changes in the more
or less acute affections of the brain? Amid the heat
of the month of July, when each of your pores
slowly distils and gives back to the scorching atmosphere the iced lemonade you have tossed off at a
single draught, do you ever feel that glow of courage, that energy of mind, that vigor in every organ
which made life so pleasant and light a burden to
you a few months earlier?

No, no, the iron cemented most securely into the
hardest stone will always swell and disrupt the most
durable monument, as a result of the secret influence
exerted by the slow and invisible gradations of heat
and cold which perplex the atmosphere. Let us recognize at the outset, therefore, that, if his atmospheric environment exerts an influence upon man, *a
fortiori* man must exert an influence upon his fellows,
in proportion to the greater or less force and vigor
with which he manifests his *will*, which produces a
genuine atmosphere in its neighborhood.

Therein lies the mainspring of the actor's talent, of poetry and of fanaticism, for the one is eloquence in speech as the other is eloquence in deed; therein, too, lies the active principle of a science still in its infancy.

This *will*, so powerful as between man and man, this nervous, fluid force, mobile and transmissible to an eminent degree, is itself subjected to the changeable nature of our organism, and many circumstances cause variations in that delicate organism. At that point, our metaphysical observations cease, and we enter once more upon an analysis of the circumstances which develop the will of man and carry it to the extreme point of strength or weakness.

Now, do not believe that it is our purpose to induce you to poultice your wife's honor, to shut her up in a hot-house, or seal her like a letter. We will not even try to develop for your benefit the magnetic theory which would give you the power to ensure the triumph of your will over your wife's mind; there is not a husband who would accept the boon of everlasting love at the price of that constant strain upon the animal forces; but we propose to develop a formidable hygienic system by means of which you may extinguish the blaze when the chimney has taken fire.

Among the customs of the *petites-maîtresses* of Paris and the departments—the *petites-maîtresses* form a very distinguished section of the honest women—there are sufficient materials to effect our purpose, without going to the arsenal of therapeutics for the four cold seeds, the water-lily, and innumerable inventions worthy of witchcraft. We will even leave Ælian his herb *hanea* and Sterne his purslain and his cucumbers, which indicate antiphlogistic designs much too plainly.

You should allow your wife to lie at full length for whole days on those soft couches whereon one sinks half out of sight in a veritable bath of eider-down or feathers.

You should forward, by any means not repugnant to your conscience, the propensity of women to breathe only the perfumed air of a room that is rarely opened, into which the sunlight finds its way with difficulty through voluptuous, transparent muslins.

You will obtain surprising results from this system, after having first undergone the outbursts of the mental exaltation it produces; but if you are strong enough to endure this momentary tension of your wife's nerves, you will find that her factitious energy will soon vanish. In general, women love to live rapidly, but after their tempests of passion come periods of calm very encouraging for the happiness of a husband.

Jean-Jacques will prove to your wife, with Julie's seductive voice, that she will display an infinite grace in refusing to dishonor her delicate stomach and divine mouth by manufacturing chyle with pieces of base-born beef and enormous shoulders of mutton. Is there anything in the world purer than those interesting vegetables, always fresh and without odor, those multicolored fruits, that coffee, that fragrant chocolate, those oranges, Atalanta's golden apples, those Arabian dates, and Brussels biscuits— healthful and dainty food which produces gratifying results at the same time that it envelops a woman in an indefinable, mysterious originality? She attains a petty celebrity in her own circle by reason of her diet, as one may do by dress, a noble action, or a *bon mot*. Pythagoras will be her passion, as if Pythagoras were a poodle or a monkey.

Never commit the imprudence of which some men are guilty, who, in order to make a display of hard sense, dispute this feminine belief : *that the figure is best preserved by eating sparingly.* Women who are dieting do not grow fat, that is clear and beyond question; you cannot get away from that.

Extol the art with which women famous for their beauty have been able to preserve it by bathing several times a day in milk or in solutions of substances adapted to make the skin softer, by lessening the force of the nervous system.

Urge her, above all things, in the name of her health, which is beyond all price to you, to abstain from ablutions in cold water; tell her that hot or lukewarm water should be the fundamental ingredient of every sort of ablution.

Broussais should be your idol. At the slightest symptom of indisposition on your wife's part, and on the most trivial pretext, resort to strong applications of leeches. Do not be afraid to apply a dozen or more to yourself from time to time, in order that the famous physician's system may be securely established in your house. Your husbandship requires you always to think that your wife is too red; you may even try sometimes to draw the blood to her head, in order that you may have the right, at certain times, to introduce a detachment of leeches into the house.

Your wife should drink water slightly colored with a burgundy that is palatable, but has no tonic properties; any other wine would be bad for her.

Never allow her to drink pure water, or you will be lost.

"Impetuous fluid! see how the dams of the brain yield to thy power the instant thou dost press against them! Curiosity appears, swimming and motioning to her companions to follow her: they plunge into the centre of the current. Imagination sits musing on the shore. She follows the torrent with her eyes and transforms the whisps of straw and rushes into masts and bowsprit. The metamorphosis is no sooner complete than Desire appears, holding her dress up to her knees with one hand, and takes possession of the vessel. O ye water-drinkers, is it by the aid of this enchanted spring that ye have so often turned the world topsy-turvy at your will, trampling the helpless man under your feet, crushing his face, and sometimes changing even the form and aspect of nature!"

If by this system of inaction, combined with our hygienic system, you fail to obtain satisfactory results, then plunge headlong into another system which we are about to unfold.

Man has a given amount of energy. One man or one woman may be to another as ten to thirty, as one to five, and in the case of every individual there is a point which he never passes. The quantity of energy or of will-power which each of us possesses manifests itself like sound: sometimes it is weak; sometimes strong; it is modified according to the number of octaves to which it is limited. It is a force unique in its kind, and although it is resolved into desires, passions, mental labor, or bodily toil, it hastens whither man summons it.—A boxer expends it in blows with the fist, the baker in kneading his bread, the poet in a mental exaltation which demands and absorbs an enormous quantity, the dancer sends it into her feet; in short, each person distributes it as he pleases, and may I see the Minotaur sitting calmly on my bed this evening, if you do not know as well as I where he expends most of it. Almost all men consume in necessary labors or in the agony of deplorable passions this noble store of energy and of will which nature has bestowed upon them; but our honest women are all victims of the caprices and struggles of this force, which does not know which way to turn in them. If energy has not succumbed under the vegetarian diet in your wife's case, lead her into some constantly increasing excitement. Find some way to divert the store of energy by which you are embarrassed into some occupation which will consume it utterly. There

are a thousand ways of tiring a woman out beneath
the scourge of constant toil without harnessing her
to the crank of a machine.

While entrusting to you the choice of methods of
execution, which vary according to many circumstances, we will suggest dancing as one of the most
successful chasms in which passions may be buried.
As this matter has been exceedingly well treated
by a contemporary, we will let him speak.

"Such a wretched victim at whom a fascinated
circle gazes with admiration pays very dear for her
triumphs. What result should we expect from efforts
so out of proportion to the powers of a delicate sex?
The muscles, fatigued without judgment, consume
without measure. The mind, whose function it is
to feed the fire of the passions and the labor of the
brain, is turned aside from its path. The absence
of desires, the longing for repose, the choice of none
but substantial articles of food, all point to an im-
poverished organism, more eager to repair losses
than to enjoy. A haunter of the wings said to me
one day: 'Whoever lives with a ballet-dancer lives
on mutton; for in their exhausted state they cannot
do without hearty food of that sort.'—Believe me,
therefore, the love which a dancer inspires is very
deceptive: you are disgusted to discover, beneath
an appearance of springtime, a cold, greedy soil and
incombustible passions. The Calabrian physicians
prescribe dancing as a remedy for the hysterical
passions which are common among the women of
their country, and the Arabs use substantially the

same receipt for their noble mares, whose too lust-
ful nature tends to make them sterile. 'Stupid as
a dancer,' is a familiar proverb on the stage. In
fact, the greatest minds in Europe are persuaded
that all dancing possesses an eminently cooling
quality.

"By way of proof, it is necessary to add a few
other observations. The life of the shepherds gave
birth to incontinent loves. The morals of the female
weavers in Greece were said to be horribly de-
praved. The Italians have a proverb that com-
memorates the wantonness of lame women. The
Spaniards, whose veins have received so many infu-
sions of African incontinence, reveal the secret of
their desires in this maxim, which is frequently
heard among them: *Muger y gallina pierna quebran-
tada*—it is well for a woman or a hen to have a
broken leg. The profound skill of Orientals in the
art of carnal pleasures is fully explained by the
decree of the Caliph Hakim, founder of the Druses,
who prohibited the making of any sort of footwear
for women in his realm, under pain of death. It
seems that the tempests of the heart the world over
wait until the legs are at rest before bursting."

What an admirable idea to induce women to dance,
and feed them on nothing but white meats!

Do not think that these observations, which are
no less true than wittily put forward, run counter
to our previous system; by this as well as by that
you may succeed in bringing a woman to the atonic
state so earnestly desired, a guaranty of repose and

tranquillity. By the latter, you leave a door open for the enemy to fly; by the other, you kill him.

At this point, it seems to us that we hear timorous, short-sighted souls crying out against our hygienic system in the name of morality and sentiment.

Is not woman endowed with a heart, I pray to know? Has she not sensations as we have? By what right, in contempt of her sufferings, her ideas, her needs, do you work upon her like a base metal of which the artisan makes a candlestick or an extinguisher? Can it be because the poor creatures are weak and unhappy already that a brute assumes the power to torment them for the exclusive benefit of his ideas, whether just or not? And what if, by your debilitating or heating system, which stretches, relaxes, softens the fibres, you should cause shocking, painful diseases; what if you should drive into the grave a wife who is dear to you, etc., etc.?

This is our reply:

Have you ever counted how many different shapes Harlequin and Pierrot give to their little white hat? they turn it inside-out and back again and twist it to such good purpose that they make with it one after another a top, a boat, a drinking-glass, a half-moon, a cap, a basket, a fish, a whip, a dagger, a child, a man's head, etc.

An accurate image of the despotism with which you probably twist and turn your wife.

A wife is a piece of property which one acquires by contract, she is a chattel, because possession carries title; in a word, the wife is, properly speaking, simply an appendage of the husband; so cut, shear, grind, she belongs to you by all titles. Be not at all disturbed by her murmurs, her shrieks, her suffering; nature has made her for our use, to bear everything; children, pain, blows, and sorrow from man.

Do not accuse us of harshness. In the codes of all so-called civilized nations, man has written the laws which govern the destiny of woman, beneath this bloody epigraph: *Væ victis!*—Woe to the vanquished!

Lastly, ponder well this final observation, the most momentous, perhaps, of all those we have made thus far: if you, the husband, do not break beneath the scourge of your will that feeble and fascinating reed, it will be done by some capricious, despotic bachelor, whose yoke will be far heavier than yours; she will wear two yokes instead of one. All things considered, therefore, humanity will impel you to follow our system of hygiene.

THIRTEENTH MEDITATION

OF INDIVIDUAL RESOURCES

It may be that the foregoing Meditations will have tended to suggest general systems of conduct rather than methods of repelling force by force. They are pharmacopœias rather than plasters. Now let us call attention to some of the individual resources which nature has placed in your hands for your own defence; for Providence has forgotten no one: if it has given to the sepia—a fish of the Adriatic—that supply of black coloring matter which enables it to becloud the water and thus steal away from its enemy, you may be sure that it has not left a husband without a sword; and the moment has arrived for you to draw yours.

You should have insisted, when you were married, that your wife should nurse her children: so plunge her at once into the embarrassment and anxieties of pregnancy and of nursing; in that way you will postpone the danger for at least a year or two. A woman whose mind is occupied by bringing into the world and nursing a little one really has no time to think of a lover; and, furthermore, both before and after her confinement, she is in no condition to appear in

14 (209)

society. Indeed, how could the most immodest of all the women with whom this book deals dare to show herself when she was *enceinte* and make a public display of that hidden fruit, her accuser? Shades of Lord Byron, who could not bear to see women eat!

Even six months after her lying-in, when the child has been heartily nursed, a woman hardly begins to be able to enjoy her restored health and her liberty.

If your wife did not nurse her first child, you are too clever not to make the most of that circumstance and arouse in her a desire to nurse the one she is carrying. You must read Jean-Jacques's *Emile* to her, you must kindle her imagination concerning the duty of mothers, excite her moral sensibilities, etc.; in a word, you are either a fool or a man of wit; and in the first case, even though you read this book, you will still be minotaurized; in the second, you ought to understand what is only half said.

This first method is essentially personal to yourself. It will give you plenty of time to put the other methods in execution.

Since Alcibiades cut off his dog's ears and tail as a favor to Pericles, who had on his hands a sort of Spanish war and Ouvrard speculation by which the Athenians were then engrossed, there has never been a minister who has not tried to cut off some dog's ears.

In medicine, when inflammation appears in one part of the body, a slight counter-irritation is induced at some other point by cauteries, scarification, pricking with needles, etc.

Another method, therefore, consists in applying a cautery to your wife or in pricking her mind with some needle which will cause a sharp pain and create a diversion in your favor.

A certain very bright man had prolonged his honeymoon for about four years; the moon was waning and he began to descry the fatal crescent. His wife was in the precise condition in which we placed every honest woman at the close of our first part: she had *taken a fancy* to a poor sort of creature, small and ugly, who was not her husband. In that emergency, the latter thought of an operation on a dog's tail which renewed for several years his fragile lease of happiness. His wife had behaved so shrewdly that he would have been greatly embarrassed to find an excuse for closing his door to her lover, with whom she had unearthed a very distant relationship. The danger became more imminent from day to day. The odor of Minotaur could be detected all over the neighborhood. One night the husband was plunged in visible, profound, heart-rending distress. His wife had already begun to display more affection for him than she had felt even during the honeymoon; and she plied him with question after question. On his part, gloomy silence. The questions came faster, monsieur allowed half-words to escape him, which implied a great disaster! In that way he applied a Japanese cautery, which burned like an *auto-de-fé* of 1600. The wife resorted

to a thousand manœuvres to ascertain whether her
husband's chagrin was caused by that lover in germ:
a first intrigue in which she employed innumerable ruses. Her imagination travelled rapidly.—But
the lover? she gave no more thought to him. Must
she not, before everything, discover her husband's
secret?—One evening the husband, impelled by the
longing to confide his troubles to his loving wife,
informed her that all their money was lost. They
must give up their carriage, the box at the Bouffes,
balls and parties in Paris; perhaps, by exiling themselves in the country for a year or two, they will be
able to regain all they have lost! Appealing to his
wife's imagination, to her heart, he pitied her for
having linked her fate with that of a man who loved
her dearly, to be sure, but who was not wealthy;
he tore out a few hairs, and his wife could but yield
to the exaltation that resulted in the advantage of
honor; thereupon, in the first paroxysm of that conjugal fever, he took her to his estate in the country.
There he employed fresh scarifications, sinapism
after sinapism, and cut off more dogs' tails; he built
a Gothic wing to the château; madame dug up the
park ten times over to make streams and lakes,
and variations of its surface; nor did the husband,
in the midst of that task, forget his own: interesting reading, delicate attentions, etc. Observe that
it never occurred to him to confess his stratagem
to his wife, and if his fortune came back, why of
course it was the result of building wings and spend-
ing enormous sums in making artificial rivers; he

proved to her that the lake furnished a waterfall, which invited mills, etc.

Now there was a conjugal cautery of the most scientific kind, for the husband forgot neither to beget children nor to invite tiresome, stupid, elderly neighbors; and if he came to Paris in winter, he cast his wife into such an eddying whirl of balls and jaunts that she had not a moment to give to lovers, necessarily the fruit of an idle life.

Journeys to Italy, Switzerland, Greece, diseases that require the water-cure, and the selection of the most distant watering-places are most excellent cauteries.   Indeed, a man of wit should know of a thousand for every one he needs.

Let us pursue the inventory of our personal resources.

At this point, we will call your attention to the fact that we base our reasoning upon a hypothesis,—and if it be not true, you may as well lay the book aside,—to wit: that your honeymoon has lasted a reasonably long time, and that the young woman whom you have taken to wife was a virgin; otherwise, in accordance with French manners and morals, she would have married you only for the purpose of becoming *inconsistent*.

At the moment when the conflict between virtue and inconsistency begins in your household, the whole question is comprised in a constant, involuntary comparison drawn by your wife between you and her lover.

Under those circumstances, you still have one

means of defence, entirely personal, and seldom
employed by husbands, but which men of superior
mould are not afraid to try. It consists in carrying
the day over the lover without allowing your wife
to suspect your purpose. You must bring her to
the point of saying to herself some evening with
disgust, as she is arranging her curl-papers: "Why,
my husband is better than he is!"

To succeed in this undertaking, you must, as you
have the advantage of the lover in that you know
your wife's disposition and how she can be wounded
—you must, with the fine hand of a diplomatist,
lead the lover into *gaucheries,* and make him appear
disagreeable in himself, without a suspicion on his
part that it is so.

In the first place, according to immemorial custom,
the lover will seek your friendship, or you will have
mutual friends; in that case, either through the
medium of these friends, or by adroitly misleading
hints, you deceive him as to essential points; and
by exerting a little cunning, you will soon see your
wife showing her lover to the door, although both
he and she are utterly unable to divine the reason.
You have composed, by your own fireside, a drama
in five acts, wherein you play, for your own benefit,
the brilliant rôle of Figaro or Almaviva; and for a
few months you enjoy yourself the more because
your self-esteem, your vanity, and your interest are
all at stake.

I was fortunate enough in my youth to make a
favorable impression on an old *émigré*, who gave me

these last rudiments of education which men ordinarily receive from women. That friend, whose memory will always be dear to me, taught me by his own example how to bring into play these diplomatic stratagems which demand as much finesse as grace.

The Comte de Nocé had returned from Coblentz at a time when it was dangerous for noblemen to be seen in France. Never was a man so brave and kind-hearted, so cunning and so indifferent to danger. He was about sixty years old, and had just married a young woman of twenty-five, impelled to that act of folly by his charitable disposition: he rescued the poor girl from the despotism of a capricious mother.—" Would you like to be my widow?" the kindly old fellow had asked Mademoiselle de Pontivy; but his heart was too loving not to become more fondly attached to his wife than a wise man should have allowed. As he had been trained by some of the brightest women of Louis XV.'s court, he did not despair of preserving the countess from all harm. Never have I seen a man put in practice more shrewdly than he all the suggestions I have tried to make to husbands! What a charm he diffused by his pleasant manner and his clever conversation! His wife never knew until after his death, and from my lips, that he had the gout. His lips distilled kindliness as his eyes breathed love. He had prudently withdrawn from Paris to a lovely valley, near a forest, and God alone knows the excursions he made with his wife!—His lucky star ordained that

Mademoiselle de Pontivy should have a most excellent heart, should possess in a high degree that exquisite delicacy of feeling, that modesty as of the sensitive plant, which in my opinion would make the ugliest women on earth beautiful. Suddenly one of the count's nephews, a dashing young soldier who had escaped from the disaster of Moscow, appeared at his uncle's house, partly to find out how much reason he had to fear cousins, and partly in the hope of making trouble with his aunt. His black hair, his moustaches, the self-assured chatter of staff officers, a certain *disinvoltura*, as modish as it was becoming, bright eyes—all combined to produce a striking contrast between the uncle and nephew. I arrived just as the countess was teaching her kinsman backgammon. The proverb says that women never learn that game except from their lovers, and *vice versa*. Now, that very morning, during a game, Monsieur de Nocé had surprised a glance between his wife and the viscount, one of those glances instinct with innocence, fear, and desire jumbled confusedly together. That evening he suggested a hunting-party for the next day, and his suggestion was adopted. Never have I seen him so amiable and light-hearted as he appeared the next morning, despite the mutterings of his gout, which had a speedy attack in store for him. The devil could have been no more adroit than he in leading the conversation to the desired point. He was formerly in the Mousquetaires Gris, and had known Sophie Arnould. I need say no more. The conversation between us three soon became as licentious as you can imagine; God forgive me!

" I would never have believed that my uncle was such a keen blade!" said the nephew to me.

We made a halt at noon, and when we were all seated on the grass in one of the most verdant clearings in the forest, the count led the conversation around to the subject of women better than Brantôme or Aloysia could have done.

" You boys are very fortunate under this government!—women have some morals!"—To appreciate the old man's exclamation, one must have heard the shocking things the captain had been telling.— " And that," continued the count, " is one of the beneficial results of the Revolution. This state of affairs imparts much more charm and mystery to the passions. Formerly, women were of easy virtue; and yet, you would never believe how much wit and nerve it required to arouse those worn-out temperaments: we were always on the qui-vive. But it is also true that a man became famous for an obscene remark opportunely made, or for a well-aimed impertinence. Women like that, and it will always be the surest way to succeed with them!"

The last words were uttered with concentrated wrath. He paused and played with the lock of his rifle as if to conceal some profound emotion.

"Bah!" he said, " my time has passed! One must have a youthful imagination and body as well! Ah! why did I marry! The most treacherous thing about these girls brought up by mothers who lived in the resplendent period of gallantry is that they assume an air of innocence, of prudery. It seems as if the sweetest honey would offend their delicate lips, but those who know them know that they would eat bonbons made of salt!''

He rose, brandished his gun frantically, hurled it on the ground, and buried it almost to the stock in the damp turf.

"It would seem that my dear aunt is fond of trifles!'' said the officer to me, under his breath.

" Or catastrophes which do not drag!'' I rejoined.

The nephew readjusted his collar, arranged his cravat, and leaped to his feet like a Calabrian goat. We returned to the château about two o'clock. The count took me to his room until dinner-time, on the pretext of looking at certain medallions of which he had told me on the way home. The dinner was rather depressing. The countess treated her nephew with stiff, cold courtesy. When we adjourned to the salon, the count said to his wife:

" Are you going to play backgammon? we will leave you.''

The young countess did not reply. She was gazing at the fire and seemed not to have heard. The husband walked toward the door, motioning to me to follow him. At the sound of his footsteps, his wife hastily turned her head.

"Why do you leave us?'' she said; "you will have time enough to-morrow to show monsieur the reverse side of the medallions.''

The count remained. Paying no heed to the

imperceptible embarrassment which had succeeded
his nephew's military fascination, the count exerted
the indescribable charm of his conversation throughout the evening. I have never seen him so brilliant
or so affectionate. We talked a great deal about
women. Our host's jests bore the hall-mark of
the most exquisite refinement. It was impossible
even for me to see any white hairs in that vener-
able head, for it was resplendent with the youthful
vigor of heart and mind which effaces wrinkles and
melts the snow of many winters. The next morning the nephew departed. Even after Monsieur de
Nocé's death, when I sought to avail myself of the
unreserve of those familiar conversations in which
women are not always on their guard, I was unable
to learn of what impertinence to his aunt the viscount was guilty. It must have been something
very serious, for Madame de Nocé has always refused, from that day to this, to see her nephew, and
cannot hear his name, even now, without an involuntary contraction of the eyebrows. I did not at
the time understand the object of the Comte de
Nocé's hunting-party; but later I realized that he
had played a very deep game.

However, even if you succeed, like Monsieur de
Nocé, in winning so great a victory, do not forget to
resort persistently to the system of cauteries; and
do not imagine that you can repeat such exploits
with impunity. If you should continue to make
such a lavish use of your talents, you would eventually debase yourself in your wife's mind; for she

would naturally call upon you for twice what you
gave her, and there would come a time when
you would fall short. The human heart, in its
desires, is subject to a sort of arithmetical pro-
gression, of which the origin and end are equally
unknown. Just as the opium-eater must constantly
double his doses to produce the same result, so the
mind, as imperious as it is weak, demands that sentiments, ideas, and objects shall constantly increase
in intensity and dimensions. Hence the necessity
of distributing the interest skilfully through a dramatic work, as remedies are graduated in medicine.
Wherefore you will see, that, if you ever contem-
plate the use of these methods, your bold conduct
must be governed by many circumstances, and its
success will always depend upon the springs you
press.

Lastly, have you influence or powerful friends?
do you occupy a position of importance? If so,
there is another method which will destroy the trouble at its root. Will you not have it in your power
to deprive your wife of her lover by a promotion,
by a change of residence, or by an exchange of
regiments, if he is a soldier? You may put an end
to their correspondence, and we will show you later
how it is to be done; or, *sublatâ causâ, tollitur
effectus*, a Latin sentence which we may translate
"no effect without a cause," or, "no money, no
mercenaries," as we choose.

Nevertheless, you feel that your wife may easily
procure another lover; but, after these preliminary

measures, you will still have a cautery all ready to be applied, in order to gain time, and to extricate yourself from the difficulty by some new stratagems.

Study to combine the system of cauteries with Carlin's tricks of speech. The immortal Carlin, of the Comédie-Italienne, kept a whole audience in suspense and merriment for hours with these few words, varied with all the resources of gesture and uttered with a thousand different inflections of the voice: " The king said to the queen.—The queen said to the king."—Imitate Carlin. Find a way to leave your wife always in check, so that you cannot be checkmated yourself. Take a course of lessons from our constitutional ministers in the art of promising. Accustom yourself to be ready to show at the proper moment the jumping-jack which lures a child to run after you without any conception of the distance he runs. We are all children, and women are readily led by their curiosity to waste their time in pursuit of a will-o'-the-wisp. Is not imagination, a bright flame but too soon extinguished, at hand to assist you?

Lastly, study the fine art of being with her and not being with her, of grasping the moments when you will be able to make progress in her esteem, without ever boring her to death with yourself, your superior talents, or even her own good fortune. If the ignorance in which you keep her has not altogether effaced her intellect, you will manage affairs so well that you will continue to desire each other for some time to come.

FOURTEENTH MEDITATION

OF APARTMENTS

The methods and systems heretofore developed are, in a certain sense, purely moral. They spring from nobility of soul on our part, and contain nothing repugnant to our sense of delicacy; but now we are about to have recourse to precautions à la Bartholo. Do not recoil. There is a matrimonial courage, just as there is a civic and a military courage, as there is a National Guardsman's courage.

What is a little girl's first care after buying a parrot? to shut it up in a fine cage which it cannot leave without her permission, is it not?

Thus that child teaches you your duty.

The whole matter of the arrangement of your house and its apartments should, therefore, be decided with reference to the necessity of leaving your wife no resource in case she should have determined to turn you over to the Minotaur; for one-half of the disasters which occur are due to the lamentable facilities afforded by the conjugal apartments.

Above all else, look to it that your concierge is a *single man*, and absolutely devoted to your person. Such a treasure is easily found; what man is there in this wide world who has not a foster-father or some old servant who used to trot him on his knee?

A hatred, such as existed between Atreus and Thyestes, should spring up, by your fostering care, between your wife and the Nestor who guards your door. That door is the Alpha and Omega of an intrigue. Are not all love intrigues reducible to this formula: to come in, to go out?

Your house would be of no assistance to you, unless it had a courtyard in front and a garden in the rear, and were so placed as to touch no other building.

In the first place, you should do away with all recesses in your guest-apartments. A wall-press, though it contain only six jars of preserve, should be closed. You are preparing for war, and a general's first thought is always to cut off the enemy's supplies. All the walls, therefore, should be smooth, so that their lines may be easily examined and the slightest strange object noticed. Consult the remains of ancient monuments and you will see that the beauty of the Greek and Roman apartments was mainly due to the purity of the lines, the smoothness of the walls, the scarcity of articles of furniture. The Greeks would have smiled pityingly at sight of the great gaps made by our closets in a salon.

This superb defensive system should be applied most diligently in your wife's apartments; never allow her to drape her bed so that a man can wander about in a labyrinth of curtains; be pitiless in the matter of communications, place her bedroom at

the end of your guest-rooms, allow it no exit except
into the salons, so that you can see at a glance those
who go in and out.

The *Mariage de Figaro* will doubtless have taught
you to place your wife's bedroom at a considerable
height from the ground.   All bachelors are Chérubins.

Your means presumably are such that your wife
is entitled to demand a dressing-room, a bath-room,
and a room for her maid; so think of Suzanne, and
never commit the error of locating her small apartment below madame's; always place it above, and
do not hesitate to disfigure your house by hideously
contrived windows.

If, as ill-luck will have it, that dangerous apartment communicates with your wife's by a *secret
staircase*, consult your architect fully; let him exhaust his ingenuity in restoring to that ill-omened
staircase the innocence of the original staircase, the
miller's ladder; see to it, we conjure you, that it has
no treacherous recess, that its steep, angular stairs
have not that graceful curve in which Faublas and
Justine waited so comfortably until the Marquis de
B—— had gone out.   Architects in these days make
stairways that are more comfortable than ottomans.
Do you restore rather the virtuous spiral staircase of
our ancestors.

As to the fireplaces in madame's apartments, you
will be careful to place an iron grating in the flue
five feet above the level of the mantelpiece, even
though it has to be cemented anew after every visit
of the chimney-sweep.   If your wife should consider

15

that precaution absurd, remind her of the many mur-
ders that are committed by means of fireplaces.
Almost all women are afraid of burglars.

The bed is one of those momentous articles of
furniture whose construction should be carefully
considered. Every detail is of the utmost importance. Hearken to the results of long experience.
Give to the bed a shape so far original that it will
never offend the eye amid all the changing styles
which succeed one another so rapidly, discarding the
former creations of the genius of our decorators; for
it is most essential that your wife should not be
allowed to change at will that theatre of conjugal
pleasure. The base of the structure should be mas-
sive and solid, leaving no treacherous space between
it and the floor. And remember well that Byron's
Donna Julia concealed Don Juan under her pillow.
But it would be absurd to treat lightly so delicate a
subject.

LXII

The bed is the epitome of marriage.

Therefore, we will proceed at once to turn our
attention to that admirable creation of human genius,
an invention to which we should give a much higher
place in our gratitude than to ships, firearms, Fu-
made's flint and steel, carriages and their wheels,
steam-engines with simple or compound pressure,
with siphon condenser or expansion gear; higher
even than to casks and bottles. In the first place,

if we reflect a little, we shall see that the bed is related to all of these; but if we remember that it is our second father, and that the most tranquil and the most agitated portions of our lives are passed beneath its protecting canopy, we lack words wherewith to sing its praises.—See the Seventeenth Meditation, entitled the *Theory of the Bed*.

When *war*, of which we shall speak in our third part, breaks out between madame and yourself, you will always find ingenious pretexts for searching her bureau drawers and her desks; for, if your wife has thought it advisable to steal a statue from you, you are interested to know where she has hidden it.   A *gynecæum* constructed according to this system will enable you to see at a glance whether it contains two more skeins of silk than usual.   Allow a single closet to be built and you are lost!   Above all things, accustom your wife, during the honeymoon, to be exceedingly particular as to the tidiness of the several apartments; allow nothing to be left lying about. If you do not accustom her to give this matter the most minute attention, if the same things are not always in the same places, she will have everything in such confusion that you cannot tell whether there are two skeins of silk more or less.

The curtains of your apartments should always be of very transparent materials, and you should contract the habit of pacing the floor at night, so that madame need never be surprised to see you walk to the window absent-mindedly.   Lastly, to have done with the subject of windows, have them

built in your house with sills that are not wide
enough to hold a bag of flour.

Your wife's apartments being arranged in accordance with these principles, though your house contain niches enough to hold all the saints in Paradise,
you are safe. You can, with your friend the concierge, strike a balance between the entrances and
exits every evening; and to obtain absolutely certain
results, there is no reason why you should not teach
him to keep visiting-books by double entry.

If you have a garden, cultivate a passion for dogs.
By keeping one of those incorruptible guardians
under your windows all the time, you will hold the
Minotaur at bay, especially if you accustom your
four-footed friend to accept food from no hand but
your concierge's, so that bachelors with no sense of
delicacy cannot poison him.

All these precautions should be taken naturally
and in such way as to arouse no suspicion. If there
are men who have been so imprudent, after marrying, as to neglect to arrange their conjugal abode
according to these scientific principles, they should
sell their house at once and buy another, or make a
pretext of repairing it and build it over.

You should pitilessly banish from your apartments
all couches, ottomans, tête-à-tête sofas, reclining-
chairs, etc. In the first place, such articles now
embellish the apartments of grocers, you find them
everywhere, even at hair-dressers'; but, in addition
to that, they are essentially instruments of perdi-
tion; I have never been able to gaze upon them

without dismay, it has always seemed to me that I could see the devil leaning on them with his horns and his cloven foot.

After all, there is nothing so dangerous as a chair, and it is most unfortunate that a husband cannot confine his wife between four walls!—Where is the husband who, when he sits down in a rickety chair, is not always inclined to believe that it has received the education that the *Sofa* of Crébillon *fils* received? But we have, fortunately, arranged your apartments according to a system so far-sighted that nothing fatal can happen there unless you consent to it by your negligence.

One bad habit which you should contract—and see that you never correct it—is a sort of absent-minded curiosity which leads you constantly to examine the contents of all boxes, and to turn work-baskets topsy-turvy. You should go about this domiciliary visit gracefully, in an original way, and always obtain forgiveness for it by keeping your wife amused.

You should always manifest the utmost surprise at the sight of a new piece of furniture in those carefully arranged apartments. You should at once inquire as to its proposed use; and then you must cudgel your brains to discover whether it is there for some unavowed purpose, whether it contains treacherous secret compartments.

Nor is this all. You are too clever not to realize that your pretty paroquet will remain in her cage only so long as her cage is beautiful. The slightest accessories, therefore, should be instinct with refinement and taste. The general effect should always be that of a simple, yet charming, picture. You should renew the draperies and muslins frequently. Freshness of decoration is too essential to justify you in economizing on that item. It is, as it were, the chickweed which children are careful to put in their birds' cages every morning to remind them of the verdant fields. An apartment of this sort is the *ultima ratio* of husbands: a wife has nothing to say when you have lavished everything on her.

Husbands doomed to live in hired apartments are in the most pitiable of all situations.

What an influence for good or evil the concierge can exert upon their fate!

Their house is invariably flanked by other houses on the right hand and the left. It is true that by placing the wife's apartments all on one side the danger will be reduced by half; but they are obliged to learn by heart and ponder over the names, ages, professions, means, characters, and habits of the neighbors of the next house, and even to find out who their friends and relations are.

A prudent husband will never hire a ground-floor suite.

Every man can employ in his apartment the precautions we have urged upon owners of houses, and in that case the tenant will have this advantage over the householder, that a single suite, as it occupies much less space, can be much more easily watched.

FIFTEENTH MEDITATION

OF THE CUSTOM-HOUSE

" Why, no, madame, no—"

"For there would be such inconvenience, monsieur—"

"Pray, madame, do you think that we propose to recommend searching everybody who crosses the threshold of your apartment, or who comes forth stealthily therefrom, as travellers are searched at the barriers, in order to see if they are not bringing in some contraband piece of jewelry? Why, that would be absolutely indecent; and there shall be nothing odious, *ergo* nothing of a fiscal nature, in the steps we advise: have no fear."

The conjugal custom-house, monsieur, is, of all the expedients mentioned in this second part, the one that demands on your part the greatest display of tact, of delicate treatment, and of knowledge acquired *a priori*, that is to say, before marriage. To be able to perform the functions of a customs officer, a husband should have made a profound study of Lavater's book, and should be thoroughly imbued with all his principles; he should have accustomed his eye and his understanding to judge, to grasp

(231)

with marvellous promptness, the slightest physical indications by which man betrays his thoughts.

Lavater's *Physiognomy* founded a veritable science. It has taken its place at last among the recognized branches of human knowledge. Although at first the book was welcomed with some doubts, some ridicule, subsequently, the famous Doctor Gall supplemented the theory of the Swiss savant with his ingenious theory of the skull, and gave solidity to Lavater's shrewd and luminous observations. Men of intellect, diplomats, women, all those who form the small but fervent body of disciples of those two famous men, have often had occasion to notice many other visible signs by which the nature of the human mind may be recognized. Bodily habits, handwriting, quality of voice, manners, have more than once enlightened the loving woman, the wily diplomat, the adroit statesman or the sovereign, when called upon to detect at a glance love, treachery, or merit of which they know nothing. The man whose mind acts vigorously is like a poor glow-worm which unknowingly emits light through all its pores. His mind moves in a luminous sphere where every effort causes a commotion in the light and traces its movements with long lines of flame.

These, then, are all the elements of knowledge which you need to possess, for the conjugal customs-service consists solely in a rapid but searching scrutiny of the moral and physical condition of all the persons who enter or leave your house, when they are about to see or have seen your wife. A husband at such times resembles a spider which, lurking in the centre of his imperceptible web, feels the slightest touch of a bewildered fly, and, listening attentively, determines whether it is a victim or an enemy.

You will thus assure yourself an opportunity to examine the bachelor who rings at your door, in two entirely distinct situations: when he is on the point of entering and after he has entered.

As he enters, how many things he says without so much as parting his teeth!

Whether with a slight twist of the hand, or by running his fingers several times through his hair, he pushes up or down the characteristic forelock;

Or hums a French or Italian air, gay or dismal, in a tenor, contralto, soprano, or baritone voice;

Or satisfies himself that the ends of his significant cravat are gracefully adjusted;

Or smooths the well-starched or rumpled frill of a day-shirt or night-shirt;

Or feels furtively and questioningly to ascertain if his wig, be it light or dark, curly or smooth, is still in its natural place;

Or looks to see if his nails are clean and well-trimmed;

Or, with the hand that may be clean or dirty, well or ill gloved, twists his moustache or whiskers, or passes a little tortoise-shell comb through them again and again;

Or, by repeated gentle movements, tries to place his chin over the mathematical centre of his cravat;

Or shifts his weight from one foot to the other, with his hands in his pockets;

Or plays with his boot and stares at it, as if he were saying to himself : " Ah! there's a shapely foot for you!"

Or arrives on foot or in a cab, or does or does not wipe off the slight specks of mud that soil his boots;

Or stands as motionless and impassive as a Dutchman smoking his pipe;

Or fastens his eyes on the door, like a soul just relieved from purgatory and awaiting Saint Peter and his keys;

Or hesitates to pull the bell;

Or grasps it carelessly, hurriedly, familiarly, or like a man sure of his footing;

Or rings it timidly, causing a faint tinkle that is lost in the silence of the apartments like the first stroke of the matins bell in a convent in winter; or, after ringing vigorously, rings again, annoyed because he does not hear the footsteps of a servant;

Or imparts a delicate perfume to his breath with cachous;

Or takes a pinch of snuff with an affectation of composure, carefully brushing away any grains which may mar the whiteness of his linen;

Or looks about him, with the air of one appraising the hall-lamp, the carpet, the stair-rail, as if he were a furniture dealer or a building contractor;

And, lastly, whether he seems young or elderly, is warm or cold, approaches slowly, with a cheerful or depressed countenance, etc.

You feel that there is on the lower step of your front stoop an astonishing mass of observations to be made.

The slight strokes of the brush with which we have tried to sketch this figure will show you therein a veritable moral kaleidoscope with its millions of variations. And we have not chosen to introduce woman in this significant scene; for our remarks, already numerous enough, would become as innumerable and light as the grains of sand on the seashore.

In truth, a man standing before that closed door believes himself to be entirely alone; and while he waits he begins a silent monologue, an indescribable sort of soliloquy, wherein everything, even his footsteps, discloses his hopes, his desires, his intentions, his secrets, his good qualities, his defects, his virtues, etc.; in a word, a man on a landing is like a girl of fifteen in a confessional, on the eve of her first communion.

Do you wish a proof ?—Examine the sudden change that takes place on that bachelor's face and in his manner as soon as he steps inside. The scene-shifter at the Opéra, the temperature of the air, the clouds and the sunlight, do not change more rapidly the aspect of a stage, the atmosphere, and the sky.

On the first tile of your reception-room floor, of all the myriads of ideas which he has so innocently betrayed on the stoop, there remains not even a glance upon which one can hang a remark. The conventional society grimace has thrown a thick veil over everything; but a skilful husband should already have divined, at a single glance, the object of the visit, and should have read the new-comer's mind like an open book.

The way in which he approaches your wife, speaks to her, looks at her, salutes her, takes leave of her, suggests material for volumes of observations each more minute than the last.

The tone of voice, the bearing, the embarrassment, the very silence itself, the smile, the labored courtesy lavished upon you, all are significant, and should be studied with a glance, without apparent effort. You must conceal the most disagreeable discoveries beneath the easy manner and copious speech of a society man. In our utter inability to call attention to all the innumerable details of the subject, we rely entirely on the sagacity of the reader, who cannot fail to perceive the vast scope of this science; it begins with the analysis of glances and ends at the detection of convulsive movements which angry vexation imparts to a toe concealed beneath a satin shoe or a leather boot.

But the exit!—for we must provide for the case of your having failed to make a rigorous examination at the entrance, whereupon the exit becomes of absorbing interest, especially as this other study of the bachelor is made with the same materials as the first, but in the opposite order.

There is, however, one unique situation in the exit; it is the moment when the enemy has passed through all the intrenchments from which he can be observed, and steps into the street! In a man's appearance under the porte cochère an intelligent husband should be able to read the whole story of a visit. The indications are much less numerous, but so unmistakable! It is the dénouement, and the man instantly betrays its gravity by the simplest expression of happiness, sorrow, or joy.

Revelations are at this moment easily gathered: there is a backward glance at the house or at the windows; a slow or indolent gait; the rubbing of hands of the fool, the mincing step of the coxcomb, or the involuntary standing still of the man who is profoundly moved. In a word, you originally had upon the landing questions propounded as clearly as if a provincial academy had offered a prize of a hundred crowns for a discourse; at the exit, the answers are clear and concise. Our task would be beyond human strength if we were obliged to enumerate all the different ways in which men betray their sensations: in this case, all is tact and sentiment.

If you apply these principles of observation to strangers, you should with all the more reason subject your wife to the same formalities.

A married man should have made a careful study of his wife's face. It is easily made; indeed, it is done almost involuntarily and at every moment. For him that lovely woman's face should have no mysteries. He knows how the sensations are depicted upon it and beneath what expression they withdraw from the fire of the glance.

The slightest movement of the lips, the most imperceptible contraction of the nostrils, the insensible changes of the eye, the alteration of the voice, and the indefinable clouds which envelop the features or the flames which illumine them—all are as speech to you.

There she stands: others look at her and no one can understand her thought. But to your eyes the pupil is dimmer or brighter, dilated or contracted; the eyelid has fluttered, the eyebrow has moved; a slight fold, effaced as rapidly as a ripple on the sea, has appeared on the brow; the lip has been drawn in, has drooped slightly or curled in scorn—to your eyes the woman has spoken.

If, at those trying moments, when a wife dissembles in her husband's presence, you have the sphinx's power to detect her, you will realize that the custom-house principles become mere child's play as applied to her.

On returning home or going out, whenever she believes herself alone, in short, your wife is as imprudent as a crow, and will tell herself her secret aloud: thus, by the sudden change of her features when she sees you, a contraction which, rapidly as it takes place, is not rapid enough to prevent your seeing the expression which her face bore in your absence, you will be able to read her mind like a book of plain chant. Lastly, your wife will often stand on the threshold of monologues, and there a husband can at any moment verify his wife's sentiments.

Is there a man sufficiently heedless of the mysteries of love not to have admired many a time the light, dainty, coquettish step of a woman flying to a rendezvous? She glides through the crowd like a snake in the grass. Fashions, materials, and the dazzling snares laid by linen-drapers display their seductions to her in vain; she goes on and on like the faithful animal following his master's invisible trace, deaf to all compliments, blind to all glances, insensible even to the slight contact inseparable from the circulation of the crowd in Paris. Oh! how keenly she feels the value of a minute! Her gait, her costume, her features commit a thousand indiscretions. But, oh! what an enchanting picture for the saunterer, and what an ominous page in a husband's life is that wife's face when she returns from the secret apartments where her heart always abides! Her happiness is indicated even in the unmistakable disorder of her hair, to whose graceful masses and wavy tresses the bachelor's broken comb has failed to restore the glossy tinge, the fashionable and solid appearance which the lady's-maid's practised hand imparts. And what a fascinating abandon in her gait! How can we describe the feeling which spreads such rich color over her face, which takes from her eyes all their assurance, and which touches at so many points melancholy and merriment, modesty and pride!

These indications, which are stolen from the Meditation upon the *Last Symptoms*, and which appertain to a situation wherein a woman tries to dissemble in every way, enable you to divine, by analogy, the rich harvest of observations which it is your privilege to reap when your wife returns home, and, the great crime not being committed as yet, innocently betrays the secret of her thoughts. For our own part, we never saw a landing without longing to nail upon it a compass-face and a vane.

As the methods which should be employed to construct an observatory for one's self in one's own house depend entirely upon the locality and the circumstances, we look to the skill of jealous husbands to carry out the prescriptions of this Meditation.

SIXTEENTH MEDITATION

THE CONJUGAL CHARTER

I confess that I know but one house in Paris that is
built according to the system outlined in the two preceding Meditations. But I must add that I constructed
the system in accordance with the plan of the house.
This admirably constructed fortress belongs to a
young master of requests, who is drunken with love
and jealousy.

When he learned that there was a man whose
mind was entirely absorbed by the idea of perfecting
marriage in France, he was courteous enough to
throw open the doors of his mansion to me, and
to allow me to inspect his gynecæum. I admired the
profound genius which had so skilfully disguised precautions due to an almost oriental jealousy beneath
elegant furniture, beautiful carpets, and fresh paint.
I agreed that it was impossible for his wife to make
her apartments accessory to an act of infidelity.

" Monsieur," said I to the Othello of the Council
of State, who did not seem to me very strong in the
matter of conjugal politics, " I have no doubt that
Madame la Vicomtesse takes much pleasure in living
in the bosom of this little paradise; indeed, she must

enjoy it immensely, especially if you are often here;
but the time will come when she will have had her
fill of it; for, monsieur, we tire of everything, even
of the sublime.   What will you do when Madame la
Vicomtesse, failing to find all your inventions as
charming as they were at first, opens her mouth
to yawn, and perhaps to proffer a request looking to
the granting of two privileges indispensable to her
happiness: personal liberty, that is to say, the power
to go and come according to the caprice of her own
will; and liberty of the press, or the privilege of
writing and receiving letters without fear of your
censorship?''

I had no sooner finished my question than Monsieur le Vicomte de V—— grasped my arm tightly
and cried:

''Such is the ingratitude of women!   If there can
be anything more ungrateful than a king, it's a
nation; but, monsieur, woman is the most ungrateful of all.   A married woman treats us as the citizens
of a constitutional monarchy treat a king: it is of no
use to assure them a happy existence in a grand
country; to no purpose does a government take all
imaginable pains with gendarmes, legislative chambers, a ministry, and all the paraphernalia of an
armed force, to prevent a people from starving to
death; to light cities with gas at the citizens' expense, to warm all its subjects with the sunlight in
latitude 45, and to forbid everybody except collectors
of taxes to ask for money; in vain does it pave the
high-roads with more or less success—not one of

the advantages of so fair a *Utopia* is appreciated!
The citizens want something else! They are not
ashamed to demand the right to walk and drive at
will on those roads, and to be informed what becomes of the money they give to the collectors; in
fact, the sovereign would be bound to give every
man a small portion of the throne, if we should
listen to the chatter of certain scribblers or adopt
certain tricolored ideas, a species of marionettes
manœuvred by a troop of self-styled patriots, good-
for-nothings, who are always ready to sell their
consciences for a million, an *honest* woman, or a
ducal coronet.''

" Monsieur le Vicomte," I said, interrupting him,
"I am entirely of your opinion on this last point;
but how will you avoid an answer to your wife's
just demands?''

" I will do, monsieur,—I will answer as governments answer, for they are not as stupid as members
of the opposition would like to persuade their con-
stituents. I will begin by granting a sort of constitution in solemn form, by virtue of which my wife
will be declared entirely free. I will recognize as
fully as possible her right to go where she pleases,
to write to whomever she pleases, and to receive
letters, denying myself the privilege of knowing
their contents. My wife shall enjoy all the privileges of the English Parliament: I will let her talk
as long as she wants to, argue, propose violent and
energetic measures, but without the power to carry
them out, and then—we shall see!''

"By Saint Joseph!" I said to myself, "here's a
man who understands the science of marriage as
well as I.—And then, monsieur, you will see," I
continued aloud, in order to obtain more ample revelations, "you will see that you will be as much of a
cuckold as other men, some fine morning."

"Monsieur," he rejoined, gravely, "allow me to
finish. That is what great politicians call a theory,
but they have a way of making their theories disappear in practice like genuine smoke; and ministers
are more skilled than all the solicitors in Normandie
in the art of overcoming *substance* with *form*. Metternich and Pilat, men of very great merit, have
long been asking themselves if Europe is in her
right senses, if she is dreaming, if she knows
where she is going, if she has ever reasoned—a
thing that nations, the masses, and women cannot
do. Metternich and Pilat are alarmed to see that
this age is urged forward by the mania for constitu-
tions, as the preceding one was by philosophy, and
as Luther's was by the reformation of the abuses
of the Roman religion; for it really seems that generations are like conspirators whose acts march
separately toward the same end, passing the countersign from one to another. But they are needlessly alarmed, and therein alone do I condemn
them, for they are right in wishing to enjoy power
without having a parcel of bourgeois appear on a
stated day, from the depths of each of their six
kingdoms, to tease and worry them. How can men
of such remarkable talent have failed to divine the

profound moral inculcated by the comedy of constitutional government, and to see that it is the
shrewdest of all policies to give each generation a
bone to gnaw? I agree with them absolutely in the
matter of sovereignty. A *power* is a moral entity
as interested as a man in its preservation. The
sentiment of preservation is guided by an essential
principle expressed in two words: *lose nothing*. In
order to lose nothing, it must either increase or
remain infinite; for a stationary power is no power
at all. If it goes backward, it is no longer a power,
it is drawn on by another. I know as well as those
gentlemen the false situation of an infinite power
which makes a concession; it allows another power,
whose essence it will be to increase, to be planted
in its existence. One will necessarily neutralize
the other, for every being tends to the greatest possible development of its forces. Therefore a power
never makes concessions that it does not try to
revoke them. This conflict between the two powers
is the essence of our well-poised governments, whose
working needlessly terrifies the patriarch of Aus-
trian diplomacy, because, comedy for comedy, the
least perilous and most profitable is the one England
and France are playing. Those two countries have
said to their people: 'You are free!'—and they are
content; they enter into the government like a multitude of zeros which increase the value of unity.
But if the people undertake to stir, the government
begins with them the drama of Sancho's dinner,
when the squire, become the sovereign of his island

on terra firma, tries to eat. Now, we married men
should parody that admirable scene in our households. Thus, my wife has a perfect right to go
out, but she must tell me where she is going, how
she is going, what she is going for, and when she
will return. Instead of demanding this information
with the brutality characteristic of our police, who
will mend their manners some day, I presume, I
take pains to clothe it in most attractive guise. On
my lips, in my eyes, on my features the accent
and signs of curiosity and indifference, of gravity and
pleasantry, of contradiction and of love, appear
and disport themselves in rapid succession. We
have little conjugal scenes overflowing with wit,
with finesse and grace, which are very pleasant to
play. On the day when I took from my wife's
head the wreath of orange-blossoms which she wore,
I realized that we had performed, as at a king's
coronation, the first by-play of a long comedy.—I
have gendarmes!—I have my royal guard, I have
my procureurs généraux!" he continued, enthusias-
tically. " Do I ever allow madame to go abroad on
foot unaccompanied by a servant in livery? Is not
that the very best form? to say nothing of the
pleasure it affords her to say to all the world: 'I
have men-servants.'—But I have always adhered
to the safe principle of going out with my wife, and
in two years I have never failed to prove to her
that it was to me an ever new pleasure to give her
my arm. When it is bad walking, I try to teach
her to drive a spirited horse handily; but, I promise

you, I go about it in such a way that she doesn't
learn at once!—If, by chance, or as the result of a
very pronounced desire, she should seek to escape
without a passport, that is to say, in her carriage
and alone, have I not a coachman, a footman, a
groom? So that my wife may go where she will,
she takes with her a whole brotherhood of Saint
Hermandad, and my mind is at rest. But, my dear
monsieur, how many ways we have of destroying
the conjugal charter in practice, and the letter by
interpretation! I have noticed that the code of manners of the best society requires a certain amount
of idling, which consumes half of a woman's life
during which she has no real consciousness of life.
For my part, I have conceived the plan of carrying
my wife along by shrewd management to the age
of forty, without allowing her to think of adultery,
just as the late Musson amused himself by taking a
bourgeois from Rue Saint-Denis to Pierrefitte, without his suspecting that he had left the shadow of
the steeple of Saint-Leu."

"What!" I exclaimed, interrupting him, "can it
be that you have divined those admirable devices
which I proposed to describe in a Meditation entitled
the *Art of Bringing Death Into Life!* Alas! I thought
that I was the first to discover that science. That
concise title was the story told me by a young physician of an unpublished work by Crabbe. In that
work, the English poet introduces an imaginary personage called *Life in Death*. This personage follows
across all the oceans a living skeleton called *Death*

in Life. I remember that very few of the fellow-guests of the scholarly translator of English poetry understood the meaning of that fable, which is as true as it is mysterious. I alone, perhaps, wrapped in brute-like silence, was thinking of those entire generations which, though inspired by LIFE, pass across the stage without living. Women's faces rose before me in tens of thousands, in myriads, all dead, grief-stricken, and shedding tears of despair as they contemplated the wasted hours of their ignorant youth. In the distance, I saw a satirical Meditation springing into being. I could already hear its satanic laughter; and you are evidently about to slay it in its infancy. But let us see: tell me at once the methods you have invented to assist a woman in squandering the fleeting moments when her beauty is in its bloom, when her desires are at their height. Perhaps you may leave some stratagems, some ruses for me to describe."

The vicomte laughed at this outbreak of author's disappointment, and said to me, with a well-satisfied air:

" My wife, like all young women in this blessed age of ours, kept her fingers for three or four successive years on the keys of a piano, which could not help itself. She deciphered Beethoven, hummed Rossini's airs, and ran through Crammer's exercises. Now, I have taken pains to convince her of her superior musical talent: to accomplish that end, I applauded, I listened without yawning to the most tedious sonatas ever written, and I resigned myself

THE TRUE CULPRIT FOUND

"*Happening to glance absent-mindedly into the garden, I suddenly spied a valet in the employ of a general whose house adjoins mine, climbing the wall.*"

to the necessity of giving her a box at the Bouffons. In that way I made sure of three tranquil evenings out of the seven which God has placed in the week. I am always on the watch for *musical houses*. There are salons in Paris which are exactly like German snuff-boxes, a species of perpetual *Componium*, whither I go regularly in quest of attacks of harmonic indigestion, which my wife calls concerts. But most of the time she is buried in her scores."

"But is it possible, monsieur, that you do not know how dangerous it is to develop a taste for singing in a woman, and to leave her exposed to all the excitements of a sedentary life? All that would be left for you then would be to feed her on mutton and give her water to drink."

"My wife never eats anything but the white meat of chicken, and I am always careful to follow up a concert with a ball, a performance at the Italiens with a rout! In that way I have succeeded in keeping her out of bed until one or two o'clock in the morning six months of the year. Ah! monsieur, the consequences of these late hours are incalculable! In the first place, each of these essential pleasures is accorded her as a favor, and I have the reputation of always doing what my wife wishes; in the second place, I persuade her, without saying a word, that she has enjoyed herself without a break from six o'clock in the evening, when we dine and she is en toilette, until eleven in the morning, when we rise."

"Ah! monsieur, how grateful she should be to you for a life so fully occupied!"

" Thus, you see, there are only three dangerous hours left; but has she not sonatas to study and airs to rehearse?   And am I not always ready to suggest a drive in the Bois de Boulogne, to say nothing of new carriages to try and visits to make?   Nor is this all.   A woman's fairest ornament is studied neatness and cleanliness, her painstaking in that direction can never be excessive or ridiculous; thus the toilet has afforded me an additional means of occupying the best hours of her day."

" You are capable of understanding me!" I cried. " Monsieur, you can consume four hours of her day if you choose to teach her an art unknown to the most refined of our modern *petites-maîtresses*.   Describe to Madame de V——— the extraordinary precautions invented by the oriental luxury of the Roman women, name over to her the slaves employed in the bath alone by the Empress Poppæa: *unctores, fricatores, alipilarili, dropacistæ, paratiltriæ, picatrices, tractatrices,* wipers, and Heaven knows what!—Discourse to her of the multitude of slaves enumerated by Mirabeau in his *Erotika Biblion.*   If she tries to supply herself with that army of attendants, you will have many hours of sweet tranquillity, to say nothing of the personal attractions which will result from the adoption of the system of those illustrious Roman females, every one of whose artistically arranged locks was drenched in perfume, whose tiniest veins seemed to have derived new blood from the myrrh, the flax, the perfumery, the flowers; and all to the strains of sensuous music."

" And the matter of health, too, monsieur," the husband rejoined, becoming more and more excited, " furnishes me with excellent pretexts. Her health, which is so precious and so dear, enables me to forbid her going out at all in bad weather, and in that way I gain a fourth of the year. And I have also introduced the pleasant custom of never going out without exchanging a farewell kiss, saying: ' I am going out, my angel.'—And, lastly, I have provided for the future and made my wife a prisoner in our home forever, like a conscript in his sentry-box!—I have aroused in her an incredible enthusiasm for the sacred duties of maternity."

" By thwarting her?" I asked.

" You have guessed it!" he replied, with a smile. " I argue that it is impossible for a woman in society to fulfil her social obligations, to carry on her own house, to follow all the caprices of fashion, those of a husband whom she loves, and at the same time bring up children. She declares thereupon that, after the example of Cato, who insisted upon seeing how the nurse changed the great Pompey's swaddling-clothes, she will not abandon to others even the most trivial attentions demanded by the flexible intelligence and tender bodies of the tiny creatures whose education begins in the cradle. You understand, monsieur, that my conjugal diplomacy would be of no great service to me, except that, after thus consigning my wife to secret imprisonment, I resort to a harmless sort of machiavelianism which consists in constantly urging her to do whatever she wishes

and in asking her advice upon every subject. As
this illusion of liberty is intended to deceive a very
clever creature, I leave nothing undone to convince
Madame de V—— that she enjoys more liberty than
any woman in Paris; and, to effect that object, I am
extremely careful to commit none of those vulgar
political blunders of which our ministers are often
guilty.''

" I can fancy you," said I, " when you propose
to juggle away one of the privileges conceded to
your wife by the charter, I can fancy you assuming
an air of studied gentleness, concealing the dagger
under a bouquet of roses, and plunging it into her
heart with every precaution, as you inquire in an
affectionate tone: ' Does it hurt, my angel?' Like
the man on whose foot you tread, she probably
answers: ' Not in the least!' "

He could not restrain a smile as he said:

" Won't my wife be tremendously surprised at the
Last Judgment?"

" I don't know whether you or she will be the
more so," I replied.

The jealous fellow's eyebrows were beginning to
contract, but his face became serene once more when
I added:

" I am very grateful, monsieur, to the chance to
which I owe the pleasure of your acquaintance.
Without the assistance of your conversation, I certainly should have developed less thoroughly than
you have done certain ideas which we had in common. I venture, therefore, to ask your permission

to publish this interview. Where we have seen exalted political conceptions, others, perhaps, will discover irony more or less stinging in quality, and I shall be looked upon as a clever man by both factions."

While I was trying to thank the viscount,—the first husband after my own heart whom I had met,— he led me once more through his apartments, where everything seemed beyond reproach.

I was about taking my leave when he opened the door of a little boudoir and showed me the interior, with an expression which seemed to say: "Is there any possibility of the slightest disarrangement which my eye could not detect at a glance?"

I answered that mute inquiry by an inclination of the head of the sort that dinner-guests make in the direction of their host while discussing a particularly exquisite dish.

"My whole system," he said to me in an undertone, "was suggested by two or three words which my father heard Napoléon say in the Council of State at the time of the discussion of the divorce question. 'Adultery,' he exclaimed, 'is a matter of couches!' And, as you see, I have found a way to transform those accomplices of treachery into spies," said the master of requests, calling my attention to a divan covered with tea-colored cashmere, the cushions of which were slightly tumbled.

"See, this impression tells me that my wife has had a headache and has been lying here."

We stepped toward the divan and saw the word

FOOL fancifully traced upon the fatal cushion by four

> Of those I know not what, which loving maiden plucked
> From Cypris' orchard, from that fairy labyrinth,
> Which once long, long ago, a duke esteemed so precious
> That he would fain have honored it with a chivalric order,
> A noble and illustrious brotherhood,
> Which in its ranks should number more of gods than men.

"No one in my family has black hair," said the husband, changing color.

I made my escape, for I was oppressed by a desire to laugh which I could not easily restrain.

"There is a doomed man!" I said to myself. "He has simply paved the way for the most blissful enjoyment on his wife's part by all the barriers with which he has surrounded her."

That thought saddened me. The adventure destroyed three of my most important Meditations from roof to cellar, and the Catholic infallibility of my book was assailed in its very essence. I would gladly have paid to ensure the Vicomtesse de V——'s fidelity as large a sum as many people would have paid her as the price of a single misstep. But I was destined to keep my money forever.

In fact, three days later I met the master of requests in the lobby at the Italiens. As soon as he saw me, he ran toward me. Impelled by a sort of modesty, I tried to avoid him, but he grasped my arm.

"Ah!" he began, "I have passed three horrible

days! Fortunately, my wife is probably more innocent than a child born yesterday."

"You told me that the viscountess was very
clever," I retorted, with cruel good-humor.

"Oh! to-night I have no objection to ridicule,
for this morning I obtained irrefutable proofs of
my wife's loyalty. I had risen very early in order
to finish some very important work. Happening to
glance absent-mindedly into the garden, I suddenly
spied a valet in the employ of a general whose house
adjoins mine, climbing the wall. My wife's maid,
with her head out of the vestibule, was patting my
dog and protecting the gallant's retreat. I took my
opera-glass and brought it to bear on the villain—
jet-black hair!—Ah! never did I take more pleasure
in the sight of a Christian's face!—But, as you can
imagine, I had the trellises removed during the
day.—So, my dear fellow," he added, "if you
marry, fasten your dog with a chain and strew
broken bottles along the tops of your walls."

"Did Madame la Vicomtesse notice your disquie-
tude during these three days?"

"Do you take me for a child?" he said, with a
shrug. "Never in my life have I been so bright
and cheerful."

"You are an unappreciated great man!" I cried,
"and you are not—"

He did not let me finish; for he vanished as
he caught sight of one of his friends who seemed
to be intending to pay his respects to the viscountess.

What can we add which will not be a tedious paraphrase of the information contained in this conversation? Everything therein is either germ or fruit. Nevertheless, you see, O husbands, that your happiness hangs by a hair.

SEVENTEENTH MEDITATION

THEORY OF THE BED

" It was about seven o'clock in the evening. They sat in their academic armchairs, describing a semicircle in front of an enormous fireplace in which a coal fire was burning dismally, the everlasting symbol of the momentous subject of their discussion. Looking upon the grave, albeit impassioned faces of all the members of that assemblage, it was easy to guess that they were called upon to give judgment concerning the lives, the fortunes, and the happiness of their fellow-men. Their mandate proceeded only from their consciences, as in the case of the members of a mysterious ancient tribunal; but they represented interests much more far-reaching than those of kings or peoples; they spoke in the name of the passions and the happiness of the endless generations to come after them.

" The grandson of the celebrated Boulle sat before a round table, whereon lay the damning proof, executed with rare intelligence; I, as the humble secretary, occupied a seat at that table, in order to report the proceedings of the meeting.

" ' Gentlemen,' said an old man, ' the first question submitted for your deliberation is clearly stated in this passage from a letter written to the Princess of Wales, Catherine of Anspach, by the widow of Monsieur, brother of Louis XIV., the Regent's mother: " The Queen of Spain has a sure way of making her husband say whatever she wishes. The king is very religious; he would expect to be damned if he should touch any other woman than his own wife, and yet the excellent prince is of a very amorous complexion. The queen obtains from him whatever she desires, in this way. She has had castors put on her husband's bed. If he refuses her anything, she moves his bed away from hers. If he grants her request, the beds come together again and she allows him to enter hers. All of which makes the king extremely happy, for he is very much inclined—" I will read no farther, gentlemen, for the German princess's virtuous outspokenness might here be stigmatized as immoral.'

" ' Should prudent husbands adopt the bed with castors?   That is the question we have to solve.'

" The unanimity of the vote left the matter in no doubt. I was instructed to enter upon the records that, if a husband and wife occupied separate beds in the same room, the beds should have no castors.

" ' Provided, however,' observed a member, ' that the present decision shall in nowise prejudice our future deliberations as to the best method for a husband and wife to sleep.'

" The president handed me a daintily bound volume containing the original edition, published in 1788, of the letters of Charlotte-Elizabeth of Bavaria, widow of Monsieur, Louis XIV.'s only brother; and while I was transcribing the passage quoted, he continued thus:

" ' You should have received at your homes, gentlemen, the bulletin containing the second question.'

" ' I ask for the floor!' cried the youngest of the assembly of jealous husbands.

" The president took his seat, after bowing in token of assent.

" ' Gentlemen,' said the young husband, ' are we thoroughly prepared to discuss a subject of such gravity as that of the prevailing indiscretion in the matter of beds? Is it not a question of vastly greater importance than a mere matter of cabinet-making? For my part, I look upon it as a problem in which the intelligence of mankind is deeply concerned. The mysteries of conception, gentlemen, are still enveloped with shadows which modern science has but imperfectly dispersed. We do not know how far external circumstances act upon microscopic animals, whose discovery is due to the indefatigable patience of the Hills, the Bakers, the Joblots, the Eichorns, the Gleichens, the Spallanzanis, of Müller, above all, and lastly of Monsieur Bory de Saint-Vincent. The imperfection of the bed involves a musical question of the utmost importance, and for my part, I wish to state that I have written to Italy to obtain definite information as to the way in which beds are generally constructed there. We shall know very soon whether many tringles, screws, and castors are used, whether bed-frames are more vicious in that country than else-where, and whether the dryness of the wood, due to the heat of the sun, does not produce, *ab ovo*, the harmony of which the consciousness is born in Italians. For these reasons I request an adjourn-ment.'

" ' What's that? are we here to express our in-terest in music?' cried a gentleman from the West, springing hastily to his feet. ' We are concerned with morals, first of all; and the moral question overshadows all others.'

" ' Nevertheless,' said one of the most influential members of the council, ' it seems to me that the advice of the first speaker is not to be despised. In the last century, gentlemen, one of the most phil-osophically amusing and most amusingly philosoph-ical of our writers, Sterne, complained of the small amount of care bestowed on the making of men: 'O shame !' he cried, ' the man who copies the divine features of man receives laurels and applause, while he who presents the masterpiece, the prototype of imitative work, has, like virtue, naught but his work for his reward.'—Should we not give our minds to the amelioration of the human race before devoting ourselves to that of horses? Gentlemen, I once passed through a small town in the Orléanais where the whole population consists of hunchbacks, of men with sullen or disappointed faces, veritable

children of misfortune.—Very well, the remarks of
the first speaker reminded me that all the beds there
were in a very bad condition, and that the bedrooms
presented none but disgusting spectacles to the eyes
of husbands and wives.—Ah! gentlemen, can our
spirits be in a condition analogous to that of
our ideas, when, instead of the angelic music which
floats hither and thither in the celestial regions to
which we soar, the shrillest notes of the most persistent, the most annoying, the most execrable
earthly melody ring in our ears? We owe the
noblest geniuses who have brought honor to mankind to solidly built beds, and the turbulent lower
classes who were responsible for the French Revolution were probably conceived on a multitude of
rickety structures, with infirm, twisted legs; whereas
the Eastern peoples, whose mental and physical
development is so admirable, have a system of
lying in bed which is entirely their own. I am for
adjournment.'

" And the gentleman took his seat.

"A man who belonged to the Methodist sect rose.

" ' Why change the question? We are not here
to discuss the improvement of the race or the perfecting of the work. We must not lose sight of the
interests of conjugal jealousy, or of the essential
principles of a healthy moral system. Are you not
aware that the creaking of which you complain seems
to the spouse hesitating at the crime a sound more to
be dreaded than the brazen voice of the last trump?—
Do you forget that all suits for damages for criminal

conversation are won by the husband solely by
virtue of that conjugal complaint?—I recommend
to you, gentlemen, to consult the divorce trials of
Lord Abergavenny, of Viscount Bolingbroke, of the
late queen, of Eliza Draper, of Mrs. Harris, in fact
all those contained in the twenty volumes published
by—' The secretary did not catch the English
publisher's name.

"The adjournment was voted. The youngest
member suggested taking up a collection to be given
to the author of the best dissertation to be contributed
to the Society on this question, which Sterne considered of so much importance; but when the members
had gone, only eighteen shillings were found in the
president's hat."

This discussion by the society recently formed in
London for the amelioration of morals and marriage
—a society upon which Lord Byron poured forth
his sarcasm—was transmitted to us by the courtesy
of the Honorable W. Hawkins, Esq., cousin-german
to the illustrious Captain Clutterbuck.

The extract may serve to remove the difficulties
which arise in dealing with the theory of the bed
with reference to the matter of construction.

But the author of this book considers that the
English society laid too much stress on this dangerous question. There may be as many good reasons
for being a *Rossinist* as for being a *Solidist* in the
matter of the bedstead, and the author confesses
that it is beneath, or above, him to solve the difficulty. He agrees with Laurence Sterne that it is a

disgrace to European civilization that we have so few physiological observations upon callipedy, and he abandons all idea of giving to the world the results of his meditations on that subject, because they would be difficult to express in prudish language, and would be misunderstood or misinterpreted. This omission will leave a never-to-be-filled hiatus in this portion of his book, but he will have the sweet satisfaction of bequeathing a fourth work to the succeeding generation, which he thus enriches with all that he fails to do,—a magnificent negation, whose example will be followed by all those who claim to have a large stock of ideas.

The theory of the bed will give us questions to solve of far more importance than those presented to our neighbors by castors and the mutterings of criminal conversation.

We recognize but three ways of arranging the bed—using that word in its most general sense— among civilized nations, and especially among the privileged classes to whom this book is addressed.

These three ways are:

1. TWIN BEDS,
2. SEPARATE BEDROOMS,
3. ONE AND THE SAME BED.

Before entering upon an examination of these three methods of cohabitation which must inevitably produce very different effects upon the happiness of husbands and wives, we think it advisable to cast a rapid glance at the function of the bed and the part it plays in the political economy of human life.

The most incontestable principle in this connection is that *the bed was invented for the purpose of sleep.*

It would be easy to prove that the custom of the husband and wife sleeping together was of very recent introduction in comparison with the great antiquity of marriage.

By what syllogisms was man led to introduce a practice so fatal to happiness, to health, to pleasure, yes, and to self-esteem? That is a question which it would be interesting to investigate.

If you knew that one of your rivals had found a way of exhibiting you to a woman who is dear to you, in a supremely ridiculous situation: for example, while your mouth was all awry like the mouth in a painted stage mask, or while your eloquent lips were distilling pure water, drop by drop, like the copper spout of a greedy fountain, you would murder him, perhaps. That rival is sleep. Is there a man on earth who has a definite idea as to how he looks and what he does when he is asleep?

Living corpses, we are in the clutches of an unknown power which seizes upon us despite ourselves, and makes itself manifest by the most extraordinary effects: some people sleep cleverly, others stupidly.

There are persons who lie with their mouths open in the most idiotic way.

There are others who snore till the rafters tremble.

The greater number resemble the young devils carved by Michael-Angelo, sticking out their tongues in mockery of the passers-by.

I know but one person in the world who is noble in his sleep; and that is Agamemnon as represented by Guérin, lying on his bed, while Clytemnestra, urged on by Ægisthus, steals forward to murder him. So that I have always had an ambition to lie on my pillow like the king of men, whenever I shall fall a victim to the terrible dread of being seen in my sleep by other eyes than those of Providence. So, too, ever since the day when I saw my nurse *soufflant des pois**, to use a popular but consecrated expression, I have added to the special litany which I recite to my patron Saint Honoré a prayer that he will preserve me from that pitiful eloquence.

When a man wakes in the morning, with a bewildered face grotesquely crowned by a silk nightcap falling over his left temple like a policeman's cap, he is certainly a very ridiculous object, and it is difficult to recognize in him the glorious spouse commemorated in Rousseau's strophes; but, after all, there is a gleam of life shining through the dazed expression of that half-dead face. And if you care, O artists, to make a collection of admirable subjects, travel by mail-coach, and at every little village where the mail-carrier arouses an official, scrutinize that governmental phiz.—But, even though you are a hundred times more amusing than those bureaucratic faces, at all events your mouth is closed and your eyes open, and there is some sort of an expression on your features.—Do you know how you looked an

---

* That is snoring. The term is equivalent to the expression " driving one's pigs to market."

hour before you awoke, or during the first hour of
your sleep, when, being neither man nor beast, you
fell under the dominion of the dreams which come
through the gate of horn?—That is a secret betwixt
your wife and God!

Was it as a constant warning to themselves of the
idiocy of sleep, that the Romans decorated the head
of their beds with an ass's head? We will leave
that point to be investigated by Messieurs the members of the Academy of Inscriptions.

Assuredly the first man who, at the suggestion of
the devil, conceived the idea of never leaving his
wife, even during sleep, must have been a perfect
sleeper. You will not forget, now, to reckon among
the branches of knowledge which you must master
before entering into wedlock, the art of elegant
sleeping. So we insert here, as an appendix to
axiom XXV of the conjugal catechism, the following
aphorisms:

A husband should sleep as lightly as a dog, so
that he may never be seen asleep.

A man should accustom himself from his childhood
to sleep bareheaded.

Some poets pretend to see in modesty, in the so-
called mysteries of love, a reason for the husband
and wife to occupy the same bed; but it is a recognized fact that, if man originally sought the darkness
of grottoes, the moss of ravines, the flinty roofs of

caverns to shelter his pleasures, it was because love delivers him defenceless to his enemies. No, it is no more natural for two heads to lie on the same pillow than it is to twist a strip of muslin around one's neck. But civilization arrived and confined a million men in a space of four square leagues; it planted them in streets, in houses, in apartments, in single rooms, in closets eight feet square; ere long, it will try to make them fit into one another like the tubes of a spy-glass.

From this and from many other reasons, such as fear, economy, and ill-judged jealousy, sprang the custom of husbands and wives sleeping together; and that custom gave rise to the other custom of going to bed and rising at regular hours and simultaneously.

And so we have the most capricious thing on earth, the most essentially mobile of all sentiments, whose value depends upon its inspirations, whose charm is due solely to the suddenness of its desires, which attracts solely by the sincerity of its expansive outbursts—in a word, love, subjected to monastic regulations and to the geometrical accuracy of the Bureau of Longitude!

As a father, I should abhor the child who had an explosion of affection as punctually as a clock, every morning and evening, when he came by compulsion to bid me good-morning or good-night. By such methods, all that is generous and spontaneous in human sentiment is stifled. Judge therefrom of the nature of love at stated hours!

It is within the power of the Maker of all things alone to make the sun rise and set, morning and night, amid a display that is always gorgeous, always new; and no one on earth—with due deference to Jean-Baptiste Rousseau's hyperbole—can play the part of the sun.

It follows from these preliminary observations that it is not natural for two persons to lie beneath the canopy of a single bed;

That a man is almost always ridiculous when asleep;

And that constant cohabitation is fraught with inevitable perils for husbands.

We propose to try, therefore, to reconcile our customs to the laws of nature, and to combine nature and customs in such a way as to provide the husband with a serviceable auxiliary and means of defence in the mahogany frame of his bed.

I. THE TWIN BEDS

If the most brilliant, the most comely, the cleverest of husbands wishes to find himself minotaurized after a year of wedlock, his wish will infallibly be gratified if he is imprudent enough to place two beds side by side beneath the sumptuous ceiling of the same alcove.

The sentence is concise, and these are the grounds therefor:

The husband who first invented twin beds was undoubtedly an *accoucheur* who, dreading the involuntary paroxysms of his slumber, desired to preserve the child borne by his wife from the kicks he might have given it.

But no, it is more likely to have been some predestined husband, who was distrustful of a melodious catarrh or of himself.

Or perhaps it was a young man who, fearful of the very excess of his affection, found himself constantly either on the edge of the bed and on the point of falling, or too near his tempting wife, whose sleep he disturbed.

But may it not have been some Maintenon assisted by her confessor, or rather an ambitious woman who wished to rule her husband?—or, better still, some pretty little Pompadour assailed by that Parisian infirmity so wittily described by Monsieur de Maurepas in the quatrain to which he owed his long-continued disgrace, and which certainly contributed materially to the misfortunes of the reign of Louis XVI.:

> " Iris, on aime vos appas,
>   Vos grâces sont vives et franches;
>   Et les fleurs naissent sur vos pas,
>   Mais ce ne sont que des fleurs."*

Lastly, why should it not have been a philosopher, horrified at the thought of the disenchantment a woman must experience when she sees a sleeping man? And he would be always rolled up in the bedclothes, without a nightcap.

---

*" Iris, we love your sweet allurements,
    Coaxing and bold your charms appear;
    And flowers spring beneath your lightsome footsteps,
    But they are only flowers after all."

Thou unknown author of this Jesuitical method, whoever thou art, in the devil's name, hail and fraternity! Thou hast caused much misery. Thy work bears the mark of all half-way measures; it satisfies nobody and shares the inconveniences of both the other systems, with none of their advantages.

How can the man of the nineteenth century, that sovereignly intelligent creature, who has manifested a supernatural power, who has exhausted the resources of his genius in disguising the mechanism of his existence, in deifying his needs in order not to despise them, going so far as to ask Chinese leaves, Egyptian beans, and Mexican seeds to yield up their perfumes, their treasures, their souls; going so far as to carve crystal, turn silver, melt gold, paint clay, and in a word appeal to all the arts to decorate, to dignify his alimentary bolus! how can that king, after he has concealed beneath folds of muslin, covered with diamonds, spangled with rubies, swathed in linen, in the rich colors of silk, in lace of graceful designs, the second of his necessities—how can he make up his mind to run aground with all that luxurious cargo on two bedsteads?—Why make the whole universe accessory to our existence, to our falsehoods, to those poetic moments? Why make laws, religion, and morality, if an upholsterer's invention—it may have been an upholsterer who invented twin beds—despoils our love of all its illusions, of its majestic cortége, and leaves it only its ugliest and most hateful features? for that is the whole effect of the two beds.

LXIII

To appear sublime or grotesque,—such is the alternative to which we have reduced a desire.

Shared, our love is sublime; but sleep in twin beds and yours will always be grotesque. The contradiction to which this semi-separation gives rise may result in either of two situations, which will reveal to us the causes of many conjugal catastrophes.

Toward midnight a young wife puts her hair in curl-papers, yawning as she does so. I do not know whether her melancholy mood proceeds from a sick-headache ready to attack the right or left side of the cerebellum, or whether she is suffering from one of those attacks of *ennui* during which everything looks black; but as I watch her negligently arranging her hair for the night and languidly raising her leg to remove the garter, it seems evident to me that she would rather drown herself than be prevented from bathing her lustreless life in reviving slumber. She is at at that moment in close proximity to the North Pole, in Spitzbergen or Greenland. Heedless and cold, she has gone to bed, thinking, perhaps, as Mistress Walter Shandy would have done, that the next day will be a day of discomfort, that her husband is out very late, that the whites of eggs which she ate for dinner were not sweet enough, that she owes her dressmaker more than five hundred francs; in fine, she thinks whatever you choose to suppose that a bored woman thinks. At this juncture enters a great boy of a husband, who, after keeping a business appointment, has taken divers glasses of punch and made his escape. He takes off his boots, tosses his clothes on a chair, leaves his socks on a sofa, and his boot-jack in front of the fire; and, as he envelops his head in a red bandanna, without taking the trouble to hide the corners, he tosses at his wife a sentence or two followed by exclamation points, little conjugal endearments, which sometimes form the whole conversation of a husband and wife in those glimmering hours when the drowsy reason is no longer active in our mechanism.—" You have gone to bed !—Deuce take it, it's cold to-night!— You don't answer, my angel !—You are all rolled up in your bedclothes already!—Slyboots! you are pretending to be asleep!—" These remarks are interspersed with yawns; and, after an infinitude of trivial details, with which this nocturnal preface is diversified according to the habits of each household, my man crawls into his bed at last, causing it to give forth a hollow sound. But, lo! upon the imaginary canvas which seems to be spread before us when we close our eyes, appears the seductive image of a pretty face, a shapely leg, the voluptuous outlines he has seen during the day. He is tormented by violent desires. He turns his eyes toward his wife. He sees a lovely face framed by the daintiest embroidery; drowsy as he may be, the fire of his glance seems to burn the lace ruffles which partly conceal the eyes; a divine shape is revealed by the tell-tale folds of the counterpane.—" Darling?"— " Oh! I am almost asleep, my dear."—How can you land on that inhospitable shore? I assume that you are young, handsome, clever, and fascinating. How are you to cross the strait that separates Greenland from Italy? The space between paradise and hell is no more vast than the line which prevents your two beds from being one; for your wife is cold and you are inflamed by all the ardor of desire. Even were it only a matter of the mechanical action of stepping from one bed into the other, that manœuvre places a husband in his cotton nightcap in the most shameful plight imaginable. The danger, the lack of time, the circumstances, all tend to aggravate the disastrous nature of such situations between lovers, for love has a cloak of purple and gold which it throws over everything, even over the smoking ruins of a city taken by assault; whereas, in order to conceal ruins on the brightest carpets, under the most charming folds of silk, Hymen needs all the enchantment of love. Though you should be no more than a second in entering into your wife's domain, DUTY, the divinity of the married state, has time to appear to her in all its ugliness.

Ah! how utterly foolish a man must appear to a cold woman when his passion makes him in quick succession angry and tender, insolent and supplicating, stinging as an epigram and sweet as a madrigal; in a word, when he plays, with more or less talent, the scene from *Venice Preserved*, where Otway's genius represents the Senator Antonius at Aquilina's feet, exclaiming again and again: "Aquilina, Quilina, Lina, Aqui, Nacki!" without succeeding in

18

obtaining aught from her save blows of the whip
when he chooses to play the dog. In the eyes of
every woman, even his legitimate wife, the more
passion a man displays under such circumstances,
the more ridiculous he seems. He is hateful when
he commands, he is minotaurized if he abuses his
power. At this point, recall some of the aphorisms
of the Conjugal Catechism, and you will see that
you violate its most sacred precepts. Whether a
woman yields or not, the twin beds import into
married life something so abrupt, so unmistakable,
that the most virtuous wife and the cleverest husband are tainted with immodesty.

This scene, which may be represented in a thousand divers ways, and to which a thousand other
incidents may give rise, has for a *pendant* the other
situation to which we referred, and which is less
amusing but more to be dreaded.

One evening, when I was discussing these momentous matters with the late Monsieur le Comte
de Nocé, whom I have already had occasion to
mention, a tall old man, with white hair, a close
friend of his, whose name I will not give because
he is still alive, watched us with a decidedly melancholy air. We had a presentiment that he was
about to relate some equivocal anecdote, and we in
our turn gazed at him with much the same expression as that with which the *Moniteur's* stenographic
reporter must watch a minister ascend the tribune,
whose extemporaneous speech has already been
handed to him. The friend in question was an old

émigré marquis, whose fortune, wife, and children
had perished in the disasters of the Revolution. As
the marchioness had been one of the most *inconsistent* women of the old régime, he had a large store
of observations upon feminine nature. Having
reached an age at which one sees things only from
the bottom of the grave, he talked of himself as if
he were talking of Mark Antony or Cleopatra.

" My young friend,"—he did me the honor to call
me so because I had closed the discussion,—" your
reflections remind me of an evening when one of
my friends so conducted himself as to forfeit his
wife's esteem forever. Now, in those days, a wife
could avenge herself with marvellous ease, for it
was not far from the cup to the lip. My couple slept
in two separate beds, but they stood side by side in
the same alcove. They returned home from a very
brilliant ball given by the Comte de Mercy, the
emperor's ambassador. The husband had lost a
considerable sum at play, so that he was completely
engrossed by his reflections. He must pay six thousand crowns on the morrow!—and you remember,
Nocé, that there were times when the combined
resources of ten *mousquetaires* would not amount to
a hundred crowns?—The young wife, as invariably
happens under such circumstances, was in lament-
ably high spirits.—' Give Monsieur le Marquis whatever he needs for his toilet,' she said to the valet.—
In those days people dressed for the night. Those
extraordinary words did not rouse the husband from
his lethargy. Thereupon madame, assisted by her

maid, lavished coquetries innumerable upon him.—
'Did I please you this evening?' she asked. 'You
always do,' replied the marquis, continuing to pace
the floor.—'You are very gloomy! Speak to me,
my frowning love!' she said, placing herself in front
of him in the most enticing négligé. But I could
never give you an idea of the marchioness's witchcraft; one must have known her.—She was a woman
whom you knew, Nocé!" he said, with a mocking
laugh. "However, notwithstanding her cunning and
her beauty, all her archness came to nothing before
the six thousand crowns which refused to vacate her
idiot of a husband's brain, and she went to bed alone.
But women always have a plentiful stock of stratagems; and so, just as my man was preparing to get
into his bed, the marchioness exclaimed: 'O! how cold
I am!'—'And so am I!' he replied. 'Why didn't our
people warm our beds?'—And thereupon I rang—"

The Comte de Nocé could not refrain from laughing, and the old marquis, somewhat abashed, said
no more.

To fail to divine a woman's desires, to snore when
she is awake, to be in Siberia when she is under the
equator—those are the most trifling disadvantages
of the twin beds. What will a passionate woman
not venture when she has ascertained that her
husband is a heavy sleeper?

I am indebted to Beyle for an Italian anecdote, to
which his dry, sarcastic manner imparted an indescribable charm when he told it to me as an example
of female hardihood.

Ludovico's palace is at one end of the city of Milan, the Countess Pernetti's at the other. At midnight, Ludovico, determined to brave everything to gaze upon an adored face for a single second, finds his way into the palace of his beloved, as if by magic, at the peril of his life. He reaches the nuptial chamber. Eliza Pernetti, whose heart, it may be, shares her lover's desire, hears the sound of footsteps and recognizes his step. She sees through the wall a face aflame with love. She rises from her husband's bed. As lightly as a ghost she glides to the door, embraces Ludovico from head to foot with a glance, grasps his hand, beckons to him, leads him in.

" But he will kill you!" he says.

" Perhaps."

But all this is nothing. Let us grant that many husbands sleep lightly. Let us grant that they sleep without snoring, and that they can always guess the degree of latitude at which their wives happen to be! Let us agree, furthermore, that all the reasons we have given for doing away with twin beds have little weight. Even so, there is one last consideration which should proscribe forever the use of separate beds in the same alcove.

We have considered the bed as a means of defence to the husband. Only in bed can he ascertain each night whether his wife's love increases or diminishes. It is the conjugal barometer. Now, to sleep in separate beds implies willingness to remain in ignorance. You will learn when we come to treat of *civil war*—see part third—the immeasurable utility of a bed, and how many secrets a woman involuntarily reveals there.

So do not allow yourself to be seduced by the deceptive friendliness of twin beds.

It is the most idiotic, the most treacherous, and the most dangerous invention ever known. Everlasting shame and anathema on the man's head who conceived it!

But this method is as salutary and suitable for persons who have been married a score of years or more, as it is pernicious for young couples. The husband and wife can then perform more conveniently the duets necessitated by their respective catarrhs. Sometimes it will be to the groan extorted by a twinge of rheumatism or an obstinate attack of gout, or even to a request for a pinch of snuff, that they will owe the laborious delights of a night enlivened by a reflection of their early love, provided that the cough be not inexorable.

We have not deemed it advisable to mention the exceptional circumstances which justify a husband in using twin beds. There are calamities which we must undergo. It was Bonaparte's opinion, however, that when there had once been an exchange of soul and perspiration,—such were his words,—nothing, not even sickness, should part the husband and wife. This is altogether too delicate a matter to be governed by fixed principles.

Some narrow-minded persons may object, too, that there are several patriarchal families whose authority, as experts in matters erotic, on the subject of alcoves with two beds, is unassailable, and that they are happy from generation to generation. But the author has no other reply to make than that he knows many very respectable people who pass their lives watching other people play billiards.

This method of sleeping, therefore, must be considered as doomed in the judgment of all just minds, and we pass to the second method of arranging the nuptial bed.

II. OF SEPARATE BEDROOMS

In all Europe, there are not a hundred husbands per nation who are familiar enough with the science of marriage—or of life, if you prefer—to be reconciled to occupying a separate apartment from that occupied by their wives.

To be able to put this system in practice is the supreme degree of intellectual and manly power.

The husband and wife who occupy separate rooms either are divorced or have succeeded in assuring their happiness. They either abhor or adore each other.

We will not undertake to deduce here the admirable precepts which follow from this theory, the purpose of which is to make constancy and fidelity easy and agreeable. This reserve on the author's part is due to respect, not to inability. It is enough for him to have proclaimed that, by this system alone, can a husband and wife realize the dreams of so many noble hearts; it will be understood by all the loyal and true.

As for the profane,—he will soon put an end to their inquisitive questions by informing them that the aim of this institution is to make one woman happy. What man among them would deprive society of all the talents with which he believes himself to be endowed, for whose benefit?—a woman's!—And yet, to have made one's companion happy is the noblest claim to glory to be produced in the vale of Jehosaphat, since, according to Genesis, Eve was not satisfied with the earthly paradise. She chose to taste the forbidden fruit, the eternal emblem of adultery.

But there is a reason which peremptorily forbids us to develop this luminous theory. It would be outside the purpose of this work. In the situation in which we have supposed a family to be, the man who is so imprudent as to sleep at a distance from his wife would not even deserve compassion for a catastrophe which he would himself have invited.

Let us sum up, therefore.

All men are not powerful enough to undertake to occupy a separate room from their wives; whereas all men can extricate themselves by hook or by crook from the difficulties attendant upon occupying a single bed.

We proceed, therefore, to deal with the difficulties which superficial minds may discover in this last method, for which our predilection is evident.

But let this, in a certain sense, silent subdivision of our subject, which we abandon to the comments of more than one married couple, serve as a pedestal for the impressive figure of Lycurgus, that one of the legislators of old to whom the Greeks were indebted for the most profound reflections upon marriage. May his system be understood by future generations! And if modern morals are too lax to adopt it in its entirety, may they at least be permeated through and through with the robust spirit of that admirable legislation.

III. OF ONE AND THE SAME BED

On a certain December night, Frederick the Great, gazing at the sky, whose myriads of stars shone with that keen, pure light which denotes intense cold, exclaimed: " This weather will give many soldiers to Prussia!"

In that single sentence the king gave expression to the principal disadvantage presented by the constant cohabitation of husbands and wives. Napoléon and Frederick may have been justified in measuring their esteem for a woman by the number of her children; but a husband of talent should, in accordance with the principles of the thirteenth Meditation, look upon the begetting of children solely as a means of defence, and it is for him to decide whether it is necessary to use that means freely.

This observation leads to mysteries which the physiological muse must refuse to investigate. She has consented to enter nuptial chambers when they are unoccupied; but, being a virgin and a prude, she blushes at sight of the antics of love.

Since this is the portion of the book where the

Muse feels called upon to place her white hands over her eyes, so that, like a young girl, she can see no more than is visible through the spaces between her taper fingers, she will avail herself of this paroxysm of modesty to rebuke our morals.

In England the nuptial chamber is a sacred place. The husband and wife alone are privileged to enter it, and, indeed, they say that many a *lady* makes her own bed. Of all the manias in vogue across the Channel, why is it that the only one we have disdained to adopt is the very one whose charm and mystery were most likely to prove attractive to all the loving hearts on the continent? Refined women inveigh against the indelicacy with which strangers are admitted to the marriage sanctuary in France. As for ourselves, who have vigorously anathematized those women who make a show of their pregnancy, our opinion is beyond doubt. If we desire the bachelor to respect the marriage-tie, married people must have some consideration for the inflammable nature of bachelors.

To sleep every night with one's wife may seem, we must admit, a most insolently fatuous performance.

Many husbands will ask themselves how a man who claims that his purpose is to solidify the bonds of marriage dares prescribe for a husband a course of conduct which would be the ruin of a lover.

Such, however, is the dictum of the doctor of conjugal arts and sciences.

In the first place, unless he resolve never to sleep

at home, this is the only course remaining for a husband, as we have pointed out the perils of the two preceding systems. We must try, therefore, to prove that this last way of passing the night presents more advantages and fewer disadvantages than the two preceding ones, with reference to the crisis impending over a family.

Our observations concerning twin beds should have convinced husbands that they are in some sort bound to be always keyed up to the pitch which regulates the mechanism of harmony in their wives; now, it seems to us that this perfect equality of sensation should naturally be established beneath the white ægis which covers them with its protecting flax; and that is a tremendous advantage at the outset.

Indeed, nothing can be simpler than to ascertain at any moment the degree of love and expansiveness which a woman has reached when the same pillow receives her head and her husband's.

Man—we refer here to the whole species—goes through life with a balance-sheet always made up, showing plainly, and without error, the sum total of sensuality of which he is the bearer. This mysterious *gynometer* is drawn in the palm of the hand. The hand is unquestionably the organ which translates most speedily our sensual sensations. *Chirology* is a fifth work which I bequeath to my successors, for I shall content myself here with calling attention simply to those elements of it which throw light on my subject.

The hand is the main instrument of the sense of touch. Now, touch is the sense which approaches most nearly to replacing all the others, which can never be substituted for it. As the hand alone has executed all that man has conceived thus far, it is in a certain sense *action* itself. The sum total of our strength passes through it, and it is worthy of note that almost all men of powerful intellect have had beautiful hands, perfection in that regard being the distinctive characteristic of a lofty destiny. Jesus Christ performed all his miracles by the laying on of hands. The hand exudes life, and wherever it rests it leaves marks of a magical power; so, too, it counts for half in all the pleasures of love. It reveals to the physician all the mysteries of our organism. It exhales, more than any other part of the body, the nervous fluids or the unknown substance which we must call *will* for lack of a better term. The eye may picture the condition of our mind; but the hand betrays simultaneously the secrets of the body and of the thought. We acquire the faculty of imposing silence on our eyes, our lips, our eyebrows, and our foreheads; but the hand does not dissemble, and no one of our features can be compared with it for wealth of expression. The degrees of heat and cold to which it is susceptible vary so imperceptibly that they escape the observation of unreflecting persons; but a man can detect them if he have given ever so little attention to the anatomy of the sensations and minute details of human life. For instance, the hand has innumerable ways of being dry or moist, burning hot or freezing cold, soft, rough, or oily. It throbs, it becomes soft, it yields, it resists. In short, it presents an inexplicable phenomenon, which one is tempted to call the *incarnation of thought*. It drives the sculptor and the painter to despair when they seek to copy the ever-changing labyrinth of its mysterious features. To hold out your hand to a man is to save him. It serves as a pledge of all our sentiments. In all ages, sorceresses have sought to read our fortunes in its lines, which are in nowise imaginary and which correspond to the elements of life and character. In accusing a man of want of tact, a woman condemns him without reprieve. We speak of "the hand of justice," "the hand of God;" and when we wish to describe a particularly bold undertaking, we call it a "*coup de main.*"*

To learn to read the sentiments by the atmospheric variations of the hand, which a woman almost always abandons to you unsuspectingly, is a less ungrateful and more certain study than that of the face.

Thus you can, by acquiring this science, arm yourself with a great power, and you will have a thread which will guide you through the most impenetrable labyrinth of hearts. And so will your cohabitation be absolved of many sins and rich in many treasures.

Now do you honestly think that you are called upon to be a Hercules, because you lie every night with your wife?—Nonsense! An adroit husband, in

* Literally, *a stroke with the hand.*

the position which a husband occupies, possesses many more expedients by which to extricate himself from a difficulty than Madame de Maintenon had when she was obliged to fill up a gap between dishes by telling a story!

Buffon and some physiologists assert that our organs are much more exhausted by desire than by the keenest enjoyment. Does not desire in truth constitute a sort of intuitive possession? Is it not to visible action what the incidents of the mental life we live during sleep are to the events of our material life? Does not this energetic *apprehending* of things necessitate an inward movement of greater force than that of the outward act? If our movements are simply the manifestation of acts already accomplished by our thought, consider how great a quantity of the vital fluids must be consumed by desires often repeated! But the passions, which are simply masses of desires, furrow with their lightning the faces of ambitious men, of gamblers, and wear out their bodies with marvellous celerity.

These remarks, then, should contain the germ of a mysterious system, sanctioned by Plato and by Epicurus alike; we abandon it to your meditations, covered with the veil that covers Egyptian statues.

But the greatest error that men can commit is to believe that love dwells only in those fleeting moments which, according to Bossuet's magnificent metaphor, are like nails strewn along a wall: they seem numerous to the eye; but gather them and they can be held in one hand.

Love almost always diminishes in conversation. There are but three things inexhaustible in a lover: kindliness, grace, and delicacy of feeling. To feel every sensation, to divine and anticipate every wish ; to reprove without wounding affection; to divest a gift of all semblance of pride: to double the value of an attention by ingenious methods; to express flattery in deeds, not in words; to make one's self understood rather than to impress deeply; to touch without striking ; to convey a caress by the glance and even by the tone of the voice; never to be in the way; to entertain without offending good taste; always to titillate the heart ; to speak to the soul—that is all that women ask ; they will renounce the joys of all the nights that Messalina lived to live with a man who will lavish upon them the mental caresses of which they are so greedy, and which cost men nothing more than a little attention.

These lines contain the greater part of the secrets of the nuptial bed. There may be some jocose spirits who will mistake this long definition of courtesy for the definition of love, whereas it is simply, all things considered, a recommendation to you to treat your wife as you treat the cabinet minister who has at his disposal the office that you covet.

I hear myriads of voices exclaim that this work pleads the cause of wives more frequently than of husbands;

That most wives do not deserve these delicate attentions and would misuse them;

That there are wives with a tendency to libertinage who would have no patience with a great deal
of what they would call mystification;

That they are all vanity and think of nothing but
finery;

That their obstinacy is really inexplicable;

That they would sometimes be angry at an attention;

That they are fools, understand nothing, are good
for nothing, etc.

In reply to all this clamor, we will inscribe this
sentence, which, being placed between two white
spaces, will perhaps resemble a thought, as Beau-
marchais once said:

LXIV

The wife is to her husband what her husband has
made her.

To have a trusty dragoman to interpret with
extreme accuracy a woman's sentiments, to make
her a spy upon herself, to keep one's self on the
level of her temperature in love, to avoid leaving
her, to be able to listen to her sleep, to shun all
the misunderstandings which wreck so many marriages,—these are the reasons which should ensure the triumph of the single bed over the other
methods of bestowing the husband and wife for the
night.

As there is no benefit without its burden, you are

required to possess the art of sleeping in a gentle-manly way, of retaining your dignity even under a nightcap, of being courteous, of sleeping lightly, of not coughing overmuch, and of imitating modern authors, who write more prefaces than books.

EIGHTEENTH MEDITATION

OF CONJUGAL REVOLUTIONS

There always comes a moment when nations and women, even the most stupid, discover that their innocence is being imposed upon. The cleverest scheming may deceive for a long time; but men would be too fortunate if it could deceive forever; there would be much blood spared among nations and in families.

However, let us hope that the means of defence described in the preceding meditations will enable a considerable number of husbands to elude the clutches of the Minotaur.

Oh! concede to the doctor that more than one stealthily plotted love-affair will perish beneath the blows of hygiene or be emasculated by a vigorously executed marital policy. Yes,—a comforting error,—more than one lover will be expelled by individual means, more than one husband will succeed in enveloping with an impenetrable veil the working of his machiavelianism, and more than one man will succeed better than the philosopher of old, who cried: *Nolo coronari!*

But unhappily we are forced to recognize one sad truth. Despotism has its safeguard, it is like the hour which precedes a tempest, when the silence enables the traveller, lying on the parched yellow grass, to hear a cricket's chirp a mile away. Some morning, then, an honest wife, and most of our wives will imitate her, will detect with an eagle eye the cunning manœuvres which have made her the victim of an infernal policy. She is, in the first place, frantic with rage, because she has been virtuous so long. At what age, on what day, will this terrible revolution break out?—This chronological question depends entirely on the genius of each individual husband; for all are not called upon to follow out with the same degree of talent the precepts of our conjugal Gospel.

"He certainly must care very little for me," the mystified spouse will exclaim, "to resort to such schemes! Why, he has actually suspected me since the very first day!—It is perfectly monstrous! No woman would be capable of such heartless, treacherous cunning!"

That is the main theme. Each husband can guess the variations which the temper of the youthful Fury he has taken to wife will lead her to perform.

A woman does not fly out at such times. She holds her peace and dissembles. Her vengeance will be shrouded in mystery. But you have had only her hesitations to contend against since the crisis at which we supposed you to arrive at the expiration of the honeymoon; whereas now you will have to fight against a firm determination. She has resolved to avenge herself. Henceforth, she will wear a mask of bronze as hard as her heart. You were formerly indifferent to her, you will gradually become intolerable. Civil war will not break out until the moment when, as a drop of water causes a full glass to overflow, some event, whose gravity you find it difficult to understand, has made you an object of hatred. The time which will elapse between the day when your wife discovers your manœuvring and this last hour, the fatal term of your happiness, will probably be long enough to enable you to resort to a series of defensive expedients which we propose to describe.

Thus far you have protected your honor solely by the working of an entirely occult power. Henceforth, the mechanism of your conjugal machine will be exposed to the light. Where you formerly sought to prevent crime you must now strike. You begin by negotiating, you end by mounting your horse, with drawn sword, like a Parisian gendarme. You make your charger prance, you brandish your sword, you shout at the top of your lungs and you try to put down the *émeute* without injuring anybody.

Just as the author has found a means of transition from occult to visible methods, so it is necessary for a husband to justify the abrupt change in his policy; for, in marriage, as in literature, the art depends entirely upon the graceful ease of the transitions. To you this is a matter of the utmost importance.

In what a horrible position you would be placed, if your wife had occasion to complain of your conduct at this, perhaps the most critical, moment of married life.

We must find a way, therefore, to justify the secret tyranny of your original policy; a way which will prepare your wife's mind for the severe measures you are about to take; a way which, far from causing you the loss of her esteem, will tend to raise you therein; a way which will make you seem deserving of pardon, which will even re-endow you with something of the charm by which you fascinated her before marriage.

" But where shall we seek this expedient? is there such a thing?"

Yes.

But what address, what tact, what dramatic art a husband must possess to avail himself of the treasure we are about to open to him? To feign the passion whose fire will renew your power, you must have the profound art of Talma.

That passion is JEALOUSY.

" My husband is jealous. He was so from the very day we were married. He concealed that feeling from me through a refinement of delicacy. Does he really love me then? I shall be able to do what I please with him!"

Such are the discoveries which a wife should make, one after another, as a result of the charming comedy scenes which you will amuse yourself by acting before her; and a man of the world must be a stupid lout if he cannot succeed in making a woman believe something that is flattering to her.

With what perfection of hypocrisy you must make your different acts fit together in such a way as to arouse your wife's curiosity, to give her something new to study, to lead her astray in the labyrinth of your thoughts!

Sublime actors that you are, surely you must know by instinct the diplomatic silences, the crafty gestures, the mysterious words, the glances shooting twofold flames, which will lead your wife to try some evening to extort from you the secret of your passion.

Oh! to laugh in your beard, while glaring at her with a tiger's eyes; to lie not, nor tell the truth; to make yourself master of a woman's capricious mind and to let her believe that she holds you fast when you are about to place an iron ring about her neck! —Oh! comedy without audience, played from heart to heart, wherein you both congratulate yourselves upon certain success!

She will be the one to prove to you that you are jealous, that she knows you better than you know yourself; to convince you of the uselessness of your stratagems, and perhaps to distrust you. She will exult deliriously in her fancied superiority to you; you are ennobled in her eyes, for she considers your conduct perfectly natural. But your suspicion was absurd: if she chose to be false to you, who could prevent her?

Then some evening your passion will carry you

away, and, finding a pretext in a mere trifle, you will make a scene, during which your wrath will wring from you the secret of the extreme measures you propose to take. That is the promulgation of our new code.

Have no fear that a woman will lose her temper, for she needs your jealousy. She will even invite your rigorous measures. In the first place, because she will seek therein the justification of her own conduct; secondly, she will detect immense advantages in the prospect of appearing in society in the rôle of a victim: will not delicious words of commiseration be lavished upon her? And thirdly, she will make of them a weapon against yourself, hoping to use them to lead you into a trap.

She has a distinct vision of vastly more pleasure in the future of her treachery, and her imagination smiles at all the barriers with which you surround her: will she not have to leap over them?

Women are more perfect than we are in the art of analyzing the two sentiments wherewith they arm themselves against us, or of which they are victims. They have the instinct of love, because it is their whole life, and of jealousy, because it is almost the only means which they possess of governing us. In them jealousy is a genuine sentiment, it is born of the instinct of self-preservation; it comprises the alternative of living or dying. But in man that almost indefinable sentiment is always an absurdity when it is not used as an instrument!

To be jealous of a woman who loves you implies

strangely defective reasoning powers. We are loved
or we are not: and in either alternative jealousy in
man is of no use; it is no easier to explain than
fear—perhaps, indeed, jealousy is fear in love. But
to be jealous is not to doubt one's wife, but one's
self.

To be jealous is at one and the same time the
acme of egotism, lack of self-esteem, and the irritation of a false vanity. Women nurse the absurd
sentiment with extraordinary care, because to it
they owe their cashmere shawls, their pin-money,
and their diamonds, and because it is the thermom-
eter of their power. And so, if you do not seem to
be blinded by jealousy, your wife will be on her
guard; for there is but one trap for which she will
not be on the watch, and that is the one she sets
herself.

A wife, therefore, should easily be made the dupe
of a husband who is clever enough to give to the
revolution which inevitably takes place in her sooner
or later, the wise direction we have pointed out.

You will thus import into your household that
strange phenomenon whose existence is proved by
the theory of asymptotes in geometry. Your wife
will always feel an inclination to minotaurize you,
but will not succeed. Like those knots which are
never tied so tight as when you try to untie them,
she will work in the interest of your power, fancying that she is working for her own independence.

The supreme degree of fine acting in a prince is
to persuade his people that he is fighting for them,

when he is really leading them out to slaughter for the benefit of his throne.

But many husbands encounter one difficulty at the outset in carrying out this plan of campaign. If the wife be a profound dissembler, by what signs are you to distinguish the moment when she detects the explanation of your long-continued deception?

The Meditations upon the *Conjugal Custom-House* and the *Theory of the Bed* set forth several methods of divining the workings of the feminine mind; but we do not claim to exhaust in this book all the resources of the human intellect, which are immense. Here is an instance. On the day of the Saturnalia, the Romans discovered more facts concerning their slaves in ten minutes than they were able to learn during the remainder of the year! You must be able to organize Saturnalia in your household, and to imitate Gessler, who, when he saw Wilhelm Tell shoot the apple off his child's head, must have said to himself:

"There's a man I must get rid of, for he would not miss me if he should decide to kill me."

You understand that if your wife wishes to drink Roussillon, to eat mutton cutlets, to go out at all hours, and to read the *Encyclopædia*, you must urge her in the most pressing way to do so. In the first place, she will conceive distrust of her own wishes when she finds you acting in direct opposition to all your previous theories. She will imagine some concealed interest at the bottom of this reversal of policy, and thereupon all the liberty you gave her will worry her so that she will be unable to enjoy it. As for the disasters to which this change in your tactics may lead, the future will take care of them. In revolutions, the first of all principles is to act as a guide to the evil which you cannot prevent, and to invite the lightning by lightning-rods, in order to conduct it into a well.

And finally the last act of the comedy begins.

The lover who, from the time the faintest of all the *first symptoms* manifested itself in your wife down to the moment when the *conjugal revolution* takes place, has fluttered about, it may be as a material form, it may be as a creature of the imagination, the LOVER, summoned by a sign from her, has said: " I am here !"

NINETEENTH MEDITATION

THE LOVER

We present the following maxims for your consideration.

We should be compelled to despair of the human race if they had not been formulated until 1830; but they establish so categorically the relations and differences which exist between yourself, your wife, and a lover; they are so well adapted to forward your policy and to reveal to you accurately the strength of the enemy, that the master has renounced all thought of self-love; and if, by chance, there should prove to be a single novel thought among them, charge it to the devil, by whose advice the work was undertaken.

LXV

To talk of love is to make love.

LXVI

In a lover the grossest desire always appears as an outburst of sincere admiration.

LXVII

A lover has all the good qualities and all the faults which a husband has not.

LXVIII

A lover not only imparts life to everything, he also induces forgetfulness of life: the husband imparts life to nothing.

LXIX

All the monkey-tricks of sentiment which a woman performs invariably deceive a lover; and where a husband perforce shrugs his shoulders, a lover is in ecstasy.

LXX

A lover betrays only by his manners the degree of intimacy with a married woman to which he has been admitted.

LXXI

A woman does not always know why she loves. It rarely happens that a man has not some interest in loving. A husband should ferret out that secret, selfish reason on the lover's part, for it will be to him the lever of Archimedes.

LXXII

A husband endowed with tact never discloses his suspicion that his wife has a lover.

LXXIII

A lover obeys all a woman's whims; and as a man is never base in his mistress's arms, he will employ methods of making himself agreeable to her which are in many cases repugnant to a husband.

LXXIV

A lover teaches a woman all that a husband has concealed from her.

LXXV

A woman simply exchanges all the sensations which she brings to a lover; they always come back to her with greater force; they are as rich in what they have given as in what they have received. This is a branch of commerce in which husbands almost always end by becoming insolvent.

LXXVI

A lover never speaks to a woman of anything that does not tend to magnify her; whereas a husband, even a loving husband, cannot forbear to give advice which always has a suggestion of blame.

LXXVII

A lover always works from his mistress toward himself; a husband does just the opposite.

LXXVIII

A lover always desires to appear amiable.   There is a tendency to exaggeration in that direction which leads to absurdity; you must be ready to take advantage of it.

LXXIX

When a crime is committed, the examining magistrate knows—except in the case of a discharged convict who commits a murder at the galleys—that there are not more than five persons to whom it can be charged. He starts from that point to form his conjectures. A husband should follow the magistrate's line of reasoning: when he attempts to ascertain the identity of his wife's lover, there are not three men in society who are open to suspicion.

LXXX

A lover is never in the wrong.

LXXXI

A married woman's lover says to her: " Madame, you need rest. You should set a virtuous example to your children. You have sworn to make happy a husband, who, barring some few faults,—and I have more than he,—merits your esteem. Even so, you must sacrifice your life and your family to me because I have noticed that you have a well-shaped leg. See that not even a murmur escapes you; for a regret is an insult which I will punish with a more severe penalty than that which the law inflicts on adulterous wives. As the price of these sacrifices, I bring you as much pleasure as pain."—And, incredible as it may appear, the lover triumphs!—The form in which he clothes his harangue makes everything smooth. It all amounts to but three words: " I love you." A lover is a herald who proclaims a woman's merit or beauty or wit. What does a husband proclaim?

All in all, the love which a married woman inspires and that which she herself feels are the
least flattering sentiments one can imagine: in her
case, it is immeasurable vanity; in her lover's,
egotism. A married woman's lover contracts so
many obligations that we do not find three men in
a century who condescend to fulfil them all; he
ought in honor to consecrate his whole life to his
mistress, whom he always abandons at last: they
both know it, and since societies have existed,
the one has always been as sublime as the other
has been ungrateful. A great passion sometimes
arouses the pity of the judges who pass sentence
upon it; but where do you find genuine, durable
passions? What force of will a husband must have
to contend successfully with a man whose prestige
leads a woman to subject herself to such disasters!

We consider that, as a general rule, a husband,
by a scientific use of the means of defence we have
heretofore developed, can bring his wife to the age
of twenty-seven, not without making choice of a
lover, but without committing the great crime. We
find men here and there, endowed with profound
matrimonial genius, who are able to keep their wives
to themselves, body and soul, up to thirty or thirty-
five years; but these exceptional cases cause a sort
of scandal and alarm. Such phenomena rarely occur except in the provinces, where, life being transparent and houses built of glass, a husband is armed
with tremendous power. This miraculous assistance

20

afforded a husband by men and things always dis-
appears in a city whose population numbers two
hundred and fifty thousand souls.

It may be considered, then, as proved that thirty
years is the age of virtue.   At that critical moment
a wife becomes so difficult to guard, that, in order to
be successful in keeping her always confined to the
conjugal paradise, recourse must be had to the last
remaining means of defence, which will be revealed
in the *Essay on Police*, the *Art of Returning Home*,
and *Surprises*.

TWENTIETH MEDITATION

ESSAY ON POLICE

The conjugal police consists of all the means afforded you by the laws, customs, force, and stratagem to prevent your wife from performing the three acts which in a certain sense constitute the existence of love: writing, seeing, speaking.

The police may be combined more or less effectively with several of the means of defence mentioned in the preceding Meditations. Instinct alone can indicate in what proportions and under what circumstances these various elements should be employed. There is a certain amount of elasticity in the whole system: a shrewd husband will readily divine how it must be bent and stretched and tightened. With the aid of the police, a man may bring his wife to the age of forty unspotted by any falling from grace.

We will divide this police treatise into five sections:

I. OF MOUSETRAPS.
II. OF CORRESPONDENCE.
III. OF SPIES.
IV. THE INDEX.
V. OF THE BUDGET.

§I. Of Mousetraps

Despite the gravity of the crisis at which the husband is supposed to have arrived, we will assume that the lover has not fully acquired *rights of citizenship* in the conjugal city. Many husbands suspect that their wives have a lover, but do not know upon whom, of the five or six elect we have mentioned, to fix their suspicions. This hesitation is attributable, doubtless, to some moral infirmity, to the succor of which the professor should speedily come.

Fouché had four or five houses in Paris which were frequented by people of the very highest distinction; the mistresses of those houses were devoted to him. That devotion cost the State large sums. The minister called these social circles, of which no one had the slightest suspicion at the time, his *mousetraps*. More than one arrest was made at the conclusion of a ball at which the most brilliant society in Paris had been the ex-Oratorian's unconscious accomplices.

The art of displaying a fragment or two of broiled chestnuts in order to see your wife put her white hand into the trap, is very limited in its scope, for a woman is certain to be on her guard; however, we distinguish three styles of mousetrap: the *Irresistible*, the *Deceptive*, and the *Mousetrap with a Spring*.

The Irresistible

Given two husbands, A and B, who are supposed to wish to discover the identity of their wives' lovers.

We will place husband A at the centre of a table groaning beneath pyramids of beautiful fruit, sweetmeats, liqueurs, and glass, and husband B at any point you please in the resplendent circle. The champagne has been passed around, all eyes are sparkling, and all tongues wagging.

HUSBAND A.—*Peeling a chestnut.*—For my part, I admire men of letters, but at a distance; to me they are unendurable; they are despotic in conversation; I don't know whether their good or bad qualities are more offensive, for it really seems as if their mental superiority serves no other purpose than to bring all their qualities, good and bad, into bold relief. In fact,—*he swallows a chestnut,*—men of genius are elixirs, if you please, but they must be used in moderation.

WIFE B.—*Who has been listening attentively.*— Why, you are very hard to please, Monsieur A! —*She smiles mischievously.*—It seems to me that fools have fully as many faults as men of talent, with the difference that they have not the art of obtaining forgiveness for them!

HUSBAND A.—*Nettled.*—You will at least agree, madame, that they are hardly agreeable to you ladies.

WIFE B.—*Hastily.*—Who told you so?

HUSBAND A.—*Smiling.*—Do they not constantly crush you with their superiority? Vanity is so powerful in their hearts that there must be a good deal of useless repetition in their conversation with you—

THE MISTRESS OF THE HOUSE.—*Aside to wife A.*—You deserve it, my dear.—*Wife A shrugs her shoulders.*

HUSBAND A.—*Continuing.*—And then, as the habit they have of putting ideas together reveals to them the mechanism of the sentiments, love in their eyes must be purely physical, and we know that they do not shine in—

WIFE B.—*Pursing her lips and interrupting him.*— It seems to me, monsieur, that we alone are judges of this cause. However, I can understand that men of the world do not care for men of letters!— But I tell you it is easier for you to criticise them than to resemble them.

HUSBAND A.—*Contemptuously.*—O madame, men of the world can attack the authors of the present day without being accused of envy. I know a society man who, if he should write—

WIFE B.—*With some heat.*—Unfortunately for you, monsieur, some of your friends in the Chamber have written novels; could you ever read them? But, upon my word, to-day an author must needs delve into historical investigation for the slightest conception, he must—

HUSBAND B.—*Aside, no longer heeding the remarks of the lady beside him.*—Oho! can it be Monsieur de L——, author of *A Maiden's Dreams*, with whom my wife is in love? That is strange, for I thought it was Dr. M——. Let us see.—*Aloud.*—Do you know, my dear, you are quite right in what you say.—*Laughter.*—Really, I would always rather have artists and

literary men in my salon—*aside*—when we receive!—
than people of other professions. Artists do at least
talk on subjects that are within everybody's reach;
for where is the man or woman who doesn't think
that he or she has taste in art? But judges,
lawyers, and especially doctors—ah! I admit that
to hear them constantly talking about lawsuits and
diseases, the two varieties of human infirmity
which—

WIFE B.—*Interrupting her conversation with her
neighbor to reply to her husband.*—Ah! doctors are
unendurable!

WIFE A.—*Who is sitting beside husband B, speaking at the same time.*—What's that you say, my
friend?—You are strangely mistaken. In these
days, no one desires to seem to be what he is:
doctors, since you mention doctors, always do their
utmost to avoid talking of the profession they practise. They talk politics, fashions, theatres, tell
stories, write better books than professional authors, and it's a far cry from the doctors of to-day
to Molière's doctors.

HUSBAND A.—*Aside.*—The deuce, can my wife
be in love with Dr. M——? That's a curious
thing.—*Aloud.*—That may be, my dear, but I
wouldn't entrust a sick dog to a doctor who writes
books.

WIFE A.—*Interrupting her husband.*—That is un-
just; I know men who hold five or six offices, in
whom the government seems to have considerable
confidence; moreover, it's very amusing, Monsieur

A, that you should say that, when you have such a very high opinion of Dr. M——.

HUSBAND A.—*Aside.*—That settles it!

The Deceptive

A HUSBAND.—*On returning home.*—My dear, we are invited to the concert Madame de Fischtaminel is to give next Tuesday.   I meant to go there to have a word with the minister's young cousin, who was to sing; but he has gone to see his aunt at Frouville. What do you mean to do?

HIS WIFE.   Oh! concerts bore me to death!   You have to sit glued to your chair for hours without speaking.   You know, too, that we dine with my mother that day, and that we really cannot miss wishing her many happy returns.

THE HUSBAND.—*Carelessly.*—Ah! yes, to be sure.

THE HUSBAND.—*Three days later, as he is going to bed.*—By the way, darling, I shall have to leave you at your mother's to-morrow, as the count has returned from Frouville and will be at Madame de Fischtaminel's.

THE WIFE.—*Eagerly.*—But why should you go all alone?   Just think how I adore music!

The Mousetrap with a Spring

THE WIFE.   Why do you go out so early this evening?

THE HUSBAND.—*Mysteriously.*—Ah! I am going on some business, which is the more painful because I really don't see how I am going to arrange it.

THE WIFE. Pray, what is it, Adolphe? You're a perfect monster if you don't tell me what you're going to do.

THE HUSBAND. My dear, that feather-brained Prosper Magnan is to fight a duel with Monsieur de Fontanges about an opera-dancer.—Why, what's the matter?

THE WIFE. Nothing.—It's very hot here. And then, I don't know what the reason is—but, all day long—the blood has kept rushing to my head.

THE HUSBAND.—*Aside*.—She loves M. de Fontanges!—*Aloud*.—Célestine!—*He calls louder*.—Célestine, come quickly, madame is ill!

You understand that a clever husband should find a thousand ways of setting these three varieties of mousetrap.

§ II. OF CORRESPONDENCE

To write a letter and send it to the post; to receive the reply, read it and burn it; such is correspondence reduced to its simplest form.

But consider what vast resources civilization, our code of morals, and love have placed at the disposal of wives to enable them to conceal these material acts from the husband's penetrating eye!

The inexorable post-box, which presents an open mouth to all comers, receives its epistolary sustenance from all hands.

Then there is the fatal invention of *general delivery offices*.

A lover can find a hundred charitably disposed persons, male or female, who, by way of revenge, will slip the billet-doux into his fair mistress's amorous and cunning hand.

Correspondence is a protean thing. There are sympathetic inks, and a young bachelor informs us that he once wrote a letter on the fly-leaf of a new book which the husband afterward called for at the book-shop, and which thus reached the hands of his mistress, who had been advised the day before of that fascinating stratagem.

The amorous wife who dreads a husband's jealousy will write and read billets-doux during the time devoted to those mysterious occupations during which the most tyrannical husband must leave her to herself.

And, finally, all lovers have the art to invent a private telegraphic system whose arbitrary signs are very difficult to understand.

A flower placed in an unusual way in the hair at a ball ; a folded handkerchief on the box-rail at the play; a scratching of the nose, a belt of a special color, a hat put on or taken off, a certain dress worn in place of a certain other one, a song sung at a concert, or particular notes struck on the piano; a fixed glance at a point previously agreed upon—everything under Heaven, from the hand-organ which plays under your windows and goes away if you raise a blind, to the newspaper advertisement of a horse for sale, and even to you *yourself*, may be a means of correspondence.

Indeed, how often will a wife slyly ask her husband to do an errand for her, to go to such a shop or such a house, after notifying her lover that the husband's presence at such a place means yes or no.

At this point, the professor confesses to his shame that there is no way of preventing two lovers from corresponding. But marital machiavelianism rises stronger by virtue of its helplessness than it has ever been by virtue of any coercive measures.

A convention which should be held sacred between a husband and wife is that wherein they swear to each other to respect the seals of their respective letters. He is a shrewd husband who asserts the sacred nature of that principle on entering into wedlock, and who is able to abide conscientiously by it.

By allowing a wife unlimited liberty to write and receive letters, you provide yourself with a sure means of discovering when she begins to correspond with a lover.

But, assuming that your wife distrusts you, and that she envelops in the most impenetrable darkness the methods she employs to conceal her correspondence from you, surely the occasion has arrived for you to put forth the intellectual power with which we equipped you in the Meditations on the *Custom-House!* The man who does not discover when his wife has written to her lover, or when she has received a reply, is an imperfect husband.

The searching study which you should make of your wife's movements, actions, gestures, glances, may be painful and fatiguing, but it will last but a short time; for it is simply a matter of discovering when your wife and her lover correspond and how.

We cannot believe that a husband, though of but moderate intelligence, is unable to detect this feminine scheme when he suspects that it is in progress.

Judge from a single episode what a multitude of methods of doing police duty and of repression are afforded by correspondence.

A young lawyer, to whom a frantic passion disclosed some of the principles set down in this important portion of our work, had married a young woman, who had a feeble sort of affection for him—the which he considered the height of good-fortune; and after a year of marriage, he noticed that his dear Anna— her name was Anna—loved a certain note-broker's chief clerk.

Adolphe was a young man of about twenty-five, with a pretty face, and fond of enjoying himself like all possible bachelors. He was economical, neat in his habits, had an excellent disposition, rode very well, talked intelligently, kept his fine black hair well curled, and his dress did not lack refinement. In short, he would have brought honor and profit to a duchess. The lawyer was a homely, short, thick-set, square-shouldered, pitiful creature, and a husband. Anna was tall and lovely, her eyes were almond-shaped, her complexion fair, and her features refined and delicate. She was all love, and passion imparted a magical eloquence to her glance. She belonged to a poor family, and Maître Lebrun had an income of twelve thousand francs. That explains everything.—One evening, Lebrun returns home with a visibly dejected air. He goes to his office to work; but he returns at once to his wife's room, shivering; for he has an attack of fever and loses no time in going to bed. He groans, expresses sorrow for his clients, and especially for a poor widow whose whole fortune he was about to save from destruction by a transaction to be consummated the very next day. He has an appointment for that purpose with several business men, and feels that he shall be in no condition to go. After dozing for half an hour, he wakes, and in a feeble voice begs his wife to write to one of his intimate friends, asking him to take his place at the conference the next day. He dictates a long letter and notices particularly the space which his words occupy on the paper. When it became necessary to turn over to the second page, the lawyer was describing to his professional brother the joy his client would feel if the transaction were carried through; the fatal page began with these words:

"My dear friend, go, oh! go at once to Madame de Vernon's; you will be awaited there most impatiently. She lives at Number 7, Rue du Sentier. Forgive me for saying so little; but I rely upon your admirable good sense to guess what I cannot explain.
                                             "*Tout à vous.*"*

"Give me the letter," says the lawyer, "so that I may see that it's all right before signing."

* Yours ever.

The unfortunate creature, whose prudence had been lulled to sleep by the nature of the dictated epistle, bristling all over with the most barbarous terms of legal jargon, hands him the letter. As soon as Lebrun has the perfidious sheet in his hands, he groans and writhes, and calls upon his wife for some service or other. Madame leaves the room for two minutes, during which time the lawyer jumps out of bed, folds a sheet of paper in the shape of a letter, and hides the missive written by his wife. When Anna returns, her adroit husband is sealing the blank sheet, bids her address the cover to that one of his brethren for whom the abstracted letter was supposed to be intended, and the poor creature hands the harmless communication to a servant. Lebrun seems to become calmer by slow degrees; he sleeps or pretends to sleep, and the next morning still complains vaguely of pain. Two days later, he tears off the first page of the letter, adds an *e* to the word *tout* in the phrase *tout à vous;** mysteriously folds the innocently deceptive paper, seals it, leaves his room, calls his wife's maid, and says to her:

"Madame wishes you to carry this to Monsieur Adolphe; make haste."

He sees the maid start and immediately leaves the house, alleging a pressing business engagement, and hies him to Rue du Sentier, to the number mentioned. He calmly awaits his rival at the house of the friend who had lent his aid to his design. The lover, drunk with joy, hurries to the house, asks for Madame de

* Thus making it feminine instead of masculine in form.

Vernon, is admitted, and finds himself face to face with Maître Lebrun, who greets him with a pale, cold face and tranquil but implacable eyes.

"Monsieur," he says, in a voice that trembles slightly, to the young clerk whose heart beats fast with terror, "you love my wife, you try to make yourself agreeable to her; I cannot blame you for it, for in your place and at your age I should have done the same. But Anna is in despair; you have poisoned her happiness and her heart is a hell. So she has confessed everything to me. A quarrel that was soon adjusted impelled her to write the note you received, and she has sent me here in her place. I need not tell you, monsieur, that, if you persist in your enterprise of seduction, you will make the woman you love unhappy, that you will rob her of my esteem and some day of your own; that you will extend your crime into the future by bringing sorrow, it may be, upon my children; I say nothing of the bitterness you will bring into my life;—unfortunately that has no weight!—But I swear to you, monsieur, that the slightest step forward on your part will be the signal for a crime; for I will not trust to a duel to run you through the heart!"

At that point, the lawyer's eyes distilled death.

"Come, monsieur," he continued, in a softer voice, "you are young, you have a noble heart; make a sacrifice to the future happiness of the woman you love; give her up, see her no more. And if you really must have one of the family, I have a young aunt whom no one has ever been

able to capture; she is charming, very bright, and
wealthy; undertake her conversion, and leave a
virtuous wife in peace.''

This mixture of jest and menace, the husband's
piercing glance and deep voice made an extraordinary impression on the lover. He stood for two
minutes utterly speechless, like all overexcitable
people whom a violent shock deprives of all presence
of mind. If Anna had lovers thereafter,—a pure
conjecture,—Adolphe certainly was not one of them.

This incident may serve to show you that correspondence is a two-edged dagger, which may be of
as much advantage to the husband's defence as to
the wife's *inconsistency*. Therefore you should encourage correspondence for the same reason that
the prefect of police is careful to have the street
lamps in Paris lighted.

§ III. OF SPIES

To stoop to beg for disclosures from one's servants, to fall lower than they are by purchasing
their knowledge, is not a crime; it is a dastardly
thing to do, perhaps, but it is most assuredly rank
idiocy; for there is nothing to ensure the honesty of
a servant who betrays his mistress, and you will
never know whether he is acting in your interest
or your wife's. That expedient, therefore, should
be irrevocably condemned.

Nature, that kindly and affectionate parent, has
placed beside the mother of a family the most reliable and craftiest, the most truthful, and at the same

time the most discreet, spies in existence. They are dumb and they speak, they see everything and seem to see nothing.

One day I met a friend of mine on the boulevard; he invited me to dinner, and we walked to his house. The dinner was already served, and the mistress of the house was supplying her two daughters with platefuls of soup.

"One of my *first symptoms*," I said to myself.

We took our seats. The first words uttered by the husband, who did not understand finesse and spoke idly, were:

"Has anyone been here to-day?"

"Not a soul!" his wife answered, without looking at him.

I shall never forget the sharp way in which the two daughters looked up at their mother. There was something especially significant in the expression of the elder of the two, a child of eight. In it there were revelations and mystery, curiosity and discretion, astonishment and security, all combined. If anything could be compared to the swiftness with which that ingenuous flash shot from their eyes, it was the prudence with which they both lowered, like blinds, the lovely folds of their white eyelids.

Sweet and charming creatures who, from the age of nine to the age of puberty, are many times the torment of a mother, even when she is not coquettishly inclined, is it as a matter of privilege or by instinct that your youthful ears hear the faintest murmur of a man's voice through walls and doors,

21

that your eyes see everything, that your young minds exert themselves to divine the meaning of everything, even the significance of a word spoken idly, or of your mother's slightest movement?

There is gratitude and an indefinable manifestation of instinct in the predilection of fathers for their daughters and of mothers for their sons.

But the art of organizing a system of material spies, so to speak, is mere child's-play, and it is the simplest thing in the world to invent a better scheme than the old beadle's, who had the happy thought of putting egg-shells in his bed, and who obtained no other expression of sympathy from his stupefied crony than: "You shouldn't have pounded them so fine."

The Maréchal de Saxe proffered little more consolation to La Popelinière, when they discovered together the famous revolving fireplace invented by the Duc de Richelieu.

"That's the finest *horn-work** I ever saw!" exclaimed the victor of Fontenoy.

Let us trust that your espionage will teach you no such unpleasant lessons. Those disasters are the results of civil war, and we have not yet come to that.

§ IV. The Index

The Pope puts books only in the Index Expurgatorius; but you will place the stamp of reprobation upon men and things.

---

* *Ouvrage à cornes*—literally, horn-work. The word *cornes* is used as an attribute of cuckolds.

Madame is forbidden to go to bathe elsewhere than at home.

Madame is forbidden to receive the man whom you suspect of being her lover, and all other persons who may be interested in their love-affair.

Madame is forbidden to walk or drive without you.

But the strange anomalies due to diversities of temperament, the innumerable details of passion, and the habits of the husband and wife in different households cause such constant changes in that *Black Book*, its lines are multiplied or effaced so rapidly, that a friend of the author dubbed it the *History of the Variations of the Conjugal Church.*

There are but two things which can be made subject to fixed principles: visiting the country and driving.

A husband should never take his wife into the country nor allow her to go there. Have a country estate, live on it, receive only ladies or old men, and never leave your wife there alone. But to take her, even for half a day, to another's ——, is to be more imprudent than an ostrich.

In the first place, to watch a woman in the country is a most difficult task. Can you be everywhere at once, in all the thickets, climbing all the trees, following a lover's tracks over grass which is trodden flat at night, but is revived by the dew and the morning sunlight, and stands erect again? Have you an eye for every gap in the park wall?—Oh! the country and the springtime! those are the celibate's two right arms.

When a woman reaches the critical period which we suppose her to have reached, the husband should remain in town until the war breaks out, or doom himself to all the joys of pitiless espionage.

As to the matter of driving, does madame wish to go to parties, to the play, to the Bois de Boulogne; to go out to buy clothes or to see the fashions? Let madame go and see them in the honorable company of her lord and master.

If she should seize upon the moment when your whole attention is demanded by some occupation which you cannot possibly leave, in order to try to surprise you into a tacit assent to some meditated expedition; if, in order to obtain that assent, she should put forth all the witchery and seduction of those scenes of cajolery in which women excel, and which, with their inexhaustible store of expedients, you should be able to detect, the professor strongly advises you to allow yourself to be wheedled, to sell the requested permission at a high price, and above all else to convince the dear creature, whose heart is as mobile as water at one moment and as firm as steel the next, that the importance of your task makes it absolutely impossible for you to leave your study.

But, as soon as your wife has set her foot in the street, if she goes out on foot, do not give her time to take fifty steps before you are on her track; and follow her, but do not let her see you.

There may be in this world Werthers whose loving and refined souls will revolt at this spying.

But such action is no more blameworthy than that of a landowner who rises in the night and looks out of his window to keep watch on the peaches on his espaliers. You may obtain in this way, before the crime is committed, exact information as to the apartments which so many lovers hire under assumed names. If by any chance—which God forbid!—your wife should enter a house of suspicious character, ascertain if it has more than one outlet.

Suppose your wife enters a cab—what have you to fear? Did not a certain prefect of police, upon whom husbands should have bestowed a crown of unburnished gold, build at each cab-stand a little sentry-box wherein, register in hand, sits an incorruptible guardian of public morals? Does he not know whither all those Parisian gondolas go and whence they come?

One of the vital principles of your police system should be to accompany your wife to the shops of all the tradesmen who supply your household, if she is in the habit of going thither. You should notice carefully whether she is on familiar terms with her linen-draper's wife, her milliner, her dressmaker, etc. You will apply the rules of the conjugal customs-service, and draw your conclusions.

If your wife, having gone out against your wish, in your absence, claims to have been to a certain place, to a certain shop, go there yourself the next day and try to ascertain if she has told the truth.

But passion will suggest, even better than this

Meditation, the resources of conjugal tyranny, and we will bring these tedious instructions to a close.

§ V. OF THE BUDGET

While sketching the portrait of a sound and healthy husband,—see the Meditation on the *Predestined,*— we urged him most earnestly to conceal the real amount of his income from his wife.

Although adopting that principle as the foundation of our financial system, we shall hope to contribute to the reversal of the generally received opinion that a man should not allow his wife to handle his money. That idea is one of the popular fallacies which cause many misunderstandings in a household.

And let us deal with the question of heart before taking up the question of money.

To establish a civil list on a small scale for your wife and for the expenses of the house, and to dole it out to her like a pension, in equal twelfths, month by month, has in itself a suggestion of pettiness, of meanness, of closefistedness, which can be reconciled only with a sordid or distrustful heart. By taking that course, you lay up a vast amount of unhappiness for yourself.

I strongly advise that, during the early years of your *mellifluous* union, the monthly gift should be accompanied and embellished by pleasant scenes, jests in good taste, caresses, and dainty purses; but there will come a time when your wife's recklessness, some unforeseen extravagance, will compel her to apply to the Chamber for a loan.

I assume that you will grant her the bill of indemnity she desires, without making her pay too dear for it by your harangues, as our faithless deputies never fail to do.   They pay, but they grumble; you will pay and indulge in compliments; very good!

But in the crisis with which we are dealing, the estimates for the annual budget are never sufficient. There is an increase in the stock of fichus, bonnets, and dresses; there are extraordinary expenses necessitated by the conferences and the diplomatic couriers, by the ways and means of love, while the receipts remain the same.   Thereupon begins in a family the most hateful and most horrible course of instruction which one can give a woman.   I know very few noble and generous souls who value purity of heart and an open mind at a higher price than millions, and who would rather forgive an illicit passion a thousand times than one falsehood—whose instinctive delicacy has divined the root of that pest of the soul, the lowest degree of human corruption.

At such times, the most charming love-scenes are enacted.   At such times, a woman becomes soft and pliable, and, like the most melodious string of a harp when placed before the fire, she twines herself about you, enlaces you, envelops you; she complies with all your demands; never have her words been more loving; she lavishes them upon you, or rather sells them; she falls lower than an opera-dancer, for she prostitutes herself to you.   In her sweetest kisses there is money; in her speech there is money. While engaged in that business, she has no pity for you. The most polished, most treacherous money-lender never estimated more accurately at a glance the cash value of the heir of a rich father, as he handed him a note to sign, than your wife gauges one of your desires, leaping from branch to branch like a fleeing squirrel, in order to increase the sum of money extorted, by increasing the sum of passion. And do not expect to escape such seductions. Nature has bestowed treasures of coquetry on a woman, and society has decupled their value by its fashions, its clothes, its embroidery, and its cloaks.

"If I marry," said one of the most illustrious generals in our armies of long ago, "I will not give my wife a sou for a wedding-present."

"What will you give her, then, general?" asked a young lady.

"The key to my desk."

His questioner made a little gesture of approval. She wagged her head gently with a motion like that of the needle seeking the pole, and raised her chin slightly, as if she would have said:

"I would gladly marry the general in spite of his forty-five years."

But, coming to the question of money, what interest can you expect a wife to take in a factory where she is employed on a salary, like a book-keeper?

Consider the other plan.

If you place two-thirds of your fortune in your wife's hands, on the pretext of absolute confidence in her, and allow her to manage the affairs of the association, you win an esteem which nothing can diminish, for confidence and generosity awake powerful echoes in the female heart. Madame will be burdened with a responsibility which will many a time erect a barrier against her disorders,—a barrier all the stronger because she will herself have created it in her heart. You have drawn a part of her fire at the outset, and you are sure that she will never degrade herself.

Now, in looking about for means of defence, consider what admirable resources this financial plan presents.

You will have, in your own house, a reliable quotation of your wife's morality, just as the quotations on the Bourse measure the degree of confidence enjoyed by the government.

You will find that, during the first year after your marriage, your wife will pride herself upon giving you a luxurious and contented life for your money.

She will provide a bountiful and handsomely appointed table, renew the furniture and carriages, and will always keep the drawer allotted to her well-beloved well supplied with funds. But, under present circumstances, the drawer will very often be empty, and monsieur will be informed that he spends far too much. The economies ordered by the Chamber never affect anybody but clerks with twelve hundred francs a year; now, you will be the clerk at twelve hundred francs of your family. You will laugh at the idea, as for many years you will have hoarded, capitalized, and managed the third of your fortune; like Louis XV., who had laid by a little fund for himself, *in case anything should happen*, as he said.

Your wife preaches economy, then, and her sermons correspond to the fluctuation of prices on the Bourse. You can follow the lover's progress by the financial fluctuations, and you will have everything in your hands. *E sempre bene.*

If your wife, failing to appreciate this excess of confidence, should some day squander a considerable portion of your fortune, in the first place it would be almost impossible for her prodigality to endanger the third part which you have had in your own hands for ten years; and, secondly, the Meditation on *Surprises* will show you that even in the crisis brought about by your wife's follies, there are extraordinary resources for killing the *Minotaur.*

The secret of the treasure amassed by your careful management should not be known until your death; and if you have occasion to draw upon it in order to come to your wife's rescue, you will be supposed to have been lucky at cards, or to have borrowed from a friend.

Such are the true principles in respect to the conjugal budget.

The conjugal police has its martyrology. We will cite only a single instance here because it will suffice to show how necessary it is that husbands who resort to such sharp measures should keep watch on themselves as well as on their wives.

An old miser, who lived at T——, a pleasure-loving city if ever there was one, had married a young and pretty wife; and he was so deeply smitten and so jealous, that love triumphed over the usurious instinct; for he retired from business in order that he might be able to watch his wife more thoroughly, thus simply changing the direction of his avarice. I confess that I am indebted for the greater part of the observations contained in this essay, imperfect as it undoubtedly is, to a person who had an opportunity to study that interesting conjugal phenomenon; and a single stroke will suffice to depict it. When he went into the country, the husband never went to bed until he had secretly raked the paths in the park in a mysterious way, and he had a special rake for the gravel on his terraces. He had made a special study of the footprints of the different members of his household; and he went out early every morning to identify those made during the night.

"I have nothing here but tall trees," he said to the person I have mentioned, pointing to his park, "for one can see nothing in shrubbery."

His wife loved one of the most delightful young men in the town. For nine years that passion had burned, bright and fruitful, in the hearts of the lovers, who had divined each other's feelings in a glance, at a ball; and as they danced, their trembling fingers had betrayed the extent of their love, through their perfumed gloves. Ever since that day, they had both found immeasurable comfort in

the trifles disdained by happy lovers.   One day the
young man, with an air of mystery, led his only
confidant into a boudoir, where he preserved on a
table, under glass globes, with more care than he
would have displayed for the most magnificent
jewels on earth, flowers that had fallen from her
hair in the rapid motion of the dance, twigs broken
from trees which she had touched in her park.   He
even had there a fragment of clay showing the im-
print of her foot.

"I could hear," the confidant in question subsequently said to me, "the rapid, muffled beating of
his heart in the silence which we both maintained
before the treasures of that museum of love.   I
raised my eyes to the ceiling, as if to entrust to
Heaven a thought which I dared not express.—'Poor
humanity!'—I thought.—'Madame de —— told me
that they found you almost unconscious in her card-
room one evening when she was giving a ball,' I
said to him.

"'I should think so,' he said, and he veiled his
flashing glance; 'I had kissed her arm!—But,' he
added, grasping my hand and fixing upon me one of
those glances which seem to compress the heart,
'her husband is at this moment suffering from an
attack of gout very near the stomach.'"

Some time after, the old miser returned to life and
seemed to have taken a new lease thereof.   But,
while he was rapidly convalescing, he went to
bed one morning and died suddenly.   There were
such evident indications of poisoning on the dead

man's body, that the authorities ordered an investigation, and the lovers were arrested. Thereupon occurred, before the Assize Court, the most heart-rending scene that ever stirred the soul of a jury. In the preliminary examination, each of the two had confessed unequivocally, and, actuated by the same impulse, had assumed the entire responsibility, the one to save her lover, the other his mistress. There were two culprits where the law sought but one. The trial consisted simply of the contradictions which they hurled at each other with all the frenzy of love. They were united for the first time, but in the criminals' dock, with a gendarme between them. They were found guilty by the unanimous vote of a weeping jury. No one of those who had the barbarous courage to see them taken to the scaffold can speak of them to this day without a shudder. Religion extorted from them repentance for their crime, but not a renunciation of their love. The scaffold was their marriage-bed, and they lay side by side upon it in the endless night of death.

TWENTY-FIRST MEDITATION

THE ART OF RETURNING HOME

Many husbands, unable to master the violent effervescence of their anxiety, make the mistake of returning home and going at once to their wives' apartments to triumph over their frailty, like Spanish bulls driven to frenzy by the red *banderillo*, which disembowel with their raging horns horses, matadors, picadors, toreadors, and their consorts.

Ah! the wise man enters his house with a modest, frightened air, like Mascarillo, who anticipates a beating and becomes as gay as a lark when he finds his master in good-humor!

"Yes, my dear love, I know that in my absence you have had every opportunity to do wrong! Another woman in your place might have thrown the whole house out of the window, and you have broken only one pane of glass! God bless you for your moderation! Always behave thus, and you can rely upon my gratitude."

Such are the ideas which your manner and your expression should denote; but you say aside:

"Perhaps he has been here!"

Always to wear a pleasant face at home is one of the laws of marriage to which there are no exceptions.

But the art of going out for the sole purpose of returning, when your police system has disclosed the existence of a conspiracy, and the art of returning at the opportune moment!—ah! it is impossible to formulate rules for the acquisition of these. Everything depends upon finesse and tact. Human events are always more fruitful than the human imagination. We will content ourselves, therefore, with an attempt to endow this book with a tale worthy to be inscribed in the archives of the abbey of Thélème. It will have the very great merit of disclosing a new means of defence faintly indicated by one of the professor's aphorisms, and of putting in practice the moral of the present Meditation, the only method of instructing you.

Monsieur de B——, an orderly officer temporarily acting as secretary to Louis Bonaparte, King of Holland, was at the château of Saint-Leu, near Paris, where Queen Hortense was holding court and whither all the ladies of her suite had attended her. The young officer was a fair-haired youth of attractive manners; he was somewhat affected, seemed a little too well-pleased with himself, and over-infatuated with the ascendency of the army; however, he was passably bright and a great flatterer. Why had all his gallantries become intolerable to all the ladies of the queen's suite? History does not say. Perhaps he had committed the error

of offering them all the same homage! Precisely.
But in his case that was astuteness. He was in
love, for the moment, with one of them, the Comtesse de ——. The countess dared not stand up
for her lover, for in that way she would have betrayed her secret, and it is a fact which seems
strange at first, but is easily explained, that the
most savage epigrams issued from her lips, while
the comely soldier's image dwelt in her heart.

There is a certain class of women who are fascinated by men with a slight tincture of self-suffi-
ciency, who dress fashionably and whose feet are
well shod. They are the affected, delicate, dainty
women. The countess was one of that class, with
the exception of the affectation, which, in her case,
had a peculiarly artless and sincere appearance.
She belonged to the N—— family, in which refined
manners are a tradition. Her husband, the Comte
de D——, was a son of the old Duchesse de L——,
and he had bent his head before the idol of the day;
as Napoléon had recently made him a count, he flat-
tered himself that he should obtain an embassy; but
meanwhile he contented himself with a chamberlain's
key; and he was no doubt influenced by ambitious
motives in leaving his wife with Queen Hortense.

"My son," his mother said to him one morning,
"your wife is a chip of the old block. She is in
love with Monsieur de B——."

"You are joking, mother; he borrowed a hundred
napoleons of me yesterday."

"If your wife's of no more account to you than
22

your money, we will say no more about it!'' retorted
the old lady dryly.

The future ambassador watched the lovers, and
while playing billiards with the queen, his wife,
and the young officer, he obtained one of those
proofs which, although apparently of slight importance, are irrefutable in a diplomat's eyes.

" They have gone further than they themselves
think!'' said the count to his mother.

And he poured into the duchess's experienced and
cunning heart the sorrow with which that bitter discovery overwhelmed him. He loved the countess,
and she, without having precisely what are called
principles, had been married too short a time not to
be still attached to her duties. The duchess under-
took to probe her daughter-in-law's heart. She
judged that there was still something to work upon
in that untried and sensitive organ, and she promised her son that she would ruin Monsieur de B——
beyond recall. One evening, when all the games
of cards were finished, when the ladies had begun
one of those familiar chats wherein calumnious remarks are whispered in confidence, and when the
countess was in attendance on the queen, Madame
de L—— seized the opportunity to inform the whole
assemblage of Monsieur de B——'s passion for her
daughter-in-law. There was a general outcry.
The duchess having called upon each one for her
opinion, it was unanimously decided that she who
should succeed in driving the officer from the château
would confer a signal favor on Queen Hortense, who

was bored to distraction by him, and on all her ladies, who hated him for good cause. The old lady called upon the fair conspirators for assistance, and they all promised their co-operation in whatever might be attempted. Within forty-eight hours the crafty mother-in-law became the confidante of her daughter-in-law and the lover. Three days later, she had led the young officer on to hope for the favor of a tête-à-tête, after breakfast on a certain day. It was agreed that Monsieur de B—— should start for Paris early in the morning and return secretly. The queen had announced her purpose to attend a boar-hunt with her whole suite on the day in question, and the countess was to feign indisposition. The count, having been sent to Paris by King Louis, gave them little uneasiness. To understand the duchess's plan in all its perfidy, we must explain succinctly the arrangement of the contracted suite of rooms which the countess occupied in the château. It was on the first floor, above the queen's private apartments, and at the end of a long corridor. You entered first a bedroom, at the right and left of which were two *cabinets*. The one at the right was a dressing-room, the other had recently been transformed into a boudoir by the countess. Every one knows what a *cabinet* is in the country: that one had nothing but the four walls. It was embellished with gray hangings, and there was no other furniture save a divan and a rug—the furnishing of the room was to be completed in a few days. The duchess's wicked scheme depended entirely on these details which, although trivial in appearance, served her purpose admirably.

About eleven o'clock, a dainty breakfast was prepared in the bedroom. The officer, returning from Paris, drove his spurs into his horse's sides. He arrived at last, entrusted the noble animal to his valet, scaled the park wall, flew to the château, and reached the chamber unnoticed by any one, even a gardener. Orderly officers wore in those days, if you remember, very tight-fitting trousers, and a long, narrow shako, a costume as well adapted to attract admiration at a review as it is embarrassing at an assignation. The old woman had taken into account the inconvenience of the uniform. The breakfast was wildly hilarious. Neither the countess nor her mother drank any wine; but the officer, who knew the proverb, absorbed as much champagne as he needed to sharpen his love and his wit. The breakfast at an end, the officer looked at the mother-in-law, who, carrying out her rôle of accomplice, said:

" I think I hear a carriage!"

And she left the room. In three minutes she returned.

" It's the count!" she cried, pushing the lovers into the boudoir.

" Have no fear!" she said to them.—" Here, take your shako," she added, rebuking the imprudent youth with a gesture.

She hastily pushed the table into the dressing-room, and, thanks to her activity, the disorderly aspect of the bedroom had entirely vanished when her son appeared.

"Is my wife ill?" queried the count.

"No, my dear," replied his mother. "She very soon got better; she has gone to the hunt, I believe—"

Then she motioned toward the dressing-room with her head, as if to say: "They are in there."

"Are you mad," rejoined the count in an under-tone, "that you shut them up together like this?"

"You have nothing to fear," said the duchess, "I put the swiftest of purgatives into his wine."

Enter the King of Holland. He came to ask the count the result of the mission he had entrusted to him. The duchess tried, by some of the mysterious sentences which women have at command, to induce His Majesty to take her son to his, the king's, apart-ments.

As soon as the two lovers found themselves in the boudoir, the countess, stupefied beyond measure on recognizing her husband's voice, said to the fascina-ting officer, in a very low tone:

"Ah! monsieur, you see to what I have exposed myself for you!"

"But, my dearest Marie! my love will make up to you for all your sacrifices, and I will be faithful until death."—*Aside, and mentally:* "Oh! oh! what a pain!"

"Ah!" cried the young woman, as she heard her husband's footsteps near the door of the boudoir, "there is no love great enough to pay for such terrors!—Do not come near me, monsieur!"

"Oh! my beloved, my precious treasure," he said, kneeling respectfully, "I will be to you whatever you choose to have me! Bid me go away—I will go. Recall me—I will return. I will be the most submissive even as I swear to be—Damnation! I have the colic!—the most constant of lovers. O my lovely Marie!—Ah! I am lost! This is killing me!"

With that the lover rushed to the window, intending to open it and throw himself headlong into the garden; but he saw Queen Hortense and her ladies there. Thereupon he turned to the countess, putting his hand to the most vital portion of his uniform; and in his despair he said in a stifled voice:

"Excuse me, madame; but it is impossible for me to hold in any longer."

"Are you mad, monsieur?" exclaimed the young woman, perceiving that it was not love alone by which those frenzied features were agitated.

The officer, weeping with rage, hastily bent double over the shako, which he had thrown into a corner.

"Well, countess," said Queen Hortense, as she entered the bedroom, which the count and the king had just left, "how are you?—Why, where is she?"

"Madame," cried the young woman, rushing to the door of the boudoir, "do not come in! In God's name, do not come in!"

She ceased abruptly, for she saw that her colleagues were in the room. She looked at the queen. Hortense, whose indulgence equalled her curiosity, waved her hand, and all her ladies withdrew. That same day the officer started for the army, joined the advanced guard, sought death and found it. He was a brave fellow, but he was not a philosopher.

It is said that one of our most famous painters, having conceived a passion, which was reciprocated, for the wife of one of his friends, was forced to undergo all the horrors of a similar meeting, which the husband had arranged by way of revenge; but, if the chronicles are to be believed, there was a double shame; and the lovers, being attacked by the same infirmity, were wiser than Monsieur de B——, and neither killed themselves nor each other.

The course of conduct to be adopted on returning home depends on many circumstances. Example:

Lord Catesby was a man of extraordinary muscular strength. It happened one day, as he was returning from a fox-hunt which he had promised to attend, probably as a feint, that he walked toward a hedgerow in his park, where he said that he saw a very handsome horse. As he had a passion for horses, he went to inspect this one at closer quarters. He spied Lady Catesby, to whose succor it was high time for him to fly, if he were at all solicitous for her honor. He pounced upon a *gentleman* and interrupted the criminal interview by seizing him by the waistband; then he threw him over the hedge into the road.

"Remember, monsieur, that you must apply to me hereafter if you wish for anything here," he said, with no trace of excitement.

" Very good, my lord; will you be kind enough to throw my horse over also?"

But the phlegmatic nobleman had already taken his wife's arm and was saying to her with all seriousness:

" I blame you very much, my dear wife, for not having warned me that I must love you for two. Henceforth on the even days I will love you for yonder gentleman, and on the others on my own account."

That episode is considered, in England, one of the most successful home-comings ever known. It is true enough that it combined, with rare felicity, eloquence of gesture and eloquence of speech.

But the art of returning home, the principles of which are simply fresh deductions from the system of courtesy and dissimulation recommended by our previous Meditations, is nothing more than the constant preparation for the conjugal *surprises* of which we are about to treat.

TWENTY-SECOND MEDITATION

OF SURPRISES *

The word *péripétie* is a literary term which means a *coup de théâtre*.

To bring about a *péripétie* in the drama you are playing is a means of defence as easy to undertake as it is certain of success. As everything tends to urge a resort to it, we will not conceal its perils from you.

The conjugal *péripétie* may be compared to those violent fevers which carry away a patient with a strong constitution or restore his health forever. Thus, when it is successful, it restores a woman to the regions of prudence and virtue for years to come.

Moreover, this method is the last of all those which science has enabled man to discover down to the present time.

The Saint Bartholomew, the Sicilian Vespers, the death of Lucrece, the two debarkations of Napoléon at Fréjus, were political *péripéties*. You are not capable of engineering such momentous ones; however, taking everything into consideration, your conjugal *coups des théâtre* will be no less effectual than those we have cited.

* *Des Péripéties.*

But, as the art of creating situations and of changing the face of a scene by means of natural events
constitutes genius; as the return to virtue of a wife
whose foot has already left some traces on the soft,
golden sand of the pathways of vice, is the most
difficult of all changes to achieve; and as genius
cannot be acquired, is not manifest on the surface,
the student of marital law finds himself compelled to
avow here his inability to reduce to fixed principles
a science as changeable as circumstances, as fleeting
as opportunity, as indefinable as instinct.

To use an expression which Diderot, D'Alembert,
and Voltaire were unable to naturalize, notwithstanding its force, a conjugal *péripétie se subodore.** Our
only resource, therefore, will be to sketch imperfectly some analogous matrimonial situations, imitating that philosopher of old who, seeking in vain
to explain motion, walked straight ahead, to try to
grasp its intangible laws.

A husband, in accordance with the principles laid
down in the Meditation on the *police*, is supposed to
have expressly forbidden his wife to receive visits
from the bachelor whom he suspects of a desire to
be her lover; she has promised never to see him.
There are divers little family scenes which we
abandon to matrimonial imaginations; a husband
can outline them much better than we can, by carrying his mind back to those days when blissful
desire led to sincere confidences, when the wires of

* *Se subodore*—literally, to be scented from a distance, or figuratively, to be
intuitively felt.

his policy set in motion divers machines of clever workmanship.

Let us suppose, by way of imparting more interest to this commonplace scene, that it is you, O husband, who read these lines, whose police system, organized with great care, discovers that your wife, availing herself of certain hours set aside by you for attending a ministerial dinner, to which, perhaps, she has caused you to be invited, proposes to receive Monsieur A—Z.

The situation includes all the conditions required to effect one of the finest *péripéties* imaginable.

You return early enough for your arrival to coincide with that of Monsieur A—Z, for we do not advise you to risk too long an entr'acte. But how should you return?—not according to the principles of the last Meditation.—In a passion, then, eh?—Still less.—You arrive in the character of a genuine good fellow, a scatterbrain who has forgotten his purse, his memorandum for the minister, his handkerchief, or his snuff-box.

Either you will surprise the lovers together, or your wife, being warned by her maid, will have hidden her celibate friend.

Let us deal with these two unique situations.

At this point, we will remark that all husbands should be prepared to inaugurate a reign of terror in their households, and should pave the way long beforehand for matrimonial September seconds.

For instance, a husband whose wife has displayed some *first symptoms* should never omit to give, from

time to time, his personal opinion as to the course
of conduct to be adopted by a husband in great
matrimonial crises.

"I," you should say, "I should not hesitate to
kill a man whom I found at my wife's knees."

Apropos of a discussion which you have started,
you should be led to declare: that the law should
give the husband, as among the ancient Romans,
the right of life and death over his children, so that
he could kill the fruit of adulterous passions.

These ferocious opinions, which bind you to nothing, will instil a salutary terror in your wife; you
should laugh, as you announce them, and say:
"*Oh! mon Dieu*, I would kill you most neatly, my
dear love. Would you like to be knocked on the
head by me?"

A woman can never rid herself of the fear that
this jesting may some day assume a very serious
character, for love counts for much in these involuntary crimes; and women, who are better able than
anyone to tell the truth laughingly, sometimes suspect their husbands of employing this feminine
stratagem.

And so, when a husband surprises his wife with
her lover, even in the midst of an innocent conversation, his face, though beardless, should produce
the mythological effect of the famous Gorgon.

To bring about a favorable *péripétie* at this juncture, you must either, according to your wife's temperament, act a pathetic scene à la Diderot, or
indulge in bitter irony, like Cicero, or pounce upon

a pair of pistols charged with powder only, and even fire them if you consider a great uproar indispensable.

A clever husband has no difficulty in inventing a modern emotional scene. He enters, spies the lover, drives him forth with a glance. When he has gone, he falls at his wife's knees, declaims a long speech, in which, among other sentences, this occurs: " Why, my dear Caroline, I have never loved you enough!"

He weeps, she weeps, and this tear-bedewed *péripétie* is complete.

We will explain, in considering the second manner in which the *péripétie* may present itself, the reasons which make it necessary for the husband to regulate this scene according to the greater or less degree of feminine force involved.

Let us continue!

If your good fortune ordains that the lover be hidden, the *péripétie* will be much more impressive.

Provided that the apartment is arranged in accordance with the principles prescribed in the Fourteenth Meditation, you will readily detect the spot where the bachelor is hiding, even though he be, like Byron's Don Juan, folded up under the pillow of a divan. If, perchance, your apartment is in disorder, you should be sufficiently familiar with it to know that there are not two places where a man can stow himself.

Lastly, if, by some devilish inspiration, he has made himself so small that he has succeeded in

crawling into a hiding-place which would never occur to you,—for one can expect anything from a
bachelor,—why, your wife will either be unable to
refrain from glancing at that mysterious spot, or
will make a pretence of keeping her eyes in just the
opposite direction, and in that case nothing can be
easier for a husband than to set a little mousetrap
for his wife.

The hiding-place being discovered, you go straight
to the lover.   You confront him!

At this crisis, you should try to be imposing.
Keep your head three-fourths profile and hold it very
high with an air of superiority.   This attitude will
always add greatly to the effect you aim to produce.

The most essential of your obligations at this
moment is to crush the bachelor by some exceedingly withering phrase which you will have had
abundant time to extemporize; and, after you have
bowled him over, you should coldly suggest to him
that he may go.   You should be very polite, but as
cutting as the headsman's axe, and more impassive
than the law.   This glacial contempt may, perhaps,
bring about a *péripétie* in your wife's mind at once.
No outcries, no wild gestures, no flying into a passion.   Men in the upper social spheres, a young
English author has said, never imitate the small-
minded creatures who cannot lose a fork without
sounding an alarm through the whole quarter.

The bachelor having taken his departure, you are
left alone with your wife, and, under these circumstances, you should be able to win her back forever.

You take your stand in front of her, assuming a manner of which the affected tranquillity betrays profound emotion; then you select from the following ideas, which we present in an amplified rhetorical form, those which are best adapted to your principles: " I will say nothing, madame, of your oaths or of my love; for you have too much common-sense and I too much pride to make it advisable for me to weary you with the commonplace lamentations which all husbands have the right to make under such circumstances; their least fault, then, is to be too much in the right. Nor, if I can avoid it, shall I be angry or resentful. I am not the one who is insulted; for I am not so cowardly as to be frightened by the public opinion which almost always, and very justly, heaps ridicule and blame on the husband whose wife behaves badly. Scrutinize my conduct as closely as I may, I cannot see wherein I have deserved, as the majority of husbands deserve, to be betrayed. I love you still. I have never failed— I will not say in my duties, for it has been no painful task to me to adore you, but in the pleasurable obligations which a genuine sentiment imposes upon us. You have my entire confidence and the management of my property. I have never refused you anything. In fact, this is the first time that I have ever shown you, I will not say a stern, but a displeased face. But let us pass that by, for I should not apologize to you at a moment when you prove to me so emphatically that I must necessarily be lacking in something, and that I am not destined by nature to accomplish the difficult task of securing your happiness. I will ask you, therefore, as one friend might ask another, how you could have the heart to endanger the lives of three persons at once; that of the mother of my children, who will always be sacred to me; that of the head of the family, and that of the man—whom you love?"—Perhaps she will throw herself at your feet; you must not allow it; she is unworthy to remain there.—" For—you no longer love me, Elisa. Well, my poor child,"— you should call her *my poor child* only in case the crime has not yet been committed,—" why should we deceive each other? Why did you not tell me?— Even if love be extinguished between a husband and wife, does not friendship remain, and confidence? Are we not two companions who have formed a partnership for a long journey? Is it not inevitable that, on the road, one should have to extend a helping hand to the other, to raise him or prevent him from falling? But perhaps I am saying too much, perhaps I wound your pride. O Elisa! Elisa!"

What the devil can your wife answer? There is necessarily a *péripétie*.

Out of every hundred there are at least half a dozen feeble creatures who, under the influence of such a violent shock, will return to their husbands, perhaps forever, as scalded cats are always afraid of cold water. However, a scene of this sort is a genuine counterpoison, the doses of which should be measured by careful hands.

With certain soft-fibred women, with gentle, timid hearts, it will be enough to say, pointing to the hiding-place where the lover is cowering: " Monsieur A—Z is there!"—Then, with a shrug, you add: " How can you play a game that may end in the death of two excellent men? I am going out; send him away, and don't let it happen again!"

But there are women whose hearts become so unnaturally dilated in these terrible surprises that aneurisms result; others become intensely agitated and fall seriously ill. Some are quite capable of going mad. Indeed, there have been instances where women have poisoned themselves or died suddenly, and we assume that you do not desire the death of the sinner.

And yet the prettiest and the most wanton of all the queens France ever had, the charming and ill-fated Mary Stuart, after she had seen Rizzio murdered almost in her arms, loved the Earl of Bothwell; but she was a queen, and queens are a class by themselves.

We will assume, therefore, that the woman whose portrait adorns our first Meditation is a little Mary Stuart, and we will raise the curtain forthwith for the fifth act of this great drama called *Marriage*.

The conjugal *péripétie* may happen anywhere, and a thousand incidents impossible to anticipate may give birth to it. Sometimes it will be a handkerchief, as in the *Moor of Venice;* or a pair of slippers, as in *Don Juan;* sometimes it will be a slip of the tongue on the part of your wife, who will exclaim:

23

"Dear Alphonse!" instead of "Dear Adolphe!" And in many cases a husband, finding that his wife is in debt, will seek out her largest creditor and confront her with him some morning, as if by accident, to bring about a *péripétie.*—"Monsieur Josse, you are a jeweller, and your passion for selling jewels is equalled only by your desire to be paid for them. Madame la Comtesse owes you thirty thousand francs. If you wish to receive the money to-morrow,"—you should always call upon the tradesman at the end of a month,—"call upon her at noon. Her husband will be in the room; pay no heed to the signs she may make to urge you to keep silent. Speak out boldly, I will pay your bill."

In fact, the *péripétie* is, in the science of marriage, what figures are in arithmetic.

All the principles of the higher conjugal philosophy which lie at the root of the means of defence suggested by this second part of our book are derived from the nature of human sentiments; we found them scattered here and there through the great book of the world. In truth, just as persons of intelligence apply the laws of taste instinctively, although they would often be very much embarrassed to deduce the principles which govern them; so we have seen many passionate men avail themselves with rare good fortune of the suggestions we have made and elaborated, although no one of them had any fixed plan. Their knowledge of their situation revealed to them only incomplete fragments of a vast system; wherein they resembled those scientists of the sixteenth century, whose microscopes were not sufficiently perfected to enable them to discern all the creatures whose existence was proved to their satisfaction by their plodding genius.

We venture to hope that the observations already recorded in this book, as well as those which may follow, will be of a nature to destroy the opinion, held by frivolous men, that marriage is a sinecure. In our view, a husband who is bored is a heretic—better still, he is a man necessarily without the pale of conjugal life, who can have no true conception of it. Viewed in this light, perhaps these Meditations will reveal to many ignorant persons the mysteries of a world before which they stood with open eyes and did not see it.

Let us hope, furthermore, that these principles, judiciously applied, may effect many conversions, and that between the sheets which separate this second part from the CIVIL WAR there will be many tears and many cases of repentance.

Yes, we like to believe that out of the four hundred thousand honest women whom we selected so carefully from all the nations of Europe there will be only a certain portion, say three hundred thousand, so perverse, so charming, so adorable, so pugnacious as to raise the standard of CIVIL WAR.

To arms, then, to arms!

THIRD PART

OF CIVIL WAR

"Lovely as Klopstock's seraphs, terrible as
Milton's devils."—DIDEROT.

TWENTY-THIRD MEDITATION

OF MANIFESTOES

The preliminary rules with which science can furnish a husband protection at this point are few in number; in truth, the important question is not so much whether he may not succumb as whether he can resist.

However, we will place a few torches to light the arena wherein a husband is soon to be left alone, with no allies save religion and the law, to contend against his wife, supported by all the resources of stratagem and by society as a whole.

LXXXII

We may expect anything and assume anything of an amorous woman.

LXXXIII

The conduct of a woman who proposes to deceive her husband will almost always be studied beforehand, but it will never be reasoned out.

LXXXIV

The majority of women move like the flea, by aimless leaps and bounds. They succeed, if at all,

(359)

through the loftiness or depth of their first ideas, and interruption of their plans is advantageous to them. But they move in a space which a husband can easily circumscribe; and if he is cool and self-possessed, he can finally extinguish that lighted saltpetre.

LXXXV

A husband should never allow himself to utter a single word of hostility to his wife in presence of a third person.

LXXXVI

At the moment when a woman makes up her mind to break her marriage-vows, her husband counts for everything or nothing in her eyes. We can take that as a starting-point.

LXXXVII

A woman's life is in her head, in her heart, or in her passion. According to the age at which his wife has found something lacking in her life, a husband should know whether the original cause of the infidelity she contemplates is attributable to vanity, to sentiment, or to temperament. Temperament is a disease to be cured; sentiment affords a husband an excellent chance of success; but vanity is incurable. The woman whose life is in her head is a horrible scourge. She combines the faults of the passionate woman and the loving woman, without their excuses. She is without pity, without love, without virtue, without sex.

LXXXVIII

A woman whose life is in her head will try to inspire a husband with indifference; the woman whose life is in her heart, with hatred; the passionate woman, with disgust.

LXXXIX

A husband never risks anything in making others believe in his wife's loyalty, and in maintaining a patient air or silence. Silence, especially, is prodigiously disquieting to women.

XC

Only a fool appears to be aware of his wife's passion; a clever man pretends to be entirely ignorant, and that is the only wise course to adopt. That is why it is said that everybody in France is clever.

XCI

The great stumbling-block is ridicule.—" Let us at least pretend to love each other in public!" should be a maxim in every household. It would be too great a loss for both to lose honor, esteem, consideration, respect, or whatever you choose to call that social nondescript.

These axioms concern the conflict only. When the catastrophe arrives, it will have axioms of its own.

We have called this crisis *civil war* for two reasons: never was a conflict more truly intestinal or more

courteously waged than this.   But where and how
will this deplorable conflict break out?

Ha! ha! do you fancy that your wife will have
regiments at her command and will charge to the
blast of the bugle?   She may have one officer, but
that is all.   And that miniature army corps will be
sufficient to destroy the peace of your household.

" You forbid my seeing the people who are agreeable to me!" is an exordium which serves the purpose of a manifesto in the majority of cases.   This
sentence, with all the ideas which follow in its train,
is the formula most frequently employed by vain and
artificial women.

The manifesto most generally used is the one
which is proclaimed in the nuptial bed, the principal
theatre of the war.   This subject will be specially
treated in the Meditation entitled *Of the Various
Weapons*, at the paragraph *Modesty in its Relations
with Marriage*.

Some lymphatic women will pretend to have the
spleen, and will play at being dead in order to obtain
the advantages of a secret divorce.

But almost all owe their independence to a plan
which is almost infallible in its effect upon husbands; we propose to lay bare its perfidy.

One of the most widespread human errors consists
in the belief that our honor and reputation are established by our acts, or result from the approval of our
conduct by our consciences.   A man who lives in
society is born a slave of public opinion.   Now, a
man in private life has much less influence upon

society in France than his wife, and it is entirely
within her power to make him ridiculous. Women
have a marvellous talent for giving color by specious
reasoning to the recriminations in which they indulge.
They invariably rely upon their wrongs, and it is an
art in which they excel, being most skilful in meeting argument with authorities, proofs with assertions,
and often triumphing in petty matters of detail. They
understand one another, and divine one another's
meaning with wonderful celerity, when one of them
offers another a weapon which she is forbidden to
sharpen. In this way they sometimes ruin a husband unintentionally. They strike the match, and,
long after, they are terrified by the conflagration.

In general, all women are in league against a married man who is accused of tyranny; for there is a
secret bond between them, as between all the priests
of a religion. They hate one another, but they protect one another. You could never win over more
than a single one of them; and that seduction would
be an additional triumph for your wife.

You are thereupon placed under the ban of the
feminine empire. You see an ironical smile on
every lip, you detect an epigram in every remark.
The clever creatures forge daggers, amusing themselves by carving the hilts before they gracefully
deal you a blow.

The treacherous art of leaving things unsaid, the
malicious stabs of silence, the spitefulness of conjectures, the false amiability of a question, all are
employed against you. A man who assumes to

keep his wife under the yoke sets too dangerous an example not to be destroyed; would not his conduct furnish all husbands with food for satire? And so one and all attack you, it may be by bitter jests, or by serious arguments, or by the timeworn maxims of gallantry. A swarm of bachelors supports all their sallies, and you are assailed, persecuted as an original, as a tyrant, as an unpleasant bedfellow, as an eccentric man, as a man to be distrusted.

Your wife defends you after the manner of the bear in La Fontaine's fable: she throws paving-stones at your head to drive away the flies that are resting on it. She tells you at night all the remarks she has heard about you, and will call you to account for doing things you have not done, for saying things you have not said. She will claim to have justified certain alleged offences on your part, to have boasted of enjoying more liberty than she really enjoys, in order to exculpate you from the blame you deserve for not giving her her liberty. The huge rattle which your wife brandishes will pursue you everywhere with its irritating noise. Your dear love will bewilder you, torment you, and amuse herself by allowing you to feel only the thorns of marriage. She will greet you with a very cheerful air in society and will be cross at home. She will be sullen when you are cheerful, and will annoy you with her light-heartedness when you are sad. Your two faces will form a perpetual antithesis.

Few men are strong enough to withstand this first comedy, which is always skilfully acted and resembles the *hurrah* of the Cossacks as they rush into battle. Some husbands lose their tempers and put themselves irretrievably in the wrong. Others abandon their wives. Indeed, there are some minds of superior mould who cannot always manage the enchanted wand which will dispel this feminine phantasmagoria.

Two-thirds of the whole number of wives are able to gain their independence by this single manœuvre, which is, so to speak, simply a review of their forces. In these instances, the war is soon ended.

But a man of strong will, who has the courage to retain his self-possession in this first assault, can enjoy himself immensely by revealing to his wife, by clever raillery, the secret sentiments by which she is actuated, by following her step by step through the labyrinth in which she is involving herself, by informing her whenever she speaks that she is lying to herself, by never laying aside the jesting tone, and by keeping his temper.

However, war is declared, and if the husband is not blinded by this opening discharge of fireworks, his wife has many other methods of assuring her triumph, which methods the following Meditations will lay bare to you.

TWENTY-FOURTH MEDITATION

PRINCIPLES OF STRATEGY

The Archduke Charles wrote a very fine treatise on the military art, entitled *Principles of Strategy Applied to the Campaigns of 1796*. Those principles seem to us to bear some resemblance to the treatises on poetry inspired by published poems. To-day, we have become more expert, we invent rules for works and works for rules. But of what use were the former principles of the art of war against the resistless genius of Napoléon? And so, if to-day you reduce to a system the precepts laid down by that great captain, whose new tactics destroyed the old, what warrant have you for believing that the future will not give birth to another Napoléon? Books upon the military art, with few exceptions, undergo the fate of the old works on chemistry and physics. Everything on earth changes sooner or later.

Such, in a few words, is the history of our work.

So long as we were dealing with an inert, sleeping woman, nothing was easier than to weave the cords with which we bound her; but the moment that she wakes and begins to struggle, all is chaos and confusion. If a husband should attempt to act in accordance with the principles of the system heretofore described, in order to immesh his wife in the network spread in the second part, he would resemble Wurmser, Mack, and Beaulieu camping and marching, while Napoléon rapidly turned their flank and made use of their own combinations to destroy them.

Your wife will act in the same way.

How are you to learn the truth when you disguise it from each other with the same falsehood, and when each of you offers the other the same mouse-trap? Whose will be the victory when you both have your hands caught in the same trap?

"My dear love, I have to go out; I must go to Madame So-and-So's and I have ordered the horses. Will you come with me? Come, be good, and escort your wife."

You say to yourself:

"She will be neatly caught if I say yes! She begs me so earnestly only to induce me to refuse."

Thereupon you reply:

"As it happens, I have business with Monsieur So-and-So; he has a report to draw up which may endanger our interests in a certain enterprise, and I must have a word with him. Then I can go on to the Treasury Department; so it happens very nicely."

" Very well, my angel, go and dress, while Céline finishes dressing me; but don't keep me waiting."

"I am all ready, my dear!" you say, ten minutes later, making your appearance all shaved and booted and dressed.

But everything has changed. A letter has arrived; madame is not feeling well; the dress does not fit; the dressmaker appears; or, if not the dressmaker, your son or your mother. Ninety-nine husbands in a hundred go away satisfied, believing that their wives are well-guarded, when, as a matter of fact, their wives have turned them out-of-doors.

A lawful wife whom her husband cannot escape, who is tormented by no pecuniary anxiety, and who, to expend the surplus intelligence which embarrasses her, contemplates day and night the changing panorama of her daily life, soon realizes the mistake she has made in stepping into a mousetrap or in allowing herself to be surprised by a *péripétie;* whereupon she will try to turn all those weapons against yourself.

There is in your social circle a man whose appearance annoys your wife strangely; she cannot endure his style, his manners, his kind of wit. Everything about him offends her; she is persecuted by him, he is hateful to her; she begs that you will not mention him to her. It would seem that she puts herself out to vex you; for it happens that he is a man for whom you have the greatest esteem; you like his disposition because he flatters you: wherefore your wife declares that your esteem is entirely the offspring of vanity. If you give a ball, an evening party, a concert, you almost invariably have a dispute with regard to him, and madame complains bitterly because you compel her to meet people who are not agreeable to her.

"At all events, monsieur, I shall have no reason to reproach myself for not having warned you. That man will cause you sorrow in some way. Trust a woman when it's a question of passing judgment on a man. And allow me to tell you that this *baron*, whom you dote upon so, is a very dangerous personage, and that you do very wrong to bring him to your house. But that is like you men: you compel me to see a face which I cannot endure, and if I should ask you to invite *Monsieur So-and-So*, you would not consent, because you think I enjoy being with him! I admit that he talks well, that he is very pleasant and obliging; but you are much more agreeable."

These unshaped rudiments of feminine tactics, fortified by deceptive gestures, by glances of extraordinary cunning, by treacherous intonations of the voice, and even by the snares of premeditated silence, are, so to speak, the key to their conduct.

There are few husbands who do not, at this point, conceive the idea of constructing a little mousetrap: they welcome to their houses both *Monsieur So-and-So* and the imaginary *baron*, who represents the person detested by their wives, hoping to unearth a lover in the person of the bachelor who seems to be a favorite.

Oh! I have frequently met in society young men, genuine triflers in love, who were completely hoodwinked by the spurious affection for them manifested by women who were compelled to make a diversion and to apply a cautery to their husbands as their

husbands had formerly done to them! The poor
innocents passed their time executing commissions
with scrupulous fidelity, going to hire boxes at
the theatre, riding to the Bois beside the calèches
of their pretended mistresses; they were publicly
reputed to be the lovers of women whose hands
they never kissed, self-esteem forbade their con-
tradicting the friendly rumors, and, like the young
priests who say low mass, they enjoyed the prestige of a show passion—veritable supernumeraries
in love.

Under these circumstances, a husband on returning home sometimes asks the concierge: "Has any
one been here?"—"Monsieur le *Baron* called to see
monsieur at two o'clock; but as he found nobody at
home but madame, he did not go upstairs; but *Monsieur So-and-So* is with her."

You ascend, you find a spruce, perfumed, well-
gloved young bachelor, a perfect *dandy*. He treats
you with consideration; your wife listens stealthily
for his footsteps and is always dancing with him;
if you forbid her to see him, she makes a great
outcry, and not until many years have elapsed—
see the Meditation on *Last Symptoms*—do you realize *Monsieur So-and-So's* innocence and the *baron's*
guilt.

We have observed, as one of the cleverest of
manœuvres, that resorted to by a young woman,
driven on by an irresistible passion, who overwhelmed with her hatred the man whom she did
not love, and lavished upon her lover all the trivial

tokens of affection.   Just as her husband was persuaded that she loved the *cicisbeo* and detested
the *patito,* she allowed herself to be found with the
patito in a situation the danger of which had been
reckoned beforehand, and which made the husband
and the bachelor whom she abhorred believe that
her aversion and her love were alike feigned.   When
she had involved her husband in this uncertainty,
she allowed a passionate letter to fall into his hands.
One evening, in the midst of the admirable *péripétie*
which she had brought about by careful handling,
madame threw herself at her husband's feet, bathed
them with her tears, and was able to execute the
coup de théâtre to her own profit.

"I esteem and honor you so much," she cried,
"that I can confide in nobody but you.   I am in
love! is that a sentiment which I can easily subdue?
But the one thing that I can do is to confess it to you
and implore you to protect me against myself, to
save me from myself.   Be my master and deal
harshly with me; take me away, remove the man
who has caused all the trouble, comfort me; I will
forget him, I wish to forget him.   I do not choose to
be false to you.   I humbly ask your forgiveness for
the treachery which love suggested to me.   Yes, I
will confess that the feeling I pretended to have for
my cousin was a trap set for your perspicacity; I
have a friendly feeling for him, but as to love!—Oh!
forgive me!—I can never love any man but—"   At
this point, a storm of sobs.—"Oh! let us go away,
let us leave Paris!"

She wept; her hair was dishevelled, her dress in disorder; it was midnight, and the husband forgave. Thenceforth the cousin seemed to be harmless and the Minotaur devoured one more victim.

What rules can we lay down for contending with such adversaries? they have in their heads as much diplomatic talent as the whole Congress of Vienna; they are as strong when they surrender as when they escape. What man is supple enough to lay down his strength and his power and follow his wife into that labyrinth?

To plead the false every moment in the day in order to find out the true, and the true to detect the false; to change the battery's position unexpectedly and spike your guns just as you are about to fire; to ascend a mountain with the enemy, descend into the plain five minutes later; to attend her in her detours, which are as rapid and as complicated as those of a lapwing in the air; to obey when necessary and to offer an inert resistance at the opportune moment; to possess the art of running rapidly over the whole gamut of conjectures, as a young artist runs from the lowest to the highest note of his piano at a single stroke, and to divine the secret purpose by which a woman is impelled; to distrust her caresses, and to seek in them her thoughts rather than any enjoyment—all this is mere child's-play to a man of quick intelligence and to those lucid and observant imaginations which have the gift of acting while they think; but there is a vast number of husbands who are dismayed at the bare idea of putting these principles in practice as against a woman.

Such men prefer to pass their lives taking vastly more trouble to become a second-class chess-player or to make an accurate shot at billiards.

Some will tell you that they are incapable of keeping their minds constantly in a state of tension and of disturbing all their habits. In such cases, a wife triumphs. She discovers that she is superior to her husband in cunning or in energy, although that superiority may be only momentary, and hence a feeling of contempt for the head of the family is born in her.

The fact that so many men are not masters in their own homes is due to no lack of desire to be, but to lack of talent.

As for those who accept the temporary burdens of this duel, they unquestionably need to possess great moral force.

In truth, at the moment when one is called upon to put forth all the resources of this secret strategy, it is often useless to attempt to set traps for the diabolical creatures. When a woman has once reached a certain stage of wilful dissimulation, her face becomes as impenetrable as the great void. Here is an instance within my personal knowledge.

A very young, very pretty, and very clever Parisian coquette had not yet risen; she had by her bedside one of her dearest *friends*. A letter arrived from another of her friends, a most hotheaded person, whom she had allowed to assume the right to speak to her as a master. The letter was in pencil and was thus conceived:

"I learn that Monsieur C—— is with you at this moment. I await him to blow out his brains."

Madame D—— tranquilly continued her conversation with Monsieur C——; she requested him to hand her a little red morocco writing-case, and he did so.

"Thanks, my dear!" she said. "Go on, I am listening."

C—— talked and she replied, while she was writing the following note:

"If you are really jealous of C——, you can blow each other's brains out at your leisure; you can die, but as to giving up the ghost*—I have my doubts."

"Light this candle, there's a good fellow," she said. "Good, you are adorable. Now do me the favor to let me get up, and hand this note to Monsieur d'H——, who is waiting at my door."

All this was said with inimitable self-possession. Neither the tone of voice, the accent, nor the features betrayed the slightest emotion. The audacious manœuvre was crowned with complete success. Monsieur d'H——, on receiving the reply from Monsieur C——'s hands, felt his wrath subside, and was no longer disturbed by aught save the difficulty of concealing his inclination to laugh.

* *Rendre l'esprit:* a play upon words, the ordinary meaning of the phrase being to restore—recover—one's wits.

But the more torches we burn in the vast cavern we are trying to light, the deeper we find it. It is a bottomless abyss. We consider that we shall perform our task in a more agreeable and more instructive way by showing the principles of strategy in operation at a time when the wife had reached a high degree of vicious perfection. An example enables us to appreciate more maxims and discloses more resources than all the theories in the world.

One day, at the end of a dinner given by Prince Lebrun to a few intimate friends, the guests, heated by champagne, were discussing the inexhaustible subject of feminine stratagems. The recent adventure ascribed to Madame la Comtesse R. D. S. J. D. A. apropos of a certain necklace, was the original starting-point of the discussion.

An estimable artist, a scholar dear to the emperor's heart, maintained vigorously the somewhat unmasculine opinion that man is inherently incapable of withstanding successfully the plots devised by woman.

"Luckily, I have myself learned by experience," he said, "that nothing is sacred to them—"

The ladies cried out at that.

"But I can cite an actual fact—"

"Then it's an exception!"

"Let us listen to the story!" said a young woman.

"Oh! yes, tell it to us!" cried all the guests.

The prudent old man cast his eyes about, and having satisfied himself as to the ages of the ladies, said, with a smile:

" As we have all had experience of life, I consent to tell you the story."

There was a profound silence, and the narrator read as follows from a little book which he had in his pocket:

" I was madly in love with the Comtesse de ——. I was twenty years old and unsophisticated, and she deceived me; I lost my temper and she left me; I was unsophisticated, I say, and I regretted her; I was twenty years old, so she forgave me; and as I was twenty years old, as I was still unsophisticated, still deceived, but not deserted again, I believed myself the favored lover, consequently the most fortunate of men. The countess was a friend of Madame de T——, who seemed to have some designs upon my person, but never went so far as to compromise her dignity; for she was scrupulous and very careful of appearances. One day, as I was waiting for the countess in her box, I heard my name called in a neighboring box. It was Madame de T——.

" ' What !' she said, ' here already! Is this devotion or idleness? Come here !'

" There was mischief in her voice and her manner, but I was far from anticipating anything romantic.

" ' Have you any plans for this evening?' she said to me. ' Say that you have none. If I rescue you from the tedium of solitude, you must be devoted to me.—Oh! no questions, but obedience. Call my people.'

" I bowed to the ground, she urged me to descend, I obeyed.

" ' Go to monsieur's house,' she said to the servant. ' Say that he will not return until to-morrow.'

" Then she beckoned to him, he went to her side, she whispered to him, and he went away. The opera began. I attempted to speak once or twice, but she made me keep quiet; people were listening to me or seemed to be. At the end of the first act, the servant brought her a note and said that everything was ready. Thereupon she smiled at me, asked for my hand, led me out of the box, bade me enter her carriage, and I soon found myself outside the city on the high-road, having failed utterly to learn my destination. Whenever I ventured to ask a question, I received no other reply than a loud burst of laughter. If I had not known that she was a woman with a great passion, that she had long been in love with the Marquis de V——, and that she could not fail to know that I knew all about it, I should have thought that I had made a conquest; but she knew the state of my heart, and the Comtesse de —— was her intimate friend. So I closed my mind to any presumptuous idea, and waited. At the first post-house, our horses were changed with the swiftness of lightning, and we were away again. It was becoming serious. I asked with all earnestness how far this jest was to carry me.

" ' How far?' she said, with a laugh. ' Why, to the loveliest retreat in the world; but do you guess!

I give you a thousand trials. You may as well give it up, for you will never guess. We are going to my husband's house. Do you know him?'

" ' Not at all.'

" ' Ah! so much the better, I was afraid you did. But I hope you will be pleased with him. We are newly reconciled. The affair has been in course of negotiation for six months past; and for a month we have been writing to each other. It seems to me that it is very generous in me to go to join monsieur.'

" ' Agreed. But what am I to do there? Of what service can I be in a reconciliation?'

" ' Oh! that's my business. You are young, agreeable, untrained; I like you and you will save me from the tedium of the tête-à-tête.'

" ' But it seems to me a very strange thing to select the day, or the night, of a reconciliation to make us acquainted: the embarrassment of a first interview, the figure we shall all three cut—I see nothing very attractive in the prospect.'

" ' I brought you for my own amusement,' she said, imperiously. ' So don't preach.'

" I found her so determined, that I decided as to my own course. I began to laugh at my rôle, and we became very gay. We had changed horses again. The mysterious orb of night illumined a sky of exceptional purity and shed a voluptuous half-light. We were approaching the end of our tête-à-tête. At intervals, she called my attention to the beauty of the landscape, the calmness of the

night, the penetrating silence of nature. To admire
in unison we naturally leaned out of the same window and our faces touched. At an unexpected jolt,
she grasped my hand; and by a chance which
seemed to me very extraordinary, for the stone
against which our wheel struck was not very large,
I found that Madame de T—— was in my arms. I
do not know what we were trying to see; of one
thing I am sure, however, and that is that, notwithstanding the moonlight, my surroundings were
beginning to be indistinct to my eyes, when she
suddenly drew away from me, and threw herself
back on her seat.

" ' Is it your plan,' she said, after a long reverie,
' to convince me of the imprudence of what I have
done? Fancy my embarrassment!'

" ' My plan!' I replied, ' you talk of my having
plans with regard to you? What nonsense! you
would detect them too far away; but a surprise, a
mere chance, that is venial surely.'

" ' You counted upon its being so considered, I
should judge?'

" We were at that point when we suddenly discovered that we were driving into the courtyard of
the château. Everything was brightly lighted, and
there was a general air of festivity except upon the
master's face; at sight of me, he became exceedingly
lukewarm in the expression of his joy. He came
to the carriage-door, manifesting a doubtful sort of
affection demanded by the exigences of a reconciliation. I learned subsequently that this renewal of

relations was imperatively demanded by family considerations. I was presented, and he bowed slightly to me. He offered his hand to his wife, and I followed them, musing upon my past, present, and future rôle. I passed through apartments decorated with exquisite taste. The master had surpassed himself in the luxuriousness of the appointments, hoping to succeed in reanimating an exhausted system by voluptuous images. Not knowing what to say, I resorted to unstinted admiration. The goddess of the temple, well-skilled in doing the honors, received my compliments.

" 'You have seen nothing as yet,' she said; ' I must take you to monsieur's apartments.'

" ' They were demolished five years ago, madame.'

" ' Oho!' she rejoined.

" At supper, she must needs offer monsieur some veal, and monsieur replied:

" 'I have been on a milk diet three years, madame.'

" ' Oho!' she said again.

" Imagine if you can three human beings as surprised as we were to find ourselves together. The husband stared at me with a surly air, and I faced it out. Madame de T——, smiling upon me, was charming; Monsieur de T—— accepted me as a necessary evil, and Madame de T—— seconded him with great zeal. So that I have never in my life sat through so strange a supper as that. When we had finished, I supposed that we should retire early; but

I was mistaken, except as to Monsieur de T——.
As we returned to the salon, he said:

"'I am obliged to you, madame, for the precaution you took in bringing monsieur with you. You
judged rightly that I cannot be depended upon for
sitting up late, so that you acted very wisely; I am
going to bed.'

"Then, turning to me, he added, with a profoundly ironical air:

"'I trust that monsieur will pardon me and will
undertake to obtain madame's forgiveness for me.'

"He left us.—Reflections? I made enough in a
minute for a whole year. When Madame de T——
and I were left alone, we looked at each other with
such a singular expression, that, to distract our
thoughts, she proposed that we should take a turn
on the terrace, waiting, however, until the servants
had supped.

"It was a superb night. The light seemed to
cast a faint veil over objects as if to allow the imagination to take a more extended flight. The gardens,
which lay on the slope of a hill, descended in terraces
to the bank of the Seine, and we could follow its
numberless windings, dotted with picturesque little
green islands. These accidents of light formed a
thousand pictures which enriched that spot, so
charming by day, with countless new treasures of
loveliness. We walked on the longest of the terraces, which was covered with trees with dense
foliage. She had recovered from the effect produced by her husband's persiflage, and as we

walked she confided many things to me. Confidences attract other confidences. I became confidential in my turn, and our conversation became constantly more intimate and more interesting. At first, Madame de T—— had taken my arm; then her arm had found its way around my waist, I do not know how, while mine was almost lifting her and prevented her from falling to the ground. The attitude was very pleasant, but fatiguing after a while. We had been walking for a long time, and we still had much to say to each other. A grassy bank invited us, and we sat down without changing our attitude. In that position we began to sing the praises of confidence, its fascination, its sweetness.

" 'Ah!' she said, ' who can enjoy it better than we, and with less apprehension? I know too well the strength of the bond between you and another person to have any reason to be afraid of you.'

" Perhaps she wished me to contradict her. I did nothing of the kind. So we were mutually persuaded that we could be friends through thick and thin.

" ' I was afraid, however,' I said to her, ' that that surprise just now, in the carriage, might have alarmed you.'

" ' Oh! I am not so easily alarmed !'

" ' I fear that it may have left some cloud on your mind.'

" ' What do you need to reassure you?'

" ' That you bestow on me now the kiss which chance—'

" ' I have no objection; if I refuse, your self-love might make you think I am afraid of you.'

" I got the kiss.—It is the same with kisses as with confidences: the first led to another, then another; they came thick and fast, they interrupted the conversation, then took its place; they hardly gave our sighs an opportunity to escape.—Silence supervened.—We heard it, for you can hear silence. We rose without speaking and resumed our walk.

" ' We must go in,' she said, ' for the air from the river is cold and damp and not good for us.'

" ' I don't think it is very dangerous,' I replied.

" ' Perhaps not! No matter, let us go in.'

" ' Is it out of consideration for me? Doubtless you wish to protect me against danger from my impressions of such a walk—from the results it may have—to me—alone.'

" ' You are modest,' she said, laughingly, ' and you give me credit for extraordinary delicacy.'

" ' Do you think so? Well, since you understand it so, let us go in; I insist upon it.'

" Awkward words, which one must overlook in two persons who are exerting themselves to say anything rather than what they are thinking.

" She forced me, thereupon, to walk back toward the château. I do not know—that is to say, I did not know—whether, in adopting that course, she was thwarting her own inclinations, whether it was the result of a firm determination, or whether she shared my disappointment that a scene with so promising a beginning should end in such a way;

at all events, as if by a mutual instinct, we slackened our pace and walked along very dejectedly, dissatisfied with each other and ourselves. We did not know with whom or what to be angry. Neither of us had any right to demand anything, to request anything. We had not even the resource of a reproach. How a quarrel would have relieved our minds! But where find a pretext for it? Meanwhile, we were approaching the château, silently engaged in absolving ourselves from the duty we had so bunglingly assumed. We were at the gate, when Madame de T—— said to me:

"'I am not pleased with you! After the confidence I placed in you, to accord me none at all! You haven't mentioned the countess. And yet it is so sweet to talk of the person you love!—I would have listened to you with so much interest! It was the least I could do after depriving you of her company!'

"'Have I not equal reason to reproach you?' said I, interrupting her. 'And if, instead of making me your confidant with regard to this strange reconciliation, in which I play so peculiar a part, you had talked about the marquis—'

"'I stop you there!' she exclaimed. 'If you have any knowledge of women, you know that you must await their pleasure in the matter of confidences. Let us return to you. Are you very happy with my friend? Ah! I fear the contrary.'

"'Why, madame, believe the scandal that the public amuses itself by spreading?'

25

"'Spare yourself the pretence. The countess is less mysterious than you. Women of her stamp are very free with their own love-secrets and their adorers', especially when a discreet creature like yourself may leave their triumph unknown. Far be it from me to accuse her of coquetry, but a prude has as much vanity as a coquette. Come, tell me frankly, have you no reason to complain?'

"'But, madame, the air is really too cold for us to stand here; shall we not go in?' I said, with a smile.

"'Do you think so? That is strange. The air is very warm.'

"She had taken my arm again and we resumed our walk, I without noticing what road we took. What she had said of the man I knew to be her lover, what she said of my mistress, the journey, the scene in the carriage, the episode of the grassy bank, the hour, the half-light, all combined to bewilder me. I was carried away by self-love, by desire, and brought back by reflection, all at the same moment, or perhaps I was too excited to realize what my feelings really were. While I was struggling with these confused sentiments, she continued to talk about the countess, and my silence confirmed what she was pleased to say to me of her. Some of her shafts, however, brought me to my senses.

"'How shrewd she is!' she said. 'What a fascinating way she has! In her mouth, perfidy seems a sally of wit, infidelity an effort of the reason, a sacrifice to appearances; no recklessness, always amiable, rarely expansive, never true; wanton by nature, a prude by system; lively, discreet, adroit, giddy; she is a perfect Proteus in her outward shapes, with the manners of the Graces; she attracts and eludes. How many rôles I have seen her play! Between ourselves, how many dupes are hovering about her! How she has laughed at the baron, how many tricks she has played on the marquis! When she took you, she did it to divert the attention of the two rivals; they were on the point of making a disturbance; for she had handled them too carefully and they had had time to watch her. But she brought you on the stage, gave them you to think about, set them on a fresh scent, drove you to despair, took pity on you and comforted you. Ah! how happy a clever woman is at that game, when she feigns everything and risks nothing of her own! But, after all, is it happiness?'

" This last sentence, accompanied by a significant sigh, was the master-stroke. I felt one bandage fall from my eyes and did not see the one that was placed over them. My mistress seemed to me the most false of women, and I believed that I had at my hand the soul of sensibility. Thereupon I sighed, too, with no idea where the sigh would go.—She seemed distressed to think that she had distressed me, and that she had allowed herself to be tempted to draw a picture which might seem suspicious to me, being the work of a woman. How I answered I know not; for, without any very clear idea of the meaning of all that

I heard, I accompanied her along the high-road of sentiment; and we travelled so far upon it that it was impossible to foresee the end of the journey. Luckily, we were also on the road to a pavilion, which she pointed out to me at the end of the terrace, a pavilion that witnessed some very sweet moments. She described the furniture in detail. What a pity that she had not the key! Talking all the while, we approached the pavilion, and found that it was open. It was not as light as day within, but darkness has charms of its own. We shuddered as we entered. It was a sanctuary; was it destined to be the sanctuary of love? We sat upon a couch and remained there a moment listening to our hearts. The last ray of the moon carried away many scruples. The hand which repulsed me felt the beating of my heart. She tried to fly; she fell back in a more melting mood. We talked in silence with the language of thought. Nothing can be more enchanting than such mute conversation. Madame de T—— took refuge in my arms, hid her face against my breast, sighed and became calmer under my caresses; she was distressed, she found consolation, and asked of love all that love had stolen from her. The river broke the silence of the night with a soft murmur which seemed to harmonize with the beating of our hearts. The darkness was too great to allow us to distinguish objects; but through the transparent haze of a lovely summer night the queen of that beautiful spot seemed adorable to me.

" ' Ah!' she said in a celestial voice, ' let us leave this dangerous place. We are not strong enough to resist.'

" She led me forth, and we walked regretfully away.

" ' Ah! how fortunate she is!' exclaimed Madame de T——.

" ' Who, pray?' I asked.

" ' Did I speak?' she cried in dismay.

" When we reached the grassy bank, we involuntarily stopped there.

" ' What a vast distance,' she said, ' between this spot and the pavilion!'

" ' Is this bank always to be fatal to me?' I replied; ' is it a regret, is it—?'

" I do not know by what magical means it came about; but we changed the subject for one less serious. We even dared to jest concerning the pleasures of love, to separate the moral element from the physical, to reduce them to their simplest expression, and to prove that favors were only pleasure; that there were no obligatory engagements—philosophically speaking—except such as we might contract with the public by allowing it to penetrate our secrets, by committing indiscretions with it.

" ' What a lovely night we have happened on!' she said. ' Ah! well, if, as I suppose, there are reasons why we shall be compelled to part to-morow, our good-fortune, being entirely unknown to the world, will leave us with no ties to be broken—a few

regrets, perhaps, which will be compensated by
pleasant memories; and the thought that our pleasure was devoid of all the delays, the fuss, and the
tyranny of custom. We are so like machines,—and
I blush for it,—that, instead of being tormented by
all the refinements of delicacy which troubled me
before this scene, I was responsible for at least a half
of the audacity of these principles, and was already
conscious of an inclination very closely resembling
love of liberty.

"'What a lovely night!' she continued, 'what a
lovely spot! It has taken on new charms. Oh! let
us never forget yonder pavilion. The château,' she
added, with a smile, 'contains a still more fascinating retreat, but I dare not show you anything;
you are like a child who wants to touch everything
and who breaks everything he touches.'

"Impelled by a feeling of curiosity, I promised to
be very good. She changed the subject.

"'This night would be without alloy to me,' she re-
marked, 'if I were not vexed with myself for what I
said to you about the countess. Do not think that
I mean to complain of you. Novelty is attractive.
You have found me a pleasant companion, and I
like to believe in your good faith. But it is a long
task to destroy the empire of habit, and I do not
know the secret.—By the way, what do you think
of my husband?'

"'Why, he seemed very ill-humored; he could
hardly be less than that to me.'

"'True, the diet doesn't conduce to amiability,

and he was excited when he met you. Our friendship would be an object of suspicion to him.'

" ' Oh! it is so already.'

" ' You must admit that he has good reason. So
do not prolong your stay; it would make him angry.
As soon as people begin to come,—and there are
people coming,' she said, with a smile—' go. Besides, you have to be careful on your own account.
And remember monsieur's manner when he left us
to-night!'

" I was tempted to explain this adventure as a
snare, but she, seeing the impression her last words
produced, added :

" ' Oh! he was in much better humor when he
arranged the cabinet I mentioned to you. That was
before our marriage. That little retreat is connected
with my apartments. Alas! it is evidence of the
artificial expedients by which Monsieur de T——
had to fortify his sentiments.'

" ' What a satisfaction,' I said to her, intensely
excited by the curiosity which she inspired, ' to
avenge your outraged charms and to restore the
ravages which have been made in them!'

" She thought my suggestion in excellent taste,
but she said:

" ' You promised to be good!'

" I throw a veil over the follies which all ages
are prone to overlook in youth, in view of so many
thwarted desires and so many memories. In the
morning, Madame de T——, more beautiful than
ever, said to me, hardly raising her melting eyes:

" ' Will you ever love the countess as dearly as you love me?'

"I was about to reply, when a maid appeared, saying:

" ' Go, go. It is very late, it is eleven o'clock, and I can already hear people moving about in the château.'

"Everything vanished like a dream. I found myself wandering in the corridors before I fully recovered my senses. How was I to find an apartment which I did not know? Any mistake might prove a fatal indiscretion. I determined to take an early walk. The cool, pure air tranquillized my imagination by degrees and banished the impression of witchery. Instead of an enchanted landscape, I saw a landscape lovely in its simplicity. I felt that my mind was beginning to see things in their true light once more, my thoughts were no longer confused but succeeded one another in due order; in a word, I breathed again. I was most anxious to decide how I stood in relation to her whom I had just left. To think that I had believed that it was absolutely certain that she was madly in love, and had been for two years, with the Marquis de V——! Had she broken with him? had she taken me for his successor, or simply to punish him? —What a night! what an adventure! but what a fascinating woman! While my mind was floating vaguely among such thoughts as these, I heard footsteps near me. I looked up, I rubbed my eyes, I could not believe my senses. Guess who it was? the marquis!

MADAME DE T——'S CONFIDENCE

―――

" 'The countess loves you. If I have stolen a few
sweet moments from her, I send you back to her
less ignorant than you were. Adieu! do not involve me in a quarrel with my friend.' "

G. Tognol

" ' You didn't expect me so early, did you?' he said. ' Well, how has it gone off?'

" ' Why, did you know that I was here?' I asked, stupefied with amazement.

" ' Why, yes. I was told just as you started. Have you played your part well? Did the husband consider your arrival an outrage? did he show you his claws? did his gorge rise at his wife's lover? When are you to be discharged? Oh! I have looked out for everything; I have brought you a good post-chaise, which is at your service. To show my gratitude, my dear fellow. Count upon me, for a man is grateful for such services as this.'

" These last words gave me the key to the mystery, and I realized what my rôle was supposed to be.

" ' But why did you come so soon?' said I; ' it would have been more prudent to wait a day or two longer.'

" ' It is all arranged; it is a mere accident that brings me here; I am supposed to be returning from a country house in the neighborhood. But hasn't Madame de T—— told you the whole story? I am vexed with her for this lack of confidence. After what you have done for us !'

" ' My dear friend, she had her reasons! Perhaps I should not have played my part so well.'

" ' Has it all been very amusing? tell me the details; come, tell me.'

" ' One moment. I didn't know this was a comedy, and although Madame de T—— gave me a place in the cast—'

" ' It wasn't a very good part.'

" ' Never you fear; there are no bad parts for good actors.'

" ' I understand; you carried it off well.'

" ' Wonderfully well.'

" ' And Madame de T——?'

" ' Adorable.'

" ' To think that I have been able to land that woman!' he said, stopping to look at me with an air of triumph. ' Oh! what a heap of trouble she has given me!—But I have trained her to such a point that she is probably, of all the women in Paris, the one upon whose fidelity one can most safely rely.'

" ' You have succeeded—'

" ' Oh! that is my special forte. All her inconstancy was simply frivolity, a disordered imagination. One had to obtain possession of the heart. But now you can form no idea of her attachment to me. She is charming, isn't she?'

" ' I agree with you.'

" ' Well, between ourselves, I know of only one defect. Nature, while giving her everything else, denied her the divine flame which is the culmination of all her gifts: she inspires, makes others feel every imaginable sentiment, but feels nothing herself. She is a statue.'

" ' I must needs believe you, for I cannot judge for myself. But do you know, you are as well acquainted with this woman as if you were her husband. One might easily be misled. If I had not

supped last night with the real husband, I should
take you for the man.'

" ' By the way, was he very kind?'

" ' Oh! I was received like a dog.'

" ' I understand. Let us go in and go up to Madame de T——'s apartments; she should be ready
to receive visitors.'

" ' But we ought, in decency, to begin with the
husband, oughtn't we?' I said.

" ' You are right. But let us go to your room
first; I want to put on a little powder. Tell me,
did he really take you for a lover?'

" ' You can judge for yourself by his reception of
me now; let us go to him at once.'

" I wished to avoid taking him to a room which I
did not know myself, but chance led us to it. The
door was open and disclosed my valet sleeping in an
armchair. A candle beside him was just going out.
He unconsciously handed a dressing-gown to the marquis. I was on thorns, but the marquis was so determined to be deceived that my man appeared to him
simply as a dreamy fellow, who made him laugh. We
went on to Monsieur de T——'s apartments. You
can imagine the welcome he gave me, and the compliments and pressing attentions he lavished upon
the marquis, whom he insisted upon detaining. He
proposed taking him to see madame in the hope
that she would induce him to remain. As for me,
he dared not make the same suggestion to me. He
knew that my health was delicate, it was a damp,
feverish neighborhood, and I seemed so depressed

that it was plain that the château would be injurious to me. The marquis offered me his chaise and I accepted. The husband was overjoyed, and we were all satisfied. But I did not choose to deny myself the pleasure of seeing Madame de T—— again. My impatience was in keeping with my rôle. My friend could not understand his mistress's sleep.

" ' Isn't it admirable?' he said to me, as we followed Monsieur de T——, ' if we had prompted him, could he have spoken more to the point? He's a fine fellow. I am not sorry to see him reconciled to his wife; together they will make their house very pleasant, and you will agree with me that he could not make a better selection of a person to do the honors.'

" ' Faith, that is true !' said I.

" ' However amusing the affair may be,' he said to me, with an air of mystery, ' mum's the word ! I shall be able to convince Madame de T—— that her secret is in safe hands.'

" ' Believe me, my friend, she relies on me even more securely than on you, perhaps; for, you see, her sleep is not disturbed.'

" ' Oh! I agree that you haven't your equal for putting a woman to sleep.'

" ' And a husband, and a lover, too, if need be, my dear fellow.'

" At last, Monsieur de T—— obtained admission to his wife's apartments. We were all on the stage for the last scene.

"'I was very much afraid,' said Madame de T—— to me, 'that you would have gone before I waked, and I am grateful to you for having anticipated the pain that would have caused me.'

"'Madame,' I said, in a tone of which she understood the emotion, 'accept my farewell compliments.'

"She scrutinized the marquis and myself with a disturbed air; but her lover's evident feeling of security and his mischievous expression reassured her. She laughed in her sleeve with me as much as was necessary to console me without lowering herself in my eyes.

"'He has played his part well,' said the marquis to her, in a low voice, indicating me, 'and my gratitude—'

"'That will do,' said Madame de T——, 'believe me, I know all that I owe to monsieur.'

"In a word, Monsieur de T—— quizzed me and dismissed me; my friend made a dupe of him and laughed at me; and I paid them both in kind, admiring Madame de T——, who played us against each other without sacrificing a jot of her dignity. After enjoying this scene for a moment, I realized that the time for me to take my leave had arrived. I left the room, but Madame de T—— followed me, pretending that she had a commission to give me.

"'Adieu, monsieur. I owe you a very great pleasure, but I have paid you with a lovely dream!' she said, looking into my eyes with an incomparably subtle expression. 'But adieu, and forever. You have plucked a solitary flower, blossoming all by itself, which no man—'

"She checked herself and completed her thought with a sigh; but she repressed the outburst of that keen emotion; and added, smiling mischievously:

"'The countess loves you. If I have stolen a few sweet moments from her, I send you back to her less ignorant than you were. Adieu! do not involve me in a quarrel with my friend.'

"She pressed my hand and left me."

More than once the ladies, being without their fans, blushed as they listened to the old man, whose remarkable delivery won forgiveness for certain details which we have suppressed as too erotic for the present age; nevertheless, it is probable that each lady complimented him privately; for, some time after, he presented to each of them, and to each of the male guests, a copy of this charming tale, of which an edition of twenty-five copies was printed by Pierre Didot. The author has taken from Number 24 the main facts of the hitherto unpublished narrative, written, it is said, by Dorat, strangely enough; but it has the merit of furnishing valuable hints for husbands, and at the same time, a delightful picture of the morals of the last century for the benefit of bachelors.

LIST OF ETCHINGS

VOLUME XLVIII